LUC NOËL

1000 CONSEILS

POUR

les jardiniers

DÉBUTANTS & EXPÉRIMENTÉS

Racine

Préface

Dans la famille des émissions de télévision consacrées au jardin, je demande deux sœurs, pas tout à fait jumelles mais presque. L'une a installé ses plates-bandes en Belgique, l'autre en France sous le doux climat de la presqu'île du Cotentin.

Presque jumelles, car elles sont nées à quelques mois d'intervalle. En 1997, la première, «Jardins et Loisirs», a tout de suite trouvé son format et son audience, placée sous la houlette de Luc Noël. Quelques mois plus tard, en 1998, la seconde débutait modestement. À l'époque, il s'agissait d'un magazine de treize minutes proposant des conseils pratiques incarnés par des mains. Oui, simplement des mains, les miennes, qui plantaient, semaient et bricolaient.

Avec le temps, la petite Française a grandi alors que le jardinier présentateur affûtait son expérience et prenait suffisamment d'assurance afin de présenter l'émission.

Quelques années plus tard, j'ai fait la connaissance de Luc lors d'un rendez-vous qui rassemblait la plupart des animateurs de TV5 Monde. Entre nous, le courant est passé immédiatement. Les jardins ne sont-ils pas des territoires où les énergies se retrouvent et s'accordent? Depuis, nos chemins se croisent régulièrement au gré des tournages.

Luc et moi éprouvons le même respect pour la nature et les merveilles qu'elle ne cesse de nous offrir. C'est dans les jardins que nous avons choisi de la cultiver pour sensibiliser notre public. C'est là, dans ces petits endroits, que nous sommes amenés à comprendre les plantes, à les respecter en en prenant le plus grand soin et à jouir en retour de tous leurs bienfaits, leur beauté, leur immense générosité.

Cultiver son jardin avec discernement, c'est apprendre à cultiver le monde. Animé par cet esprit, le livre de Luc propose de vous aider à retrouver votre jardin au quotidien, au fil des saisons et mois après mois, à suivre au plus près le rythme des plantes tout en les respectant, à les installer, à les tailler, à les entretenir et à les nourrir aux moments les plus opportuns tout en préservant les écosystèmes.

Le temps est le meilleur ami du jardinier, je dirais même que le jardin est le lieu idéal pour le regarder s'écouler. Il y a le temps de l'arbre, plus ou moins long, qui apprend la patience. Il y a le temps des saisons qui se lit au gré des floraisons et des feuillages. Il y a le temps de rêver aussi au cours de la promenade au jardin… C'est cette horloge, dont les aiguilles jalonnent la vie du jardinier, qui anime ce nouvel ouvrage de Luc Noël afin que chacun soit en mesure de jardiner au plus juste.

STÉPHANE MARIE

Présentateur de l'émission
Silence, ça pousse! (France 5)

Avant-propos

Le jardin est un merveilleux sujet de conversation. Entre parents, voisins, connaissances, collègues, et même au hasard des rencontres lors de la visite d'un bel espace ou d'une fête des plantes, le potager et les parterres ornementaux relient les jardiniers au-delà des différences de générations et de conditions sociales. Tous ces échanges passionnés permettent de progresser et contribuent au bonheur que nous offre notre lopin au fil des saisons et des ans.

Un mouvement du doigt sur l'écran du téléphone portable fait aujourd'hui en sorte qu'un jardinier du bout du monde peut être plus proche de nous que celui qui cultive le même sol, sous le même climat, à quelques pas de nous. À une question pratique, que de réponses différentes peuvent être proposées. Sur les réseaux sociaux, les interlocuteurs sont prompts à réagir, mais nombreux sont ceux qui favorisent la polémique au détriment de l'information. Sur internet, des sites sont-ils crédibles quand ils font une large place à la publicité ou présentent des essais de produits commerciaux ? Et que penser des gourous autoproclamés de la permaculture qui monnaient leurs conseils, alors que les jardiniers ont toujours partagé leur expérience en toute gratuité ?

Face à ce flux numérique où tant de contenus se ressemblent à force d'être recopiés, voici des indications pratiques que l'on peut feuilleter, entre deux coups de bêche ou durant les longues soirées de l'hiver. Ces modestes notes ont été mûries par un jardinier qui a eu l'occasion d'en rencontrer beaucoup d'autres, au fil de plus de vingt années de reportages dans des jardins d'exception et les pépinières.

Même si elles sont particulièrement nombreuses, mes réponses, étayées par le travail dans mon jardin de 30 ares au large potager, ne peuvent combler toutes les interrogations. Tant mieux. Car nous pourrons ainsi faire d'autres rencontres et entamer de nouveaux dialogues.

LUC NOËL

Hommage à Maurice Carême (1899-1978)

Luc Noël a grandi en Brabant wallon. Dès l'école primaire, il a appris à réciter des textes de Maurice Carême, le poète de la jeunesse, né à Wavre, qui a célébré la nature, les champs et les saisons.

Dans l'esprit des almanachs de jadis, chaque chapitre mensuel est introduit par des vers de Maurice Carême, tous extraits du recueil *La Lanterne magique* (1947) dédié aux enfants.

L'Athénée royal de Wavre où Luc Noël a effectué l'essentiel de son parcours scolaire porte maintenant le nom d'Athénée royal Maurice Carême.

Sommaire

Mon Dieu ! Comme ils sont beaux
Les tremblants animaux
Que le givre a fait naître
La nuit sur ma fenêtre !

Ils broutent des fougères
Dans un bois plein d'étoiles
Et l'on voit la lumière
À travers leurs corps pâles.

LE GIVRE (EXTRAIT)

1

JANVIER

LES JOURS S'ALLONGENT DE

01 h 04

ELLÉBORE
Helleborus
Floraison : décembre à avril

POUR BIEN COMMENCER LE MOIS…

Récupérer les graines des potirons ?

Quand le mois de janvier nous réserve une journée glaciale, un potage onctueux préparé avec un potiron récolté au potager nous rappelle les chaleurs de l'été qui ont fait mûrir les gros fruits ventrus. Lorsque nous découpons un potiron, nous pouvons en récupérer les semences pour les semis de l'année suivante. Avec une cuillère, il faut gratter les fibres qui contiennent les graines au cœur du potiron. Nous les dégageons avec les doigts et les déposons sur une feuille de papier absorbant. Puis nous les frottons pour les nettoyer. Ensuite, les graines sont simplement déposées sur une assiette à placer à l'écart d'une source de chaleur pour un séchage lent. Après quinze jours, les graines pourront être conservées dans un sachet de papier, dans un lieu sec et frais.

Attention : si nous avons cultivé plusieurs types de cucurbitacées, il est plus que probable qu'une hybridation aura été effectuée par les insectes butineurs. Les plantes issues des graines pourront donc développer des fruits qui ne seront pas identiques au potiron qui a fourni les semences. Côté formes et couleurs, ils seront une surprise… Ces fruits seront comestibles, mais avec des qualités différentes. Certains auront un goût agréable, d'autres seront fibreux.

Prudence, les coloquintes ne sont pas comestibles. Si un plant était présent au jardin, l'hybridation risque de produire des fruits susceptibles de provoquer des troubles digestifs.

Stratégie anti-mouron

Du mouron blanc envahit le potager ? Cette plante possède une redoutable puissance végétative. Le moindre coup de râteau fait apparaître à la surface des graines de mouron enfouies par de précédents travaux au jardin. Elles peuvent garder leur faculté germinative durant plusieurs dizaines d'années. Aussitôt à la lumière, les graines germent. Le mouron qui s'enracine au fur et à mesure de son développement est déjà en fleurs cinq semaines après sa germination. Les petites corolles blanches qui ponctuent le tapis vert ne s'ouvrent que durant une journée. Mais cela leur suffit pour bientôt répandre quantité de semences. Elles peuvent germer dès qu'elles tombent sur le sol. Aussi, le meilleur conseil pour endiguer la présence du mouron est de ne surtout pas le laisser fleurir. Il faut le biner dès son apparition, avec une grande régularité.

Des perches et des tuteurs

Les fins troncs de noisetier que nous coupons à cette époque de l'année peuvent se prêter à d'autres usages. Nous pouvons tresser une palissade ou des bordures. Les rameaux latéraux ramifiés pourront soutenir les petits pois ou les vivaces des parterres. Jadis, les jardiniers n'achetaient pas de manches pour leurs outils. Les troncs plus larges qu'ils prélevaient étaient mis à sécher, avant de porter un râteau ou une binette.

C'est le moment d'y penser. Si nous avons l'intention de semer des haricots grimpants en juin prochain, nous aurons besoin de perches. Comment faisaient nos grands-parents quand les jardineries n'existaient pas et que l'usage du bambou était loin d'être aussi répandu qu'aujourd'hui ? Ils utilisaient des troncs de noisetier. Cette manière de procéder garde tout son intérêt, et elle a également l'avantage d'être économique. Avec l'autorisation du propriétaire, ou de l'agent des forêts si le bois est public, nous pouvons prélever maintenant des jeunes troncs de noisetier. Ces arbustes ont la particularité de pousser bien droit. Des rameaux gros comme un manche de brosse offrent déjà une belle longueur.

Idéalement, les troncs que nous récoltons pour nos perches doivent être pelés. Si l'écorce reste en place, elle constitue une couche protectrice qui maintient de l'humidité dans le bois et favorise la décomposition.

Pourquoi les carottes sont-elles rouges ?

Si les carottes du potager sont rouges, c'est tout simplement parce qu'elles contiennent du carotène. Mais à l'explication biologique peut s'ajouter un récit historique. La carotte rouge fut découverte en Syrie, au IVe siècle, par des agronomes arabes. Comme cette carotte avait une saveur agréable, les Arabes l'ont propagée dans tout le bassin méditerranéen jusqu'en Andalousie. De là, la carotte rouge est arrivée dans nos régions au Moyen Âge. Mais à l'époque, la carotte indigène, le panais et la carotte rouge avaient tous les trois une racine grêle. Ce n'est qu'au XVIIe siècle que des horticulteurs hollandais sont parvenus à obtenir une racine beaucoup plus charnue, la « longue orange ». C'est à partir de cette carotte hollandaise que les sélectionneurs ont créé toutes les variétés de carottes cultivées depuis dans nos potagers.

Dans les catalogues des grainetiers sont disponibles des variétés de carottes qui ont échappé à l'uniformisation de la couleur. N'hésitons pas à semer la 'Blanche de Küttingen', la 'Jaune du Doubs', la 'Longue rouge sang', la 'Cosmic Purple'...

Quand une ligne de poireaux demeure au potager de manière isolée, elle constitue une cible privilégiée pour les campagnols qui peuvent la ravager, fût après fût. Il faut être vigilant, repérer les attaques et récolter les poireaux avant qu'ils ne disparaissent.

Des poireaux même s'il gèle

Durant tout l'hiver, les poireaux peuvent rester au potager, où ils seront récoltés en fonction des besoins. Mais quand le gel se fait intense, le sol durcit en profondeur. Il est alors impossible d'enfoncer la fourche-bêche. N'oublions donc pas, durant ces prochains jours, d'installer une épaisse couche de paille ou de feuilles mortes au pied des poireaux pour ralentir la progression du gel dans le sol. Quand la terre sera néanmoins trop dure, nous pourrons utiliser un vieux truc de jardinier. Il faut tout d'abord arroser à leur pied, avec de l'eau tiède, les poireaux que nous souhaitons récolter. Nous attendons quelques minutes. Puis, nous utilisons une grosse aiguille à tricoter. Il faut l'enfoncer dans le poireau jusqu'à la base du fût qui est ainsi bien solidifié. On écarte les feuilles extérieures, on saisit le poireau avec les deux mains, on tire et le poireau est extrait. L'enveloppe et les racines restent dans le sol. Le poireau est déjà épluché.

Ma liste de graines

Chaque année, c'est le même refrain. Le printemps venu, je manque de temps pour dénicher toutes les variétés que je voudrais cultiver au potager. Pour ne plus être contraint à devoir choisir entre deux pauvres sachets sur le présentoir de la jardinerie, c'est cet hiver que je dois consulter les catalogues des grainetiers pour effectuer des commandes. Internet devient incontournable. Au moins une soirée sera nécessaire pour parcourir le site de l'association américaine Seed Savers qui sauvegarde les anciennes variétés de légumes. Une belle collection de haricots secs est disponible en ligne. Le catalogue d'échange des graines entre membres contient plus de 12 500 variétés. Extraordinaire !

www.seedsavers.org

Les astuces en plus

◇ Ne pas **récolter la mâche** en coupant les rosettes au collet, car de nouvelles feuilles ne se développeraient pas. La bonne manière de procéder : réunir les feuilles entre les doigts et les couper toutes d'**un coup de couteau, pas trop bas.** Il sera ainsi possible de récolter une seconde, voire une troisième fois.

◇ **Nettoyer déjà les vitres de la serre** des couches d'algues, de mousse et de poussières. Nous pourrons ainsi offrir la meilleure luminosité à nos premières cultures de la nouvelle saison.

◇ **Inspecter les oignons de conservation** et retirer ceux qui pourrissent, même partiellement. Pour éviter ce problème, cultiver les oignons sur une parcelle qui n'a pas reçu de fumier ou de compost. Bien laisser sécher les bulbes avant de les placer dans un local frais et ventilé.

◇ Il est temps de **tailler les vignes.** Le réveil de ces plantes étant précoce, une taille tardive provoque d'importants écoulements de sève.

◇ Prélever des **boutures de groseilliers** et les enfoncer dans un pot rempli de sable de rivière. Elles vont émettre des racines à planter au printemps.

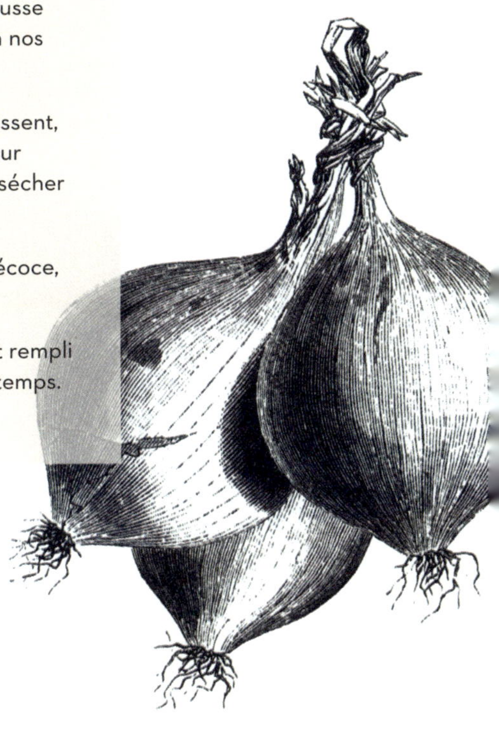

LE JARDIN **ornemental**

La pierre bleue parmi les fleurs

Trottoirs, escaliers, murets, mobilier, bacs à fleurs, bassins et cascades… Dans les marbreries, la demande de pierre bleue est actuellement importante pour l'aménagement des jardins. Si ce revêtement, qui n'est pas bon marché, fait un grand retour alors que les pavés de béton coloré étaient jusqu'il y a peu le matériau le plus demandé, c'est parce que le jardin est de plus en plus considéré comme une pièce supplémentaire de la maison. On accepte donc de lui consacrer un budget plus élevé.

La pierre bleue revient aussi en force parce que les idées ne manquent pas pour la marier à d'autres matériaux comme le bois ou les galets, formant un contraste intéressant de surfaces et de couleurs. Comme la pierre bleue n'est pas une spécificité belge, il est possible de choisir des dalles d'autres origines, moins chères. Avec ces matériaux, pour le même budget mais en demandant des garanties de qualité par rapport au gel, il est possible de paver de plus grandes surfaces, d'ériger des murets et, surtout, de créer du mobilier extérieur. Des tables et des bancs de terrasse en pierre bleue, voilà la grande tendance de demain.

Boutures sous contrôle

Dans les serres ou les vérandas où la température est douce, les boutures de géraniums réalisées cet automne se sont mises à pousser. Non seulement elles ont produit de nouvelles feuilles, mais voilà qu'apparaissent aussi des floraisons. Des boutons sont présents et des fleurs s'épanouissent. Ces floraisons sont prématurées. Elles affaiblissent la bouture qui doit pour l'instant réserver son énergie au développement de la masse racinaire et des ébauches des futures tiges. Tous les boutons sont éliminés. Chaque chose en son temps. Nos boutures auront ainsi les meilleures chances de nous offrir des floraisons abondantes à partir du mois de mai.

Un sentier de galets

Les pavés de béton coloré pour allées sont maintenant présents dans beaucoup de jardins. Au point qu'on ne les remarque plus guère. Pour paver un sentier de manière originale, pourquoi ne pas utiliser les galets vendus pour constituer les berges des pièces d'eau ? Mais un peu de vigilance s'impose. Des pierres rondes ne sont pas des galets. Ce sont des fragments de rochers arrondis par rotation dans un tambour métallique. On peut d'ailleurs parfois déceler les anciens angles. Ce sont de véritables galets usés par l'eau que nous devons utiliser pour notre sentier. La technique est simple. Sur un lit de gros gravier qui fait office de fondation, on étale une couche de sable stabilisé par du ciment. Les galets sont enfoncés dans le sable, à plat ou sur la tranche. Le résultat est superbe. Surtout après une pluie : les galets mouillés changent de couleur.

Contrôle anti-pourriture

Les tubercules de dahlias placés à l'abri du gel depuis le début du mois de novembre doivent être régulièrement inspectés. Il faut vérifier que certains ne sont pas en train de pourrir, au risque de gâter toute la touffe. Si de la pourriture est présente, il faut sectionner les parties atteintes avec une lame bien tranchante, puis épandre de la cendre de bois sur les sections pour les sécher. Par la suite, ces touffes devront être revues régulièrement.

Règne minéral

C'est une nouvelle tendance. Des jardiniers visitent les carrières à la recherche de belles pierres. Auparavant, elles étaient surtout utilisées pour constituer une rocaille. Elles prennent maintenant place à l'avant-plan des parterres, autour de la pièce d'eau ou dans un espace japonisant. C'est dans le gazon que cette présence du minéral peut être particulièrement mise en scène, avec des installations qui s'inspirent d'ambiances de sites mégalithiques. Stonehenge au jardin !

Cet hiver, nous pouvons aussi parcourir les chantiers des démolisseurs de bâtiments. Ils gardent les belles pierres taillées ou sculptées pour les revendre à la pièce. Un pilier venu d'un château, des seuils usés par le passage, un œil-de-bœuf en pierre se prêtent à quantité d'aménagements au jardin.

Marcher au sec

Pour rejoindre la remise, le compost ou le poulailler en traversant le gazon, un petit sentier nous évitera de mouiller nos chaussures dans l'herbe scintillante de rosée. Le moyen le plus simple de circuler les pieds au sec consiste à placer des pierres plates dans la pelouse. Des piquets sont tout d'abord enfoncés tous les 65 cm. C'est la longueur du pas normal d'une personne adulte. À hauteur de chaque piquet, une pierre est disposée en fonction de sa forme pour obtenir, pas après pas, un ensemble harmonieux. Lorsque chaque pierre a reçu son emplacement définitif, on creuse alors à la pelle un trou correspondant à sa forme. Il n'est pas nécessaire de placer une couche de sable stabilisé en guise de fondation. Vu le poids de la pierre et sa surface, son maintien est assuré.

Plutôt que des pierres plates, on peut préférer des dalles en fin béton que l'on peut fabriquer soi-même. Un jardinier a eu l'idée de confectionner un moule en forme de limbe. Il y étale une feuille de pétasite récoltée dans son jardin avant de remplir le volume de béton. Les nervures saillantes s'impriment dans la dalle. Chaque pas permet de découvrir une feuille différente de la précédente.

Les astuces en plus

◇ Dès que la terre devient humide sous les pluies hivernales, **circuler** dans les parterres (comme au potager) **sur de longues planches**. Sinon, la terre se compacterait sous nos pas, ce qui réduirait l'aération et la porosité, et altérerait les conditions de vie des racines et des organismes du sol.

◇ **Attention** aux passages répétés de la brouette sur la pelouse. Dans le sol gorgé d'eau, la roue peut creuser de **profondes ornières**. Pour le transport du bois pour le poêle, par exemple, prévoir un sentier en planches.

◇ Les **graines** contenues dans les gousses qui pendent aux branches du **catalpa peuvent être semées**. Placer les pots à l'extérieur pour que les graines subissent le froid de l'hiver. Elles germeront au printemps et les jeunes arbres pousseront rapidement.

◇ **Si un arbre est mort** au jardin à la suite de l'attaque d'un champignon à son pied, l'idéal est de **retirer sa souche** et le maximum de racines. Cette masse morte peut en effet favoriser le maintien du champignon. Attendre cinq ans avant de replanter un arbre à cet emplacement.

Les feuilles brunissent

Durant la saison froide, le chauffage central et le manque d'aération font en sorte que l'air de nos habitations devient sec au point que les plantes vertes souffrent d'un manque d'humidité atmosphérique. Sauf les cactus et les yuccas qui supportent bien la sécheresse, la plupart des plantes d'intérieur exigent une hygrométrie variant entre 60 et 90 %. Aussi, une atmosphère trop sèche provoque-t-elle vite le brunissement du bout des feuilles.

Une vaporisation régulière du feuillage avec un pulvérisateur à main est particulièrement appréciée par les plantes. Utiliser de l'eau de pluie (à température de la pièce) plutôt que de l'eau du robinet permet d'éviter des taches de calcaire. Plus simple : des granulés d'argile expansée sont placés dans un plateau. De l'eau est versée dans le plateau. Comme les billes d'argile présentent une immense surface par rapport à leur volume, l'évaporation de l'eau sera favorisée. Les plantes vivront en permanence dans une atmosphère humide qui isolera les plus délicates de l'air sec produit par le chauffage central.

Ronde d'arrosoirs

Beaucoup d'arbustes en pot meurent en hiver, mais le coupable n'est pas le gel. C'est la sécheresse qui décime les boules de buis ou les conifères qui décorent les terrasses et les abords des maisons. Si, l'été, elles sont arrosées régulièrement lorsque l'arrosoir visite les jardinières d'annuelles, les plantes en pot sont souvent oubliées durant l'hiver. Or leur feuillage persistant transpire de l'humidité et, sans un apport d'eau régulier, la mort survient d'autant plus vite que les vents secs se montrent particulièrement desséchants. Attention, une averse hivernale ne remplace pas un arrosage, car le feuillage, qui agit comme un parapluie, empêche souvent la pluie de pénétrer en profondeur dans la motte.

Azalée d'intérieur

Cadeaux appréciés pendant les fêtes de fin d'année, les azalées en pots meurent souvent rapidement, faute de soins adéquats. Ces plantes de serre froide supportent mal la sécheresse de l'air et les températures élevées qui règnent dans nos intérieurs en hiver. Pour éviter un dépérissement rapide, la potée doit être placée à une température située entre 5 et 10 °C. La floraison sera alors belle et longue. Lorsque les dernières fleurs sont fanées, les arrosages sont plus parcimonieux : on se contente de garder la motte humide. L'eau de distribution étant souvent calcaire, elle neutralise progressivement l'acidité du substrat de culture, entraînant le dépérissement de la plante. Le mieux est d'utiliser de l'eau de pluie ou, à défaut, de l'eau minérale en bouteille.

Au printemps, l'azalée est rempotée, dans un pot plus large que le précédent, avec un mélange de terreau et de terre de bruyère. Durant l'été, la potée est installée au jardin, à l'ombre, et arrosée régulièrement. Avant les premières gelées, l'azalée regagne son local d'hivernage où la température ne dépasse pas 10 °C. À la fin de l'hiver apparaissent les premiers boutons floraux. Pour favoriser leur développement, un copieux arrosage est prodigué à la plante.

Une plante carnivore dans le salon

Dans les jardineries, on peut croiser des plantes carnivores. Gare à l'achat impulsif en cette période durant laquelle nous avons envie de luxuriance et d'exotisme ! Ces végétaux exigent des conditions de culture précises pour survivre plus de quelques semaines dans nos intérieurs. Le bon choix : la mangeuse de mouches. La dionée (*Dionaea muscipula*) est non seulement robuste, mais constitue aussi une des prédatrices les plus spectaculaires.

Les feuilles en deux lobes sont garnies de longs cils, formant comme une mâchoire. Celle-ci se referme en trois secondes si un insecte touche à deux reprises les cils tactiles à l'intérieur du piège. Des sucs digestifs vont alors digérer les parties molles de l'insecte. Quand le piège s'ouvrira à nouveau, il ne contiendra plus que le squelette chitineux du malheureux moucheron. Pourquoi les mâchoires ne se referment-elles qu'après deux contacts successifs ? Pour éviter une fausse alerte comme la chute d'une brindille. La plante vit de longues années en élargissant sa touffe si on lui assure un repos hivernal de trois mois à 10 °C, avec le terreau légèrement humide.

Faire fleurir le cactus de Pâques

Le rhipsalidopsis ou cactus de Pâques est une cactée originaire du Brésil, particulièrement répandue dans nos intérieurs. Ses tiges retombantes sont constituées de segments de forme rectangulaire qui s'enchaînent les uns aux autres. Dans la nature, ce cactus est épiphyte : il vit sur une autre plante sans pour autant la parasiter. Contrairement aux autres cactées, les rhipsalidopsis ont besoin d'un substrat comportant seulement du terreau, arrosé chaque semaine et pourvu d'engrais durant la période de croissance, de mars à septembre.

Les cactus de Pâques peuvent produire une profusion de fleurs rouges. Le truc pour obtenir des floraisons abondantes : mettre la plante au repos dans une pièce plus sombre et à une température plus basse durant l'hiver, en réduisant l'arrosage. Dès que les boutons commencent à se former, on replace la plante à la chaleur et en pleine lumière, en évitant toutefois le soleil de midi. Les apports d'eau sont effectués de nouveau de manière habituelle pour soutenir la floraison. Le grand danger : la chute des boutons floraux qui tombent facilement. Il faudra donc éviter de manipuler la plante et de lui faire subir de fortes variations de température. Gare aux courants d'air froids qui peuvent rafraîchir la pièce.

Gare aux cochenilles

Il suffit qu'une plante introduite dans la maison en soit porteuse pour que les cochenilles farineuses soient bien vite présentes dans toute l'habitation. Facilement repérés sur le feuillage, ces insectes piqueurs et suceurs ont la particularité de porter sur le corps des filaments blancs cireux qui les protègent des pulvérisations. D'autres cochenilles peuvent aussi être présentes.
Elles sont collées sur les feuilles, protégées par une carapace. On ne peut laisser les cochenilles se multiplier : les plantes subiraient des dégâts.
Il est possible de les combattre avec une solution alcoolique à fabriquer soi-même. Dans 200 ml d'eau tiède, diluer une cuillère à soupe de savon noir ; ajouter ensuite un litre d'eau froide, puis une cuillère à soupe d'alcool à brûler et une cuillère à soupe d'huile de colza. À l'aide d'un coton-tige, badigeonner les cochenilles farineuses et les cochenilles à carapace. Répéter le traitement jusqu'à disparition des insectes.

LE JARDIN **en pratique**

Une serre cet hiver

Avant que les fabricants ne soient débordés de commandes en mars prochain, la morte-saison est une bonne période pour installer une serre au jardin. Dès février, elle permet des semis précoces de fleurs annuelles et de légumes à repiquer. Durant l'été, elle accueille des tomates, des poivrons, des aubergines… Quand arrive l'automne, les tablettes se garnissent de boutures. Puis la serre abrite les plantes méditerranéennes de la terrasse en compagnie d'un petit chauffage électrique qui maintient le volume hors gel. Toutes ces étapes d'une année sous le toit de verre, une petite serre en aluminium peut parfaitement les assumer. Mais la mode est aux modèles qui, en plus d'être fonctionnels, sont jolis. Les serres en bois, en cèdre rouge imputrescible, sont mises en valeur plutôt que d'être dissimulées au fond du terrain. Elles se déclinent en une belle gamme de volumes qui créent d'emblée une ambiance de jardin de cottage.

Le bois de la terrasse, exotique ou indigène ?

Au sujet de la terrasse en bois au jardin, on dit toujours qu'une essence exotique est nécessaire pour une bonne résistance à la pourriture. Mais le bois de nos régions fait aussi l'affaire. Le pin sylvestre, aussi appelé sapin rouge du nord, imprégné en autoclave d'ions métalliques empêchant la pourriture, nous offre la certitude de ne pas contribuer à la destruction des forêts tropicales. Même atout pour le châtaignier, riche en tannins, qui offre une résistance naturelle au pourrissement.

Quelle que soit son origine, le bois n'est pas le moins cher des matériaux de construction. Quand il répond à des normes de sécurité et de résistance à la pourriture, il a un coût. De plus, pour la réalisation d'une terrasse en bois, le budget quincaillerie n'est pas négligeable. Toutes les vis doivent être en inox. Des vis normales rouilleraient dans l'humidité. Une terrasse en bois peut donc représenter un budget important.

De l'électricité au jardin

Pour éclairer le jardin, il faut creuser des tranchées et y enterrer les câbles électriques. Deux types de conducteurs étanches sont indiqués pour un placement dans le sol. Le câble EXVB est entouré d'une gaine synthétique épaisse qui résiste bien aux agressions mécaniques. L'idéal est de le glisser dans un fourreau qui assurera une protection supplémentaire, car ce câble pourrait être abîmé par un violent coup d'outil. Les fourreaux enterrés présentent un grand avantage : il est toujours possible d'y tirer par la suite des câbles supplémentaires. Le câble EVAVB est, lui, entouré d'une gaine renforcée par d'épais brins métalliques. Il résistera à un coup de bêche ou de pioche et peut être enterré sans fourreau.

L'idéal est d'effectuer le câblage souterrain du jardin dans son intégralité pour n'ouvrir le sol qu'une seule fois.

Tailler sans échelle

Quand on l'utilise pour la taille des arbres, l'échelle figure parmi les outils de jardinage les plus dangereux. Le sol du jardin n'est pas toujours plat. Un pied de l'échelle peut soudainement s'enfoncer profondément dans la terre. Le sommet appuyé sur une branche peut glisser sur l'écorce mouillée. Le travail dans ces conditions est d'autant plus dangereux que l'on doit effectuer des mouvements avec le sécateur, une scie, voire la tronçonneuse.

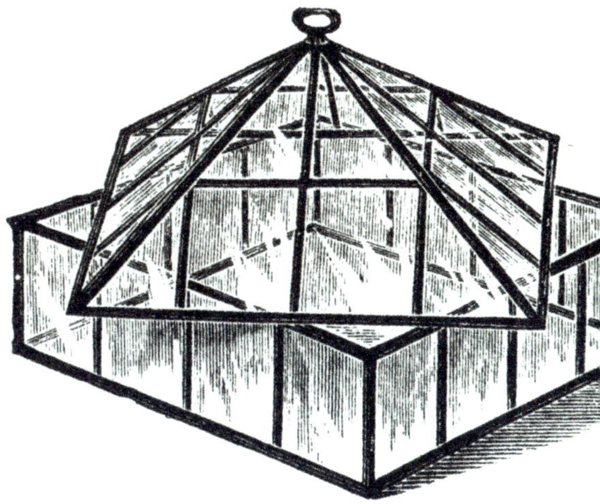

Enfin, le vertige peut accroître encore le risque d'une chute. La solution est simple : pourquoi ne pas travailler depuis le sol avec des outils à long manche ? Les manches télescopiques nous permettent d'effectuer des tailles à plusieurs mètres de haut. La perche peut porter un gros sécateur actionné par une cordelette. Le manche télescopique peut aussi soutenir une scie d'élagage aux dents pointues particulièrement tranchantes. Ce type de scie permet d'obtenir des coupes bien nettes en toute sécurité.

Attention aux boules de graisse

Plus économiques et sans doute plus sains quant à la composition : nos pains maison. De la graisse végétale neuve pour friture est mise à fondre. Sont alors ajoutés les graines, les insectes déshydratés, les arachides… Avant solidification, la pâte est moulée pour former les blocs à suspendre.

Quand l'hiver s'installe, les oiseaux se rapprochent des maisons et beaucoup de personnes aiment leur offrir de la nourriture. Les jardineries et les grandes surfaces de bricolage proposent actuellement une vaste gamme de mangeoires et d'aliments. Des boules de graisse sont en vente partout.

Elles s'accrochent facilement aux branches et attirent les mésanges en nombre, mais elles peuvent faire plus de tort que de bien. Certaines boules ne sont pas d'une qualité suffisante parce qu'elles ont été fabriquées avec de la graisse de friture périmée. Elles contiennent donc des substances néfastes pour la santé des oiseaux. Pour éviter ce problème, le mieux est d'acheter des produits dont l'étiquette mentionne clairement la nature des ingrédients. On peut aussi se tourner vers les blocs présentés en barquette, qui doivent être démoulés et placés dans un support grillagé à suspendre. Ces préparations de qualité existent en différentes compositions, en fonction des oiseaux présents et de l'intensité du froid.

Séance d'aiguisage

C'est paradoxal, mais ce sont les lames qui ne tranchent pas qui sont les plus dangereuses. Elles nous obligent à couper avec davantage de force, accentuant ainsi le risque d'accident. Une pierre à aiguiser doit donc figurer dans toute bonne panoplie de jardinier. Régulièrement, il faut la mettre à tremper dans de l'eau et prendre quelques minutes pour entretenir le tranchant de la lame coupante du sécateur, du couteau de poche et du greffoir. Pour un bon aiguisage, il faut pousser la lame sur la pierre, comme pour en couper des tranches. Le fin du fin est de parachever le travail avec une pierre de coticule extraite près de Vielsalm et vendue dans les coutelleries. Cette pierre ultra-

douce s'utilise avec de l'eau. Un truc des greffeurs de rosiers : pour éliminer les traces de sève de leur greffoir, ils frottent la lame sur la pointe mouillée d'une botte. Le caoutchouc humide se révèle légèrement abrasif et permet d'obtenir un beau poli de l'acier.

Un trou dans la glace

Quand la surface de la mare est prise par la glace, les poissons ne risquent-ils pas de périr ? Effectivement, sous la couverture de glace, les gaz issus de la décomposition des matières organiques sur le fond vont s'accumuler. À terme, la concentration de ces gaz dissous va augmenter et on risque d'assister à une asphyxie des poissons. Si le gel perdure, il faut donc idéalement maintenir un trou dans la glace, mais on ne peut pas la casser avec une masse, car les ondes de choc peuvent tuer les poissons. Il faut plutôt creuser un trou avec une source de chaleur comme une bouilloire posée sur la glace. Le plus simple consiste à laisser flotter, avant l'hiver, une bouteille en plastique de cinq litres lestée avec un poids. Lors de la formation de la glace, la bouteille est compressée, ce qui permet de réduire la pression exercée sur les berges. Il suffit d'enlever la bouteille pour disposer d'un trou. Avec le tuyau d'arrosage, on siphonne alors quelques centimètres d'eau sous la glace et les gaz peuvent s'échapper sur toute la surface de l'eau.

Éclats de terre cuite

Un pot de terre cuite présente une fêlure sur toute sa hauteur ? Tant mieux ! Nous allons pouvoir le casser en morceaux. Traditionnellement, des éclats de terre cuite sont utilisés pour recouvrir le trou de drainage des pots. Avec sa forme bombée, l'éclat de poterie, non seulement, empêche le terreau de boucher le trou, mais permet aussi une évacuation efficace de l'eau en excès. Ce petit détail joue un grand rôle.

Lavage de bottes

Une balade dans la campagne ? Une plantation au jardin ? Si des pluies ont détrempé le sol durant les jours précédents, il est fort possible que nous rentrions à la maison avec les bottes bien crottées. Un petit truc permet de les nettoyer facilement en quelques instants. Deux fins piquets sont plantés au jardin en bordure d'une allée ou de la terrasse. Le plus simple est d'acheter deux manches de brosse qui pourront rester en place durant toute la morte-saison. Ils ne manqueront pas d'intriguer les visiteurs de passage au jardin… Enfilées sur les piquets, les bottes peuvent aisément être nettoyées avec le tuyau d'arrosage. Il suffit de faire tourner les bottes pour enlever la boue tout en dirigeant toujours le jet d'eau dans la même direction. Ainsi renversées, il n'y a aucun risque qu'elles soient mouillées à l'intérieur. On laisse ensuite les bottes toutes nettes sur les piquets jusqu'à ce qu'elles soient sèches.

Attention au sel de déneigement

Si les allées du jardin ou les abords de la maison sont verglacés, évitons d'utiliser du sel. Le sel de déneigement est du chlorure de calcium. Et qui dit chlorure dit chlore, un élément avec lequel les plantes n'aiment guère entrer en contact direct. Par ailleurs, ce sel percole dans le sol et peut finir par provoquer une intoxication des plantes via les racines. On assiste alors à des sécheresses physiologiques. Les plantes se dessèchent comme si elles manquaient d'eau.

Il faut souvent plusieurs années avant que le mal ne se résorbe. Que faire pour néanmoins circuler en sécurité autour de la maison ? Nous pouvons étendre du sable du Rhin qui sera brossé une fois la neige fondue.

Poteries anti-gel

Le grand ennemi des pots en terre cuite, c'est le gel. Le matériau poreux retient de l'eau et éclate dès que le mercure du thermomètre s'installe sous zéro. Pour conserver des potées en terre cuite toute l'année à l'extérieur, il ne faut pas seulement isoler le pot du sol en le plaçant sur des cales durant l'hiver. Il faut aussi que l'argile utilisée ait une densité suffisante pour résister au gel. C'est le cas des pots de Toscane, les « terracottas » cuits à haute température.

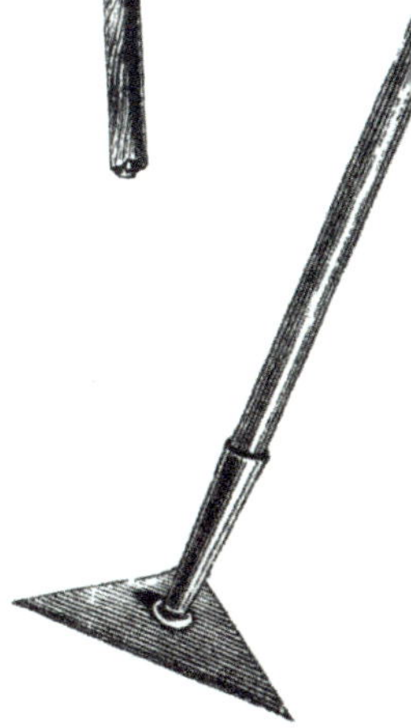

Pour les jardinières d'hiver que nous plantons actuellement, faut-il renoncer à utiliser les poteries de base qui se déclinent de plus en plus sous des formes ornementales ? Une solution existe : nous pouvons les imperméabiliser avec du Compaktuna, un adjuvant liquide pour ciment, disponible dans les magasins de bricolage. S'il est appliqué sur un pot neuf, tant à l'intérieur qu'à l'extérieur, le produit empêche la terre cuite de se gorger d'eau. Le pot résistera mieux au gel.

Les astuces en plus

◇ Une place pour chaque chose et chaque chose à sa place. La période hivernale nous offre le loisir de **ranger complètement la cabane du jardin**. Pots, outils à manche, petits accessoires, étiquettes ne devront plus être cherchés dans le désordre qui s'installe si facilement dans ces espaces réduits.

◇ Si un **gel profond** s'installe, offrir régulièrement de l'**eau fraîche aux oiseaux**, sans y ajouter le moindre additif.

◇ Pour **débarrasser les pots de terre cuite des taches blanches des sels**, les faire tremper dans de l'eau additionnée de vinaigre. Ensuite, les récurer avec une brosse dure. Les pots sont nets comme s'ils sortaient du four.

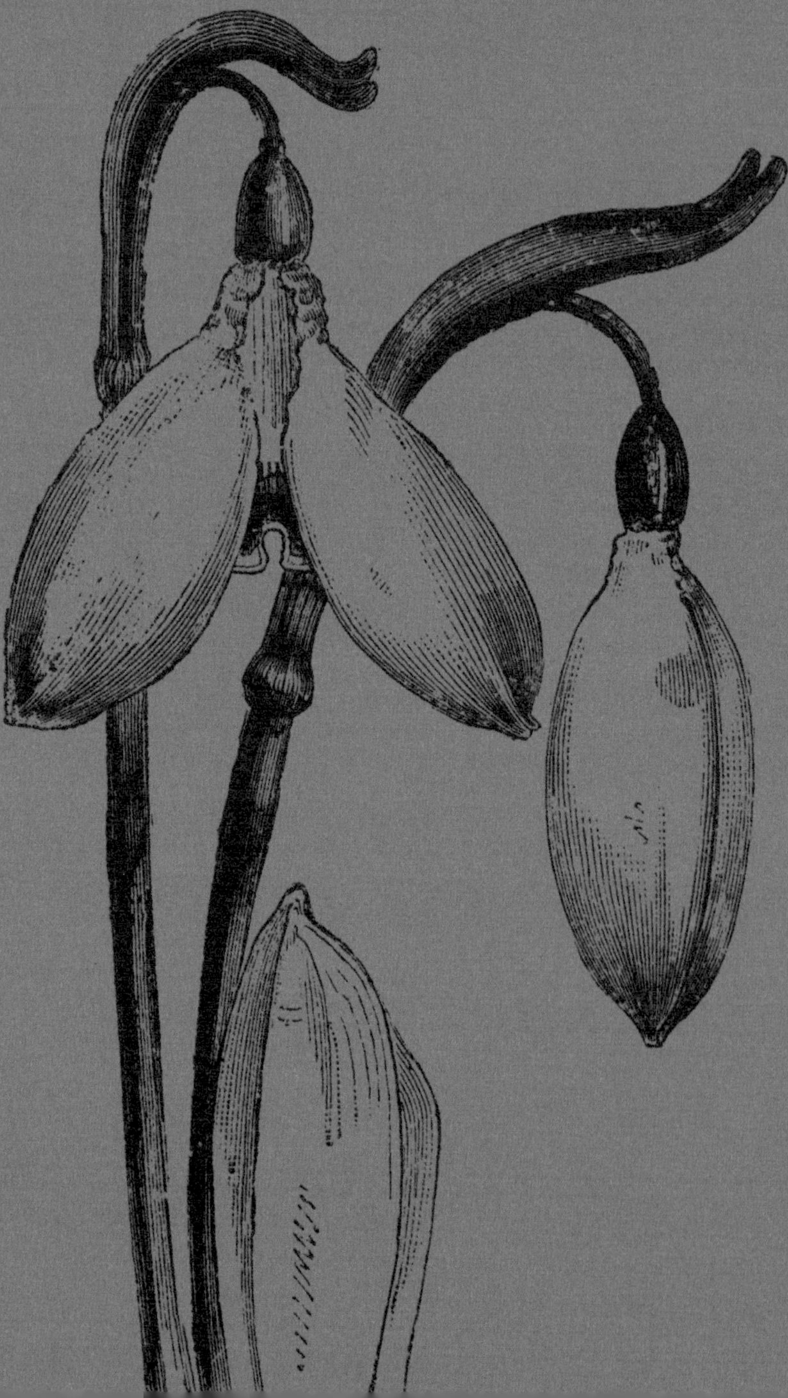

Le brouillard a tout mis
Dans son sac de coton ;
Le brouillard a tout pris
Autour de ma maison.

Plus de fleurs au jardin,
Plus d'arbres dans l'allée ;
La serre du voisin
Semble s'être envolée.

Et je ne sais vraiment
Où peut être posé
Le moineau que j'entends
Si tristement crier.

LE BROUILLARD

2 FÉVRIER

LES JOURS S'ALLONGENT DE

01 h 35

◇ PERCE-NEIGE
Galanthus nivalis
Floraison : janvier à mars

POUR BIEN COMMENCER LE MOIS...

Des fleurs jaunes, promesses de renouveau

L'hiver n'est pas encore complètement derrière nous, mais il est néanmoins possible de nous offrir un peu de couleur et de gaieté. Si un forsythia est présent au jardin, il suffit de couper quelques branches, en choisissant de préférence celles qui sont ramifiées. Elles sont simplement placées dans un vase à l'intérieur de la maison. Grâce à la chaleur, les bourgeons floraux s'ouvrent après quelques jours, illuminant de jaune toute la pièce. Voilà un petit bonheur tout en simplicité.

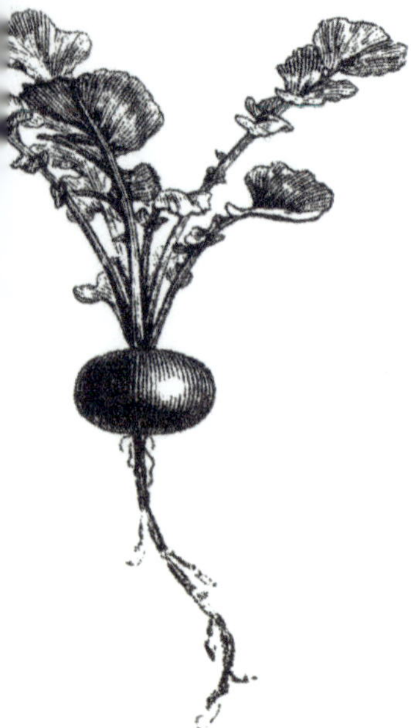

Premiers radis

À la mi-février, semons déjà des radis en pleine terre, dans la serre. Un film blanc de forçage P17, disponible en jardinerie, peut être déployé sur le semis pour obtenir une température plus favorable. Les meilleures conditions sont réunies en semant dans une couche ou sous un petit tunnel de plastique installé dans la serre. Il faut au moins un mois de culture après le semis pour obtenir des radis. Pour une première récolte à la mi-mars, choisir une variété précoce comme 'National 3'.

Après quelques jours, de verts cotylédons apparaissent. Semer des radis, même aussi tôt, ne présente aucune difficulté. Ce légume est parmi les plus aisés à cultiver. Mais il ne faut pas oublier d'en semer régulièrement. Comme les radis d'un semis arrivent à maturité presque tous en même temps et qu'ensuite les racines se creusent ou durcissent rapidement, c'est chaque semaine que nous devons semer une pincée de graines rondes.

Multiplication de la rhubarbe

Au potager, la rhubarbe se réveille déjà fin février. Les premières ébauches de feuilles se détachent des gros bourgeons rouges qui ont percé la terre. Au fil du temps, la rhubarbe forme une large souche qui épuise le sol. Après cinq ans, la plante, gourmande en éléments nutritifs, peut déjà manquer de vigueur et privilégier la formation de fleurs plutôt que le développement d'un grand nombre de feuilles. La solution est simple. Avec une bêche, il faut déterrer la souche, une masse végétale tendre presque dépourvue de radicelles. Ensuite, le sol est engraissé par une brouette de fumier bien décomposé ou de compost, que l'on incorpore par bêchage. La rhubarbe est ensuite rajeunie par division. La souche est sectionnée en deux ou trois parties, en tranchant entre les gros bourgeons. Un éclat peut reprendre place dans le sol fertilisé. La rhubarbe va se redévelopper à belle allure. Que faire des autres ? Ils peuvent être installés à un autre emplacement ou être offerts à un ami jardinier.

Chaud tunnel

Un tunnel peut aussi surmonter un carré potager pour permettre le réchauffement du sol et les cultures précoces. Dans les jardineries, on trouve du plastique pour tunnel avec des perforations. Cette aération assure le renouvellement de l'air et l'évacuation de la chaleur excessive. C'est la couverture à privilégier si on ne peut être présent pour assurer l'aération quand le soleil s'invite dans le ciel.

Plaçons déjà un petit tunnel sur le potager. Il va favoriser le réchauffement du sol pour de premiers semis d'ici quatre à six semaines. Des arceaux sont créés avec de simples tubes en plastique pour fils électriques. Sur ces arceaux, on étend une feuille de plastique translucide qui va faire office de serre. Du côté du vent dominant, le plastique est enterré dans une tranchée. À chaque bout du petit tunnel, le film est tendu et attaché à un piquet. Pour l'aération et les travaux, le plastique doit pouvoir être soulevé. Du côté où il est laissé libre, le film est donc simplement attaché aux arceaux avec des pinces à linge. Sous notre tunnel, nous pouvons repiquer en mars nos premiers semis de laitues ou de choux et semer en pleine terre des petits pois.

Des oignons en pot

Les queues d'oignons hachées dans la salade ne sont pas une exclusivité de l'été. Il suffit de planter quelques oignons dans un peu de terreau et de placer le tout sur l'appui de fenêtre de la cuisine. Le feuillage des oignons ne manquera pas de se développer bientôt.

La taille des framboisiers remontants

Il est temps d'effectuer le nettoyage des framboisiers afin de commencer la nouvelle saison avec un sol net d'herbes indésirables. À cette occasion, on effectue la taille annuelle des tiges. Le framboisier est une plante qui valse à deux temps. Chaque année, elle produit de nouvelles tiges qui porteront les framboises de l'année suivante avant de se dessécher. La taille consiste donc simplement à couper les tiges qui ont fructifié et qui sont mortes. On les reconnaît au premier coup d'œil, car elles sont ramifiées. Mais il faut être attentif. Certains framboisiers présentent un caractère remontant. De nouvelles tiges peuvent déjà fructifier à leur sommet dès la première année. Ces sommets ramifiés sont maintenant secs, mais le bas des tiges est toujours bien vivant et portera des framboises cette année. Il est donc important de reconnaître les tiges remontantes pour ne pas se priver d'une part de la production.

Graines de calebasse

Lors de notre commande de graines pour le potager, n'hésitons pas à ajouter un sachet de semences de gourde pèlerine (*Lagenaria siceraria*). Cette cucurbitacée se cultive comme les courges ou les potirons. Les tiges sont volubiles. Elles s'accrochent et s'élèvent si elles rencontrent un support. La fleur blanche donne naissance à un fruit très particulier. Il offre de superbes contours organiques, en forme de gourde, de bouteille ou d'oiseau au long cou. Ce fruit non comestible est mis à sécher. Après quelques mois, il ne contient plus que les graines. L'enveloppe est alors devenue très dure. La gourde des pèlerins de Compostelle peut être cirée et décorer la maison. Elle peut aussi être découpée pour former des bols pour l'apéritif, par exemple. Ils ne manqueront pas d'étonner les invités.

Des pommes de terre plus résistantes

En février, des jardiniers achètent déjà leurs plants de pommes de terre pour favoriser, au frais et à la lumière, l'apparition de germes courts et robustes, gages d'un développement rapide de la végétation après la plantation des tubercules. Généralement, les variétés de pommes de terre sont choisies en fonction du type de chair : farineuse ou ferme. Mais nous pouvons aussi faire notre choix en fonction de la sensibilité au mildiou, cette redoutable maladie cryptogamique qui détruit rapidement le feuillage. Avec la Bintje, la Charlotte, la Désirée, l'Eersteling, la Nicola, c'est la catastrophe. Sans un traitement régulier avec un fongicide, la culture est rapidement perdue. À l'opposé, des variétés présentent une résistance très élevée : la Bionta, la Bionica, l'Eden, la Sarpo Mira. Elles restent indemnes alors que le feuillage des variétés sensibles a déjà disparu. Un atout pour un potager plus biologique !

Les astuces en plus

◇ **Des pissenlits** se développent au potager ? Ils peuvent être coiffés par les cloches en plastique que l'on emploie pour les endives. Privées de lumière, les feuilles vont blanchir, perdre leur amertume et devenir plus tendres pour **agrémenter une salade**.

◇ Quelle bonne résolution prendre au potager ette année ? Je vous propose de **peser** systématiquement toutes vos **récoltes** et de noter les poids dans un agenda. Année après année, c'est la meilleure manière d'évaluer les variétés, de contrôler le maintien de la productivité du sol et de constater vos progrès.

◇ Il a neigé ? Magnifique ! De grosses boules de neige peuvent être déposées dans la serre pour une douce percolation de l'eau lors de la fonte. **Il faut arroser régulièrement le sol de la serre**. Il ne peut se dessécher sous peine de perdre sa vie biologique.

◇ **Désherber le pied des arbustes à petits fruits rouges** (groseilles, cassis et framboises) sur 50 cm de diamètre. Les herbes qui poussent près du collet concurrencent les racines superficielles des arbustes. Répandre un peu de cendre de bois, apport de potasse intéressant pour une bonne fructification.

◇ Il est encore temps de **planter des noisetiers**. Plusieurs variétés sélectionnées sont disponibles dans les pépinières pour une **production de noisettes** au jardin. Les fruits sont plus volumineux et plus savoureux que ceux pouvant être cueillis sur l'espèce indigène. Deux bons choix : 'Géant de Halle' et 'Merveille de Bollwiller'.

◇ Profitons d'une journée pluvieuse pour consulter nos notes des années précédentes et **tracer le plan d'occupation des différentes zones du potager**, en tenant compte de la rotation des cultures et des apports de compost.

◇ Dans une couche bien abritée, **semer les premiers poireaux d'été**. Si la température du sol est de 10 °C minimum, la germination se produit en quinze jours. La croissance est lente, mais les poireaux pourront être repiqués en avril. Première récolte en juin.

◇ Au potager, **faucher les engrais verts** qui n'auraient pas été détruits par le gel. Cette végétation pourra ainsi se composter en surface avant les premiers semis et repiquages. Autre possibilité : étendre une bâche de plastique noir. Privés de lumière, les engrais verts meurent et sont décomposés par les micro-organismes du sol.

◇ Dans la chaleur de la maison, effectuer un **premier semis de tomates**. Une variété conseillée : la 'Joyau d'Idaho', hâtive. Elle offrira une récolte précoce avant la production des autres variétés à semer en mars.

LE JARDIN **ornemental**

Fleur de février

Un arbuste au nom latin presque imprononçable nous offre en février une floraison de toute beauté. L'*Edgeworthia chrysantha* forme des bouquets larges de 5 cm épanouissant de petites fleurs. Couvertes à l'extérieur d'un fin duvet soyeux blanc, elles sont jaunes à l'intérieur. L'arbuste atteint à l'âge adulte 1 à 2 m de haut pour une largeur de 2 m. Il densifie au fil des ans ses longues feuilles ovales vert pâle.

Les boutons floraux formés avant l'hiver sont sensibles au gel. L'arbuste ne craint pas les températures négatives, mais il risque de ne guère fleurir s'il subit des conditions hivernales sévères. Pour une floraison parfaite, des jardiniers préfèrent cultiver l'*Edgeworthia* dans un endroit bien abrité.

Une expérience à tenter : les tiges de l'*Edgeworthia* sont si souples qu'il est possible d'y faire un nœud. Quand les Chinois nouent une branche, ils font un vœu.

Ah, ces camélias qui n'ont pas encore connu le froid !

Actuellement, on assiste à l'arrivée de camélias en fleurs dans les jardineries. Gare ! Tentation rime souvent avec déception. Ces camélias, placés près de la maison ou plantés directement en pleine terre, sont souvent brûlés par les dernières gelées. La raison en est simple : les plantes vendues en ce moment en fleurs ont été élevées en serre et ignorent ce qu'est le gel. Il faut les cultiver dans une pièce fraîche et bien éclairée jusqu'au retour de températures plus douces. Ces camélias pourront être plantés au printemps, contre un mur exposé à l'ouest, et l'on veillera à les arroser régulièrement durant leur premier été au jardin.

La chasse aux gourmands

S'il ne gèle pas, offrons donc un brin de toilette aux pommiers du jardin. Nous devons veiller à ce que les branches charpentières se développent harmonieusement, sans se gêner. Il faut donc éliminer ces gourmands qui poussent verticalement, venant croiser les branches horizontales des étages supérieurs. Ces pousses densifient la ramure, limitent la pénétration de la lumière nécessaire au bon mûrissement des fruits et empêchent la circulation de l'air qui réduit les risques de maladies cryptogamiques. Plus grave : les branches qui se croisent forment des blessures en frottant les unes contre les autres au gré du vent. Il est toujours dommage de perdre une belle branche charpentière parce qu'un gourmand est venu la meurtrir. Il est éliminé en plaçant la lame coupante du sécateur du côté de l'arbre. La coupe est bien nette et les tissus végétaux meurtris par le mouvement de cisaille sont situés sur le bois qui est éliminé.

Douces pensées

À cette époque, les bulbes du printemps n'ont pas le monopole de la couleur et de la gaieté. Dans un panier suspendu, dans des pots ou dans des jardinières, les pensées disponibles en jardinerie vont se révéler de véritables usines à fleurs. Pour que les corolles qui semblent nous sourire soient particulièrement abondantes, un engrais pour plantes fleuries, de type « géranium », peut être ajouté dans l'eau d'arrosage selon les dosages indiqués par le fabricant.

Les producteurs hybrident et sélectionnent continuellement les pensées, afin d'obtenir de nouvelles formes et couleurs, mais aussi l'amélioration des qualités de culture. Une lignée a été baptisée « Cats », car les corolles présentent des veines sombres qui font penser à des moustaches de félin.

En mai, si des plantes devenues plus touffues produisent moins de fleurs, on pourra raccourcir les tiges. Les pensées produiront alors de nouvelles ramifications florifères. Enfin, il faut savoir que les pensées sont des plantes bisannuelles. Elles ont été semées l'année dernière et termineront leur vie quand arriveront les chaleurs de l'été. Il sera alors possible de prolonger la floraison en plaçant les potées à l'ombre et au frais. Des fleurs pourront ainsi toujours être présentes en juillet.

Des aiguilles pour le rhodo

Comment bien planter un nouveau rhododendron ? Le trou doit être plus large que profond. Il faut aussi disposer de terre de bruyère. C'est ainsi qu'on appelle ce terreau dont l'acidité des tourbes qui le composent n'est pas partiellement neutralisée par un apport de chaux, comme c'est le cas quand on fabrique les autres types de terreaux. Cette terre de bruyère est mélangée à la terre qui rebouche le trou de plantation, sans toutefois recouvrir fortement la motte. Celle-ci affleure à la surface.

Mais il ne faut pas seulement garantir un substrat acide à la plante. Un rhodo apprécie aussi un sol aéré. Aussi, des aiguilles de conifères qui ne sont pas encore décomposées peuvent-elles également être incorporées dans le trou de plantation. Le pin est l'idéal ; l'épicéa et le douglas conviennent.

De cette façon, l'air parvient bien aux racines et les rhodos développent de nouvelles radicelles plus rapidement, ce qui est un atout dans les terres lourdes. Comme la masse racinaire tout en finesse s'étend en largeur, près de la surface, il ne faut jamais bêcher ou biner le sol autour des plantes.

Pelouse de bambous

C'est une nouvelle tendance. Plutôt que tondre chaque semaine une immense pelouse, des jardiniers plantent des bambous nains dans une partie de la parcelle. Ne dépassant pas 30 cm de haut, ces plantes forment une zone dense de fin feuillage ondulant sous le vent. Un bon choix : le *Pleioblastus distichus*. Les plantes sont installées à raison de trois pieds par mètre, dans tous les sens. La zone de bambou est fauchée une à deux fois par an pour renouveler la végétation.

Indispensables perce-neige

Rarement disponible dans les pépinières, le perce-neige est vraiment une plante à partager. Souvent, la touffe qui s'élargit dans un jardin est le souvenir d'un parent ou d'un ami qui a offert quelques bulbes prélevés dans ses parterres. Le perce-neige est une plante robuste. Déterré avec une belle motte au moment de la floraison, il s'installe sans difficulté à son nouvel emplacement, surtout si le sol n'est pas trop argileux et compact. Où placer le perce-neige ? Près d'une fenêtre bien sûr, pour avoir le plaisir de le contempler au fil de la journée. Dans les terrains drainants, le perce-neige peut se semer allègrement, apparaissant ici et là au fil des années. Dans de vieux jardins, les perce-neige peuvent ainsi couvrir des mètres carrés et même s'évader dans le talus au-delà de la haie.

Pépinière de perce-neige

Si le temps est doux, la floraison des perce-neige touche déjà à son terme en février. Comment augmenter la présence de ces plantes au jardin ? Dès la fin de la floraison, les bulbes sont déterrés, séparés et replantés immédiatement de manière espacée. Au fil des années prochaines, grâce à l'apparition de nouveaux caïeux, chaque bulbe donnera naissance à une petite touffe dont les bulbes pourront à nouveau être séparés. Il est aussi possible de favoriser la propagation des perce-neige par semis en allégeant le sol par l'apport de sable du Rhin.

Comment mettre en valeur nos perce-neige ? Il faut les marier avec les ellébores, ces plantes au succès grandissant qui elles comblent aussi notre désir de revoir précocement des corolles. Les cyclamens coum épanouissent également leurs fleurs et leur feuillage décoratif à la même période. Même précocité pour l'aconit d'hiver (*Eranthis hyemalis*) à la belle fleur jaune.

N'oublions pas le sarcococca (*Sarcococca confusa*), un arbrisseau de Chine encore peu connu qui fleurit en hiver et embaume le jardin. À son pied, dans quelques années, nos perce-neige formeront un large tapis blanc, le blanc qui annonce le printemps.

Parfum de fin d'hiver

Quel est cet arbuste à associer aux perce-neige ? Son nom fait sourire les enfants : sarcococca. Ce cousin du buis nous vient des sous-bois asiatiques où il ne dépasse guère un mètre de haut. En décembre débute la floraison, qui se poursuit jusqu'en mars sur les fins rameaux au feuillage persistant. Les petites fleurs blanches en bouquets sont extrêmement parfumées. Il est impossible de se promener en hiver dans un jardin où se trouve un sarcococca sans percevoir son parfum de jasmin. Après la floraison apparaît une abondance de baies bleu foncé, présentes sur tous les arbustes, car ils portent à la fois des fleurs mâles et des fleurs femelles.

La magie des ellébores

Dans les pépinières, les jardineries, les grandes surfaces, chez les fleuristes et au marché, les ellébores rencontrent un immense succès. Pourquoi ces plantes, encore peu connues il y a quelques années, figurent-elles aujourd'hui dans tant de jardins ? Les ellébores fleurissent au cœur de l'hiver, même sous le givre, nous confirmant que le renouveau est bientôt là. Alors que l'hiver semble si long, les ellébores nous permettent de conserver une présence de couleurs dans les parterres. Face à cet intérêt du public, les pépiniéristes ne restent pas inactifs. En plus des variétés blanches, on trouve actuellement des ellébores jaunes, verts, pourpres, orangés, rayés, piquetés ou mouchetés. La plupart de ces ellébores sont des hybrides obtenus à partir de l'espèce *Helleborus orientalis*. Ils se prêtent à la réalisation de parterres d'hiver avec un petit houx panaché, des conifères nains ou un cornouiller sanguin à la belle écorce rouge.

Trois conseils pour des ellébores vigoureux

Bien acheter

Ne pas seulement se laisser séduire par une nuance de couleur et une forme de fleur. Observer la vigueur. Un ellébore bien développé dans un pot de deux litres pourra mieux affronter la concurrence des vivaces voisines au parterre qu'une plante vendue dans un petit pot. De nombreuses racines s'échappent des trous de drainage sous le pot ? C'est bon signe !

Un bon emplacement

Sauf s'il gèle, planter directement après l'achat. L'emplacement idéal : un peu d'ombre. Les ellébores n'aiment pas la chaleur ni les terrains trop secs pendant l'été. La proximité d'une haie, d'un arbre ou d'arbustes est idéale, surtout dans les terrains argileux lourds et humides. Les racines des ligneux favorisent le drainage dans les sols qui se gorgent d'eau.

Un grand trou

La terre est travaillée sur au moins 40 cm de profondeur et autant de largeur. Dans un sol argileux, deux seaux de compost et un seau de sable du Rhin sont versés dans le trou. Dans les terrains acides à rhododendrons, quelques poignées de dolomie permettent d'obtenir un pH plus favorable. Les racines en chignon à la base de la motte sont dégagées pour un bon étalement dans le trou. Du compost est étalé autour de la plante en surface. Cette couverture nourricière favorisera le maintien de l'humidité pendant les canicules de l'été.

Plantons des cyclamens

Quel bonheur de contempler des couleurs durant le mois de février ! Le *Cyclamen coum*, originaire du Caucase, ne nous offre pas seulement ses fleurs alors que le jardin semble toujours désespérément nu. Son feuillage aussi est décoratif. Il présente des marbrures argentées que les pépiniéristes diversifient par hybridation. Où installer nos cyclamens choisis en jardinerie ? Au pied d'un arbre. Ces plantes supportent parfaitement l'ombre d'un sous-bois. Elles se plaisent dans les zones envahies de racines, car le cyclamen est une plante des terrains secs. Gare aux terres argileuses gorgées d'eau durant l'hiver ! Dans les jardins aux sols lourds, il faut planter les cyclamens au sein d'une couche d'une vingtaine de centimètres d'épaisseur de terre humifère mélangée à du gravier fin et étalée au pied d'un arbre. Si les plantes ont trouvé une zone qui leur convient, elles ne manqueront pas de former par semis naturel une couverture de plus en plus large au fil des ans. Une tache de lumière dans la grisaille de l'hiver.

Des hortensias qui fleurissent

Beaucoup de personnes se plaignent du manque de floraison de leurs hortensias à grosses inflorescences rondes (*Hydrangea macrophylla*). Il faut savoir que les fleurs de cette plante apparaissent sur le bois qui s'est formé l'année précédente. Lorsque les bourgeons s'épanouissent, les jeunes pousses peuvent être brûlées par les gelées tardives. Sur ces tiges, la floraison ne pourra donc pas se produire. Pour éviter ce problème, ces hortensias ne peuvent pas être plantés dans les zones du jardin où des gelées blanches surviennent au printemps. Il est aussi utile de protéger dès ce mois de février les hortensias bien exposés au soleil printanier. Un écran formé par un voile d'isolation vendu en jardinerie ou par des branches de conifères empêchera la plante de se réveiller trop vite. Les bourgeons resteront fermés plus longtemps et les inflorescences en devenir ne seront pas tuées par le gel.

La taille des hortensias, tout en douceur

Avant le printemps, des jardiniers souhaitent réduire le volume d'un hortensia. Il se couvre en été de ses superbes inflorescences en boules, mais voici qu'il mêle ses branches à celles de l'arbuste voisin. Gare à une taille sévère à la cisaille électrique ! Si on façonne un *Hydrangea macrophylla* en sphère, peu de fleurs apparaîtront cette année. Ce sont les bourgeons au sommet des tiges qui donnent naissance aux inflorescences. Sans ces bourgeons, l'hortensia ne formera que des feuilles. Idéalement, la taille devrait se limiter à l'enlèvement des inflorescences séchées qui sont restées décoratives durant la période hivernale, se couvrant joliment de givre. Elles sont coupées au sécateur juste au-dessus des bourgeons, bien visibles en fin d'hiver. Pour réduire le volume, il faut enlever l'une ou l'autre branche ancienne, coupée au pied de l'arbuste. La continuité de la floraison est assurée tandis que cette taille favorise l'apparition de nouvelles branches vigoureuses, fleurissant généreusement.

Le cauchemar de la taille des rosiers

Chaque année, lorsque les bourgeons s'allongent sur les branches, beaucoup de jardiniers taillent leurs rosiers buissons avec la crainte de mal procéder. Mais les règles précises – trois yeux depuis la base, tailler au-dessus d'un bourgeon dirigé vers l'extérieur de la plante – sont héritées de l'époque où les variétés hybrides de thé étaient cultivées pour produire de grosses fleurs. Cette taille sévère, qui favorise l'apparition de gourmands, peut être remplacée par une gestion bien plus décontractée. La taille ne doit pas nécessairement être annuelle. L'oublier pendant une année permet de donner beaucoup de vigueur à un jeune rosier. La suppression à la base des branches les plus anciennes permet tout simplement de favoriser l'apparition de nouvelles pousses. Lorsqu'il faut maintenir le rosier dans un certain volume, il se porte bien mieux si la taille n'excède pas un tiers de sa hauteur. Beaucoup de nouvelles variétés de rosiers s'accommodent bien d'une simple taille avec la cisaille à haie.

Liste de courses

Les foires aux plantes sont bientôt de retour. Pour planter un nouveau parterre, comment déterminer la quantité de sujets dont nous avons besoin ? Il suffit de procéder comme les architectes de jardin. Ils tracent un plan de la plate-bande et y dessinent les plantes en tenant compte de l'ampleur des touffes au stade adulte. Ce plan permet de tester les associations de formes et de couleurs. Feuilleter livres et revues de jardinage permet de trouver des idées de réalisations. Une fois le plan établi, il ne reste plus qu'à dresser la liste des variétés nécessaires.

Une arcade de charme

Pour marquer la transition d'une chambre de verdure vers une autre, nous pouvons planter en ce moment deux charmes de belle taille. Comme ces arbustes gardent leur feuillage sec durant l'hiver, ils restent bien visibles dans le paysage changeant du jardin. Au printemps prochain, nous pourrons courber les troncs des charmes pour former une arcade verte. La sève circulera alors abondamment et les tissus seront souples. Comme les sommets des arbustes ne seront pas suffisamment longs pour permettre une ligature commune en une belle courbe, il faudra placer une liaison. Le plus simple est d'utiliser un morceau de tube en plastique pour fils électriques. Il offre suffisamment de résistance pour former un galbe harmonieux guidant les pousses. Les troncs seront attachés au tube avec des liens en plastique qui devront offrir du jeu, car le bois ne manquera pas de grossir. Le tube sera enlevé dans trois ans. Les sommets des charmes garderont alors leur courbure tandis qu'une taille régulière du feuillage affinera la silhouette de l'arche.

Les astuces en plus

- ◇ **Les perce-neige peuvent être séchés** en étant pressés entre deux buvards dans un annuaire téléphonique. Avec un peu de colle appliquée au pinceau, les fleurs décorent une foule d'objets : des bougies, des abat-jour, des couvertures de cahiers...

- ◇ Parmi les premiers semis au chaud à l'intérieur de la maison, **découvrir la culture des coléus**. Ces plantes d'origine tropicale, au feuillage formant des kaléidoscopes de couleurs, se sèment très facilement. Elles seront sources de gaieté sur la terrasse pendant tout l'été.

- ◇ Aurons-nous de la **neige** ? Si un manteau blanc recouvre le jardin, **secouer les branches** des arbustes à feuillage persistant – les conifères, les camélias, les rhododendrons... Le poids de la neige peut briser des branches.

- ◇ **Au chaud, semer la cobée** (*Cobaea scandens*). Cette plante grimpante cultivée en tant qu'annuelle formera des tiges de plusieurs mètres de long portant des fleurs en clochettes à l'allure exotique.

- ◇ **Apporter une bonne dose de compost au pied des rosiers** pour favoriser une croissance vigoureuse et une floraison abondante. Surveiller le développement des bourgeons pour commencer la taille avant que les premières feuilles n'apparaissent.

- ◇ **Recéper complètement les cornouillers à bois** qui ont offert leurs belles écorces décoratives durant l'hiver. De nouveaux rameaux vont se développer. Ils seront vivement colorés l'hiver prochain.

- ◇ Ne pas oublier de **tailler la glycine**. Les branches secondaires sont rabattues après le deuxième bourgeon. Cette taille est essentielle pour induire la floraison des glycines qui n'ont pas encore fleuri après plusieurs années de présence au jardin.

- ◇ Au début du mois, **visiter l'arboretum de Kalmthout**, au nord d'Anvers, pour admirer la floraison des **magnifiques hamamélis**. Au sein de cette collection de référence en Europe, se laisser séduire par une variété à accueillir au jardin.

- ◇ **Étendre la terre des taupinières** dès qu'elles apparaissent dans la pelouse pour ne pas laisser se créer des ronds sans herbe dans le gazon. Privées de lumière sous l'amas de terre, les graminées meurent.

- ◇ S'efforcer de résister à la tentation de constituer une **collection de perce-neige** et acheter malgré tout une variété à fleurs doubles.

L'ellébore au balcon

Pour cultiver un ellébore en conteneur sur une terrasse ou un balcon de ville, il faut choisir un pot d'au moins 40 cm de diamètre. Les clés de la réussite : un drainage efficace durant les périodes de pluie avec des graviers au fond du pot, un terreau pour jardinières de première qualité additionné d'un peu de corne broyée pour une plus longue fertilité et un arrosage par capillarité en plaçant le pot dans une grande soucoupe (à enlever pendant les périodes de pluie).

La potée séjourne à l'ombre pendant l'été. Dès la deuxième année, suppléer à la perte de fertilité du terreau en apportant deux fois de l'engrais liquide « plantes d'intérieur » (riche en azote) après la floraison et quatre fois de l'engrais liquide « tomates » (riche en potasse) en septembre-octobre pour maintenir la vigueur de la floraison.

Sauvetage de l'étoile de Noël

Les poinsettias sont omniprésents dans nos intérieurs durant la période des fêtes. En février, la plupart des plantes dépérissent, victimes de la chaleur et de la sécheresse de nos intérieurs. Elles sont alors jetées à la poubelle ou sur le tas de compost. Il est néanmoins possible de conserver un poinsettia pendant des années. Dès que la plante montre des signes d'affaiblissement, couper les tiges à 10 cm de la base. Attention aux gouttes laiteuses qui apparaissent : le contact de ce latex avec la peau ou les muqueuses peut provoquer des irritations.
On arrête l'écoulement du latex en pulvérisant de l'eau claire. Il ne reste plus qu'à placer la plante dans une pièce pas trop chaude, bien éclairée et à ne

l'arroser que modérément. Des bourgeons vont permettre le redéveloppement de la végétation. En mars, le poinsettia est rempoté dans un terreau pour plantes vertes et, quinze jours plus tard, il peut recevoir de l'engrais (la formule idéale : NPK 20-20-20). En juin, le poinsettia aura déjà retrouvé une belle silhouette.

Que de pluie !

Après des pluies répétées, une potée du jardin peut être retrouvée avec le terreau gorgé d'eau au point que celle-ci s'accumule jusqu'à déborder. Que se passe-t-il ? Le drainage du substrat s'effectue mal, car le trou au fond du pot s'est colmaté. Il faut réagir sans tarder, car cet excès d'humidité pourrait entraîner la pourriture ou l'asphyxie des racines. Il suffit de coucher le pot sur le flanc pour que l'excès d'eau s'écoule. Quand la motte aura retrouvé une bonne hygrométrie, une couche de graviers pourra être placée au fond du pot pour un drainage performant et durable. Si des fourmis sont déjà venues installer leur nid dans un pot sur la terrasse, on pourra également placer un morceau de toile moustiquaire sur le trou de drainage.

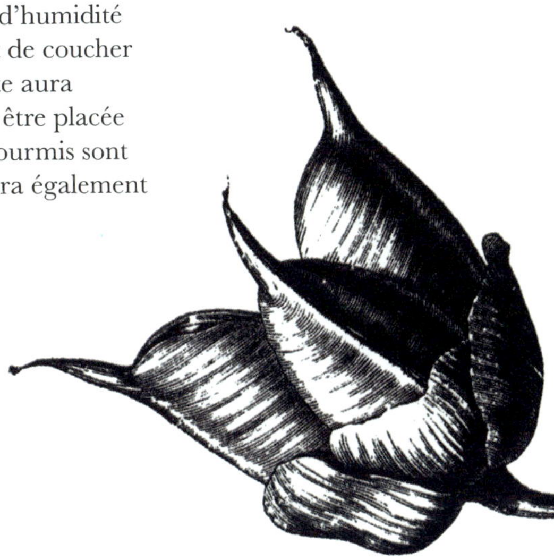

Les astuces en plus

◇ Sur une terrasse ou un balcon, les **graminées en pot** épuisent vite leur substrat. **Diviser la motte** et replanter un éclat dans du terreau neuf. Les autres éclats peuvent être offerts aux amis jardiniers.

◇ **Attention aux pots en métal**, à la mode dans les jardineries. À l'allure contemporaine ou plus rustique, ils n'ont pas les défauts des pots en terre cuite qui transpirent l'humidité au travers de leur paroi poreuse et éclatent quand il gèle. Par contre, le métal chauffe sous le soleil. Il peut même devenir brûlant, la chaleur abîmant les racines.

◇ **Pour nos potées d'annuelles**, recherchons déjà des **grains d'eau** dans les jardineries. Ces polymères sont simplement mélangés au terreau. Ils ont le pouvoir de capter l'eau et de l'emmagasiner en grossissant. Cette eau en réserve sera disponible lors des journées chaudes, avec du vent desséchant, durant lesquelles le prélèvement par les racines est maximal.

La terre de mon jardin est-elle argileuse ?

Comment savoir si un sol est argileux ? Avant de faire effectuer une analyse de terre, on peut déjà avoir une première idée en malaxant une poignée de sol. Plus on obtient une masse homogène, plus le jardin est argileux. Si on peut malaxer la terre comme de la pâte à modeler et l'étirer en un boudin, le sol est fortement argileux : lourd et détrempé en hiver, dur et sec en été. Des apports de sable de rivière et de compost permettront d'améliorer progressivement la texture de la terre du jardin.

De l'argile dans le sable

Si on peut améliorer un sol argileux, peut-on aussi intervenir sur un sol sableux qui ne retient pas l'humidité et où les plantes poussent mal, faute d'eau en suffisance ? Oui : il faut y incorporer de l'argile et du compost. Une liaison chimique permettant une meilleure rétention de l'humidité se forme entre l'argile et l'humus du compost. De la terre en vrac, livrée par camion, peut être achetée auprès de négociants spécialisés. Attention aux terres de profondeur issues d'un terrassement : elles ne conviennent pas. Il faut de la terre humifère prélevée en surface. Elle est étendue à raison de 3 cm d'épaisseur sur le sol avant d'être incorporée à l'aide du croc. On peut aussi adjoindre de la bentonite, qui est une argile agronomique en poudre, à l'allure de ciment. Cent à quatre cents grammes de bentonite peuvent être répandus par mètre carré. La bentonite est vendue au rayon des terreaux et engrais en sacs. Dans les jardineries, cet amendement peu connu n'est souvent disponible que sur commande.

Bien choisir ses arbustes

Dans les catalogues des pépiniéristes qui produisent des arbustes, nous découvrons, à côté du nom des variétés, deux chiffres séparés par une barre verticale. Ils indiquent la hauteur de l'arbuste. 100/120 signifie que cette taille est comprise entre 1 m et 1,2 m. Si nous lisons 6/8, cette mention indique que la circonférence du tronc de l'arbre à 1 m de haut est comprise entre 6 et 8 cm.

Désinfecter les pots en terre cuite

Les pots en terre cuite ont une surface rugueuse qui peut accueillir des germes de maladies ou des pontes de parasites. C'est un truc de vieux jardinier : avant d'utiliser les pots, il est utile de les désinfecter à la flamme. Une torchette de papier journal dégage beaucoup de chaleur. Les chalumeaux à gaz d'aujourd'hui sont plus pratiques, mais nécessitent la même précaution élémentaire : ce travail ne peut être effectué sans gants ou lorsqu'on porte des vêtements inflammables.

Ranger les tuteurs

Durant les prochains mois, nous utiliserons beaucoup de tuteurs au jardin. Il faut attacher les plants de tomates. Soutenir des vivaces qui ont tendance à se coucher sous le vent ou une forte pluie. Les tuteurs en bambou peuvent aussi délimiter un nouveau parterre à créer dans le gazon, marquer les lignes de semis au potager, porter une étiquette lors d'une journée portes ouvertes au jardin…

Pour trouver directement le tuteur du bon calibre et de la bonne taille, nous pouvons profiter des dernières semaines de l'hiver pour construire cet espace de rangement à placer dans la cabane à outils. Des compartiments formés avec de simples lattes clouées permettent un rangement aisé des tuteurs, ceux que nous achetons et ceux que nous créons à partir de branches taillées au jardin.

Compte à rebours pour l'engrais organique

La rhubarbe repousse, le printemps se rapproche. Comme d'autres plantes vivaces du jardin, la rhubarbe va bientôt avoir besoin d'énergie pour reformer sa végétation. Nous pouvons donc lui apporter un engrais organique de fond ou du compost. La fumure est répandue autour de la plante, puis elle est incorporée superficiellement à l'aide de la griffe. Pourquoi apporter aussi précocement une fumure organique dans nos plates-bandes ? Parce que cette matière doit être minéralisée par les micro-organismes du sol. Ce sont eux qui libèrent les éléments chimiques assimilables par les plantes. Ce processus de minéralisation n'est pas rapide, surtout au printemps lorsque le sol est encore froid. Il faut compter deux mois. Nous sommes à la mi-février, l'engrais sera disponible en avril. Ce sera parfait : le jardin sera alors en plein renouveau.

Quatre palettes pour un silo

Le nettoyage printanier des parterres aura vite fait de remplir la brouette de déchets végétaux. Bientôt, la tonte de la pelouse, la taille des haies, l'arrachage des herbes indésirables nous obligeront à multiplier les voyages vers le parc à conteneurs. À moins que les matières organiques du jardin ne puissent être transformées en compost pour nos fumures et plantations. Plutôt que d'accumuler les déchets verts en un tas qui s'élargit sur le sol, nous pouvons les verser dans un silo qui occupera une surface réduite. Assurons cependant une bonne aération sur les quatre faces. Pour ce faire, nous pouvons facilement construire un tel silo en assemblant avec du fil de fer quatre palettes en bois récupérées dans une entreprise.

Un balai comme jadis

Des balais de brindilles sont proposés dans les jardineries. Surtout destinés à décorer l'extérieur de la maison, ces objets peuvent aussi se révéler bien utiles, comme ils le furent durant des siècles, pour balayer la terrasse ou un sentier. Comme tant de personnes jadis, nous pouvons fabriquer nous-mêmes un tel balai de brindilles. Au jardin ou au bord d'un chemin de campagne, nous récoltons une brassée de fines branchettes de bouleau, de noisetier ou de genêt à balais. Il faut tout d'abord enlever les ramifications à la base des rameaux. Opération suivante : les branchettes sont assemblées en une gerbe bien serrée, ligaturée avec du fil de fer. Deux ligatures séparées d'une quinzaine de centimètres sont nécessaires. Un manche de bois est introduit au cœur de la gerbe. On obtient ainsi un serrage bien ferme de l'ensemble. Le plus joli : un manche constitué d'un tronc de noisetier qui accentue la touche rustique. Notre balai n'est pas encore prêt. Il faut encore toiletter les branchettes au sécateur pour obtenir la forme caractéristique des balais d'autrefois.

La tondeuse à l'entretien

Dans quelques semaines, les tondeuses à gazon pourront déjà effectuer une première sortie pour redonner belle allure aux gazons qui auront profité des périodes hivernales particulièrement douces pour poursuivre leur croissance. Démarrera ? Démarrera pas ? Pour que le retour de la tondeuse ne se réduise pas à une séance de tractions sans effet sur la corde du lanceur dans un climat d'énervement grandissant, un entretien hivernal du moteur est essentiel. Il est d'autant plus important que la tondeuse est un capital à faire durer. Une bonne machine doit pouvoir fonctionner durant au moins une dizaine d'années. Beaucoup de jardiniers ont d'ailleurs aujourd'hui la volonté de garder leur tondeuse le plus longtemps possible. Guerre des prix oblige, la qualité de beaucoup de nouveaux modèles est en baisse, avec une proportion plus importante de pièces en plastique. Raison de plus pour que notre fidèle tondeuse vrombisse au quart de tour.

Des étiquettes économiques

Les boîtes en plastique jaune ayant contenu du cacao en poudre peuvent nous être utiles au jardin. Les deux grands côtés de la boîte sont d'abord découpés avec une forte paire de ciseaux. Ces deux faces en plastique sont ensuite sectionnées en lamelles de 2 cm de large qui vont devenir autant d'étiquettes pour nos semis, nos boutures, nos plantes en pot ou en pleine terre.
Pour cela, il faut encore découper une pointe à l'extrémité de chaque lamelle. Nos étiquettes n'ont peut-être pas la prestance de celles vendues dans le commerce, mais elles sont gratuites et dureront longtemps. Un point essentiel : faute d'utiliser un marqueur indélébile, dont l'encre résiste aux rayons ultra-violets, le soleil effacera les noms des variétés que nous ne voulions justement pas oublier.

Chaudes, les bottes

À la campagne, les bottes en caoutchouc sont souvent chaussées dès qu'on se rend au jardin. Les bottes permettent de circuler des heures durant dans l'herbe mouillée, alors que l'humidité finit par percer le cuir des bottines. Les reliefs de leurs semlles empêchent de glisser sur le sentier humide. Avec des bottes aux pieds, on peut même affronter les orties et les ronces. Elles n'ont qu'un défaut : dès qu'il fait froid, elles vous congèlent les pieds. Mais la technologie sous-marine a permis de trouver une parade. Certains modèles d'hiver sont maintenant doublés de néoprène, le tissu isolant dont sont faites les combinaisons des hommes-grenouilles. Avec de telles bottes, il est possible de mieux affronter humidité et basses températures.

Des lichens sur les branches

Des croûtes bizarres apparaissent sur les branches des arbustes ? Il s'agit tout simplement de lichens. Jaunes, verts ou gris, en plaques ou formant de petites arborescences, ils n'ont pas leur pareil pour apporter une touche de naturel. Ces organismes sont composés d'algues et de champignons vivant en symbiose. Ils surprennent beaucoup de jardiniers qui ne les connaissent pas.

Sensibles à la pollution de l'air, les lichens, qui étaient absents de beaucoup de régions, font leur grand retour grâce à la meilleure gestion des fumées des industries. Faut-il s'inquiéter de cette présence ? Non, car les lichens ne sont pas des parasites. Ils se développent sur l'écorce et ne causent donc pas de préjudice aux plantes. Faut-il éliminer les lichens ? Ils font partie de la biodiversité du jardin. Si on décide de les enlever pour des raisons esthétiques, on peut les faire tomber avec une brosse, en veillant à ne pas blesser les jeunes écorces encore tendres.

Les branches deviennent du compost

La taille des haies et des arbustes engendre quantité de branchages. Première possibilité pour évacuer ce tas : le parc à conteneurs. Mais chacun ne dispose pas d'une remorque et les trajets peuvent demander beaucoup de temps. L'idéal est de composter au jardin les déchets verts issus de la taille. Pour pouvoir incorporer ces branches dans le compost, il faut les réduire en petits morceaux, et un hacheur à moteur s'avère indispensable.
Les copeaux, à garder en tas, sont incorporés progressivement dans le compost, en alternance avec les tontes de gazon. Ce mélange du sec et de l'humide, du dur et du frais favorisera une décomposition rapide de l'herbe qui, sinon, forme des blocs nauséabonds dans le compost. Les copeaux peuvent aussi être étalés sur les sentiers. Placés en couche mince au pied des arbustes, ils maintiennent l'humidité durant l'été, empêchent la venue des herbes indésirables et se transforment à terme en humus.

Beaucoup plus simple : les branches taillées peuvent être tassées entre deux rangées de piquets. On forme ainsi une palissade au sein du jardin, dont l'habillage varie en fonction de la couleur et de la section des branches. Comme les rameaux se transforment au fil des ans en humus au niveau du sol, cet or brun pourra être récolté pour amender les parterres de vivaces ou le potager. Le volume de branches s'étant réduit, on pourra placer de nouvelles tailles sur le dessus.

Cette palissade va jouer un rôle important pour l'accueil de la biodiversité. Le hérisson pourra s'y réfugier pendant la journée et même y hiberner durant l'hiver. Le troglodyte, le plus petit oiseau du jardin, construira son nid au cœur des branchages.

Pas de mastic miracle

Après la taille d'une grosse branche, l'écorce blessée va former autour de la plaie ce qu'on appelle un bourrelet de cicatrisation. L'écorce enfle et s'avance sur le bois mis à nu. Pour les petites sections, ce bourrelet est capable de refermer complètement la plaie, laissant seulement une cicatrice. Dans le cas des coupes plus importantes, du bois reste visible. En séchant, il va se fendiller, permettant à l'humidité de s'infiltrer. Les spores des champignons lignivores, véhiculés par l'air, peuvent alors s'attaquer au bois. Appliquer un mastic ne sert pas à grand-chose, car il va finir par se fissurer et s'écailler. Il faut toujours garder à l'esprit que le bois nu qui reste apparent au centre de la coupe constitue une blessure permanente, une porte d'entrée pour les maladies et le pourrissement. Il est donc important de ne pas effectuer des suppressions de grosses branches à la légère.

Les astuces en plus

◇ **Brosser régulièrement la mangeoire des oiseaux** avec de l'eau claire. De la nourriture mouillée par les pluies peut se décomposer, favorisant le développement de germes nocifs.

◇ La pluie nous cantonne à l'intérieur ? Nous pouvons **affûter le fer des binettes** avec une lime. La différence d'efficacité entre une binette qui coupe bien et celle dont le tranchant est complètement émoussé est surprenante.

◇ **Gare à la surcharge de la remorque** quand on achète du **gravier en vrac** au centre de matériaux de construction. Un mètre cube de graviers pèse 1 850 kg !

◇ **Commencer le tamisage du compost.** De grandes quantités seront bientôt nécessaires pour le potager et les nouvelles plantations dans les parterres.

Il tombe encore des grêlons,
Mais on sait bien que c'est pour rire.
Quand les nuages se déchirent,
Le ciel écume de rayons.

Le vent caresse les bourgeons
Si longuement qu'il les fait luire.
Il tombe encore des grêlons,
Mais on sait bien que c'est pour rire.

Les fauvettes et les pinsons
Ont tant de choses à se dire
Que dans les jardins en délire
On oublie les premiers bourdons
Il tombe encore des grêlons…

MARS

3 MARS

LES JOURS S'ALLONGENT DE

02 h 00

◇ NARCISSE
Narcissus
Floraison : février à mars

POUR BIEN COMMENCER LE MOIS…

L'art de la division

Un parterre fleuri est une œuvre à entretenir. Au fil des ans, des touffes de vivaces s'élargissent, se dégarnissant en leur centre. Des plantes envahissent leurs voisines au risque de les faire disparaître. La solution est simple : la division, une technique qui mériterait d'être davantage mise en œuvre par les jardiniers. En mars, quand la nouvelle végétation apparaît au ras du sol, la touffe est déterrée. Avec le tranchant de la bêche, elle est divisée en plusieurs éclats. Il est aussi possible de piquer deux fourches dos à dos dans la motte. En rapprochant les manches, les fers s'écartent et séparent les plantes en provoquant moins de dégâts aux racines. Les éclats sont replantés dans des zones enrichies de compost. Les éclats excédentaires sont offerts aux amis jardiniers ou plantés dans d'autres zones du jardin.

Laitues sous cloches

Il y a un siècle, installer une serre au jardin était si onéreux que la présence d'une telle structure constituait un signe extérieur de richesse. Dans les parcs des châteaux et les jardins des propriétés bourgeoises, les serres, souvent adossées contre un mur, étaient donc réservées aux cultures nobles : vignes, fruits exotiques et plantes d'orangerie. Au potager, pour cultiver précocement des laitues, des cloches de verre venaient simplement coiffer les plantes. Soufflées par des artisans verriers, elles étaient les héritières des serres miniatures inventées par les jardiniers de la Renaissance, qui étendaient du papier huilé sur une armature d'osier. Les cloches ont disparu depuis la destruction des manufactures qui les fabriquaient durant la guerre 14-18, mais nous pouvons reproduire leur efficacité. Des bidons de cinq litres d'eau minérale en plastique dont le fond a été découpé nous permettent de perpétuer cette excellente manière d'obtenir des salades précoces. Sous ces mini-serres, elles bénéficient de chaleur, évacuée par le goulot dès qu'elle est en excès.

Ail et chandail

Voici le moment de planter l'ail au potager. Les caïeux d'une belle tête d'ail achetée dans une graineterie ou une jardinerie sont détachés. Seuls les caïeux de la périphérie sont utilisés. Plus volumineux, ils permettent d'obtenir des plantes vigoureuses assurant une bonne production. Les caïeux sont plantés en ligne avec leur pointe affleurant à la surface du sol. Écartement entre les caïeux : 15 cm. Écartement entre les lignes : 30 cm.

Une anecdote amusante à propos de l'ail mérite d'être racontée. À la fin du XIXe siècle, Paris connut un grand développement démographique. Pour satisfaire les besoins de la population, les halles aux légumes s'étendirent.

On vit arriver des marchands d'ail, venus du sud de la France. Ils portaient un tricot de laine propre à leur corporation. Ce tricot ne passa pas inaperçu. Il fut reproduit par des ateliers de tricotage. On le vendit sous le nom de « chandail », car ce vêtement était celui des marchands d'ail.

Le potage aux orties

Avez-vous déjà goûté du potage aux orties ? Voilà un plat étonnant : on mange une plante qui pique et c'est délicieux ! En mars, quand les orties réapparaissent, nous sommes à la bonne époque pour cueillir des pousses. Elles sont toujours bien tendres. C'est la partie la plus jeune qui est récoltée.

La recette du potage ? Rien de bien compliqué : un bouillon de volaille, des orties, quelques pommes de terre, un peu d'ail. Bien sûr, on passe le potage de manière à éliminer les fibres. Enfin, on sert avec du beurre ou de la crème.

Le potage aux orties est une des bonnes raisons pour accepter la présence de cette plante au jardin. Pourquoi s'obstine-t-elle à pousser en un endroit précis ? Parce que le sol y est très riche en azote. L'ortie est une plante nitrophile. Elle aime les nitrates. Et sa présence croissante dans nos paysages est le signe de l'augmentation de la concentration en nitrates dans le sol.

Comment conserver le thym

La touffe de thym plantée au potager ne donne plus signe de vie après l'hiver ? C'est un problème que rencontrent beaucoup de jardiniers. Souvent, le thym ne fait pas preuve d'une grande longévité. Originaire des régions méditerranéennes, il a besoin d'un sol léger et bien drainé. Le thym est parfaitement à l'aise parmi des graviers. Dans une terre lourde et détrempée en hiver, il ne résiste pas au froid. Pour obtenir de bons résultats, il faut de la sécheresse, surtout durant la période hivernale. Si le sol ne peut être allégé et drainé efficacement, la solution consiste à cultiver le thym dans un grand pot. Muni au fond d'une couche de graviers, il permettra une évacuation efficace de l'eau excédentaire. Autre avantage : le pot peut être placé à proximité de la cuisine. Chaque fois que l'on passe à côté, on a ainsi le plaisir de passer la main dans la touffe pour libérer les arômes.

Fraises précoces

Pour avoir la joie de savourer des fraises avant l'heure, le truc est simple. Il suffit de déterrer en ce moment l'un ou l'autre fraisier au potager et de l'installer dans un pot, abrité sous la serre. Les plants toujours endormis par le froid de l'hiver vont se réveiller et les fleurs ne tarderont pas à apparaître. Il faudra alors espérer qu'une abeille les repère pour les féconder et ainsi favoriser le développement de belles fraises.

Ce forçage des fraisiers est l'un des secrets des jardiniers de châteaux qui, au XIXe siècle, récoltaient des fraises dès le mois de mars. Ils commençaient leur travail en juin, recherchant les stolons les plus précoces. Les jeunes fraisiers formaient aussitôt de belles racines dans une couche. En novembre, les pots étaient placés à l'extérieur pour que les fraisiers subissent le froid. Avant la Noël, les jeunes plants découvraient la douceur de la serre et leur développement débutait. C'est le chauffage progressif qui permettait aux fraises de mûrir. Et les abeilles ? Les jardiniers pollinisaient les fleurs avec un pinceau en poil de lapin…

Découvrir la fève des marais

Les fèves des marais figurent parmi les légumes les plus précoces pouvant être semés en pleine terre. Avec ce nom, on pourrait penser que cette plante peut vivre dans les sols détrempés. Mais ces fèves ont été appelées ainsi parce qu'elles étaient abondamment cultivées dans le quartier du Marais à Paris, où les maraîchers produisaient quantité de primeurs pour les habitants de la capitale. Les larges graines profitent des premières belles journées de mars pour germer. Par la suite, s'il gèle, ce n'est pas grave. Les jeunes pousses peuvent supporter le froid jusqu'à −5 °C.

Dans un mois, les tiges auront 20 cm de haut. Elles continueront à s'élever pour dépasser 1 m. Il faudra alors attacher les tiges à un fil tendu horizonta-

lement avant que n'apparaissent les lourdes gousses. Autre particularité de la culture : le sommet des tiges se couvre de pucerons. Cette attaque ne contrarie pas la récolte. Certains jardiniers coupent toutefois le sommet des tiges pour éliminer ces ravageurs.

Rhubarbe précoce

Voici déjà plusieurs semaines que la rhubarbe s'est réveillée. Les premières pousses sont bien développées. Comme cette plante est une grande gourmande, l'idéal est de lui apporter une fertilisation chaque année, au début de sa croissance. Il faut ratisser le reste de l'ancien paillis, étendre un seau de compost mûr, griffer superficiellement le sol pour incorporer cet amendement, puis replacer le paillis et le compléter par une nouvelle couche pour obtenir une épaisseur de 10 cm.

Comme les jardiniers de jadis, nous pouvons hâter le développement de la rhubarbe. Pour cela, nous couvrons la plante avec un grand pot en plastique. Pour l'isoler des froids encore à venir, un peu de paille est placée à l'intérieur. D'ici cinq semaines, nous pourrons consommer les premiers pétioles de rhubarbe.

Les soucis des radis

Les radis ronds ne produisent que des feuilles ?

Même s'ils sont cultivés dans un sol fertile, ensoleillé, maintenu frais par des arrosages réguliers, les radis ne peuvent pas se former si la profondeur de semis n'a pas été respectée. En fonction de la forme des racines, il faut semer à des profondeurs différentes : 2 cm pour les radis demi-longs et longs, tout près de la surface pour les radis ronds. Les graines sont toujours bien espacées.

Les feuilles sont trouées ?

Les radis sont la cible des « altises », des insectes qui sautent quand on les dérange. Bien que ces attaques n'affectent pas la récolte, il est possible d'écarter les insectes en arrosant abondamment. Une fois les altises parties se réfugier dans les alentours, les radis peuvent être protégés contre leur retour par un voile anti-insectes.

Pommes de terre en sacs

Ces dernières années, la culture des pommes de terre en pots ou en sacs s'est développée dans les petits espaces. Cette technique permet de bonnes récoltes sans monopoliser une surface importante au potager. Quand la place est comptée, autant privilégier en pleine terre les semis et repiquages de légumes de plus grande valeur.

Concrètement, les pots munis de trous de drainage ou les sacs doivent offrir un volume suffisant : 45 cm de hauteur et de diamètre. Remplir les conteneurs de terre du potager mélangée à du compost. Attention aux terreaux du commerce qui risquent de ne pas offrir une bonne rétention de l'eau.
Un seul tubercule est planté dans chaque volume. Un bon maintien de l'humidité doit être assuré. Si le substrat reste trop sec, la récolte est réduite, les pommes de terre sont petites et se brisent à la cuisson.

Inutile d'essayer d'ajouter progressivement du substrat pour augmenter la production. Les tubercules ne se forment pas au-delà de 30 cm de profondeur.

Des tomates résistantes au mildiou

Si nos étés deviennent caniculaires et secs, la culture de la tomate en plein air sera plus aisée. Sous les pluies de juillet, le mildiou, cette redoutable maladie cryptogamique, ne manquait pas de ravager les plantes repiquées au potager. Les abriter des précipitations sous un auvent permet d'obtenir de meilleurs résultats. Par ailleurs, de nouvelles variétés résistantes contribuent à lutter contre le développement du mildiou. La recherche agronomique a permis d'identifier les gènes responsables d'un meilleur comportement face à la maladie, notamment les gènes Ph2 et Ph3, qui sont les plus importants. Ils ont été incorporés par croisement dans des variétés prometteuses sur le plan de la résistance au mildiou. Deux choix parmi ces nouvelles obtentions dans les catalogues : 'Defiant' et 'Mountain Magic'. Il s'agit cependant d'hybrides F1 ne répondant pas au désir de nombreux jardiniers d'aujourd'hui de privilégier des variétés dont les semences peuvent être récoltées pour de nouveaux semis.

Les cerisiers sont taillés en été

Début mars, la taille des pommiers et des poiriers peut toujours être effectuée. Par contre, il ne faut surtout pas toucher aux cerisiers et aux pruniers.
C'est en été, après la récolte, que les tailles peuvent être pratiquées.

La sève qui circule permettra alors une meilleure cicatrisation des plaies par rapport à une taille en saison froide. Nous devons en effet éviter de provoquer de la gommose. Cet écoulement gluant est produit par des cellules spécialisées sous l'écorce. Autour de la blessure, la gomme s'accumule et ce flux peut devenir permanent, comme si la plaie ne se refermait pas. La gommose a été combattue pendant longtemps. La plaie était nettoyée avec une lame puis l'écoulement était stoppé par des applications d'oseille. Aujourd'hui, la gomme est mieux comprise. Si on l'a provoquée, il faut la laisser faire. Tant qu'elle s'écoule, elle constitue un barrage vis-à-vis des maladies. La gommose du cerisier, c'est de l'autodéfense.

Le persil au papier de verre

Pour déjà bénéficier de persil frais au potager dès le mois de mai, il suffit de semer en ce moment, au chaud, cette belle source de vitamines. Mais le semis du persil provoque souvent des déceptions. Les graines germent difficilement, car elles sont protégées par un épais tégument qui les empêche de s'humidifier rapidement. Un petit truc permet d'obtenir une levée rapide et homogène. Versées sur un plateau, les graines sont frottées vigoureusement avec une feuille de papier de verre. Elles sont ensuite recouvertes d'eau tiède pendant

vingt-quatre heures. Grâce aux griffes pratiquées dans le tégument, les graines se mettent à gonfler. Semées dans la chaleur de nos intérieurs, elles ne tardent pas à germer sous le couvert d'une feuille de plastique découpée dans un sac de terreau. Celle-ci maintient l'humidité qui permettra le ramollissement complet du tégument.

Les plantules doivent alors bénéficier de lumière pour ne pas filer. Quand elles sont hautes de 2 cm, la terrine de semis doit être placée dans une pièce plus fraîche, mais toujours bien éclairée. En avril, les plants de persil seront progressivement acclimatés aux températures extérieures. On sort la terrine durant une heure, puis chaque jour suivant un peu plus longtemps. Le persil pourra finalement être repiqué en pleine terre alors que les semis des légumes au potager débutent seulement.

Les astuces en plus

◇ Ce printemps, prenons la bonne résolution de **noter les dates des semis et repiquages** des légumes dans un carnet. Année après année, ces indications seront utiles pour améliorer notre travail.

◇ **Bien respecter l'écartement entre les bulbes d'oignons** lors de la plantation au potager. Un espace de 15 cm entre chaque plante permet d'obtenir de plus gros oignons.

◇ Peu connu, le **semis de la ciboulette** est plus économique que l'achat de plants. Semer plusieurs dizaines de graines dans un pot de manière à former une touffe. Placer le pot à l'extérieur. La première coupe pourra être effectuée en juillet.

◇ **Faut-il acheter des fraisiers en pot pour introduire des plantes au jardin?** Il est bien plus économique de se procurer des plants « frigo », à commander en jardinerie. Ces jeunes fraisiers formés par les stolons de l'été dernier et conservés au froid sont vendus à racines nues. Ils auront un développement vigoureux.

◇ **Recouvrir une ligne de fraisiers d'un tunnel en plastique** pour hâter d'une ou deux semaines le plaisir de déguster les premières fraises de l'année.

◇ Dans une couche, **semer en pleine terre des carottes 'D'Amsterdam'**. Cette variété d'été pourra déjà fournir de fines racines en juillet pour accompagner les petits pois.

◇ **Planter davantage d'échalotes au potager**. Comme elles se conservent plus longtemps que les oignons, elles permettent d'assurer la transition entre la fin des oignons de conservation et la nouvelle récolte.

◇ Des jardineries proposent des **griffes d'asperges**. Voilà l'occasion d'accueillir au potager ces plantes qui peuvent nous offrir des récoltes durant de longues années. Deux ans après la plantation, les asperges pourront être cueillies dès la mi-avril pendant six semaines. Quand la plante est à maturité, elle peut offrir jusqu'à douze asperges par printemps.

◇ **Attention à la mouche mineuse du poireau**. Elle peut attaquer les jeunes plantes semées en couche dès le début du printemps. Les poireaux sont recouverts par un voile anti-insectes dès que les feuilles ont quelques centimètres de long.

◇ **Pour un semis précoce au potager**, étendre un plastique noir sur le sol désherbé et ameubli. Le plastique favorise l'accumulation de la chaleur du soleil. Le sol se réchauffe. Cette astuce permet de gagner au moins une semaine et d'obtenir une meilleure germination.

◇ **Ne pas attendre pour repiquer les tomates.** Elles risquent de filer si elles sont trop serrées dans la terrine de semis. Le repiquage peut être effectué dès que les deux premières feuilles sont apparues.

◇ **La couverture de matières organiques qui avait été étendue** pour éviter le développement des herbes indésirables et le tassement du sol par les pluies lourdes, ainsi que pour favoriser le travail des micro-organismes et des vers de terre, **peut être écartée** afin de permettre le réchauffement du sol. Le paillis sera replacé entre les plantes quand les légumes se développeront.

◇ Les **potagers en lasagnes de la permaculture** sont à la mode. On conseille souvent d'y placer une couche de cartons. Ce n'est pas une bonne idée. Ces emballages peuvent contenir des substances toxiques au niveau des encres et des adhésifs. Il faut préférer les matières végétales du jardin : feuilles mortes, tontes de gazon, broyat…

◇ Il vous reste un magnifique **panais** en pleine terre au potager ou conservé à la cave ? Installez la racine dans un parterre de vivaces. La plante, qui est une ombellifère, va produire une magnifique hampe florale de couleur jaune beurre. Une fois sèches, **les graines pourront être récoltées** pour le semis de l'année prochaine.

◇ Si des **poireaux sont encore présents au potager** et gênent la mise en place de nouvelles cultures, il est possible de les déménager. Les poireaux sont récoltés et installés dans une jauge, une tranchée à la paroi inclinée, si possible à l'ombre. Espacez les poireaux de quelques centimètres, recouvrez les racines et les fûts de terre meuble et arrosez. Les plantes pourront patienter jusqu'en mai.

◇ Il est possible de **commencer la culture des pommes de terre hâtives** sous un tunnel en plastique, qui protégera le feuillage des dernières gelées nocturnes.

◇ Dans la serre, nous pouvons **préparer la terre pour la plantation des tomates**, en répandant déjà le compost. Un kilo par pied est étalé sur le sol et enfoui légèrement avec le croc ou la fourche à bêcher (maximum 5 cm de profondeur). Les micro-organismes vont amorcer la transformation de l'humus en matières minérales nutritives dont les plants de tomate bénéficieront dès leur plantation.

◇ Ne pas hésiter à **acheter au marché des salades en mini-mottes à repiquer** dans la serre. À moins qu'on ait pu développer des plants à l'intérieur de la maison, c'est la meilleure manière d'assurer une transition entre les dernières laitues d'hiver et celles issues de nos premiers semis. Des laitues pommées pourront être récoltées en avril.

◇ **Les jeunes fraisiers** disponibles au marché peuvent être plantés **dans une corbeille suspendue** au-dessus de la terrasse. Les fraises seront grappillées à chaque passage.

◇ Outre les variétés habituelles de **pommes de terre** cultivées au potager, acheter quelques plants de **'Ratte' ou de 'Corne de Gatte'**. Ces variétés rustiques n'offrent pas de grands rendements, et les tubercules sont difformes. Mais ces pommes de terre sont parmi les plus savoureuses pour la salade, la cuisson au four ou la poêle à rissoler.

◇ Au pied d'un mur bien exposé, **semer du cerfeuil**. La variété 'D'hiver de Bruxelles' est résistante au froid et convient bien pour entamer la saison début mars. Laisser quelques pieds monter en graines. Le cerfeuil va se ressemer et permettre une deuxième, voire une troisième récolte.

◇ Au chaud dans la maison, le **semis de piments** est à la mode, mais attention à la force des variétés. L'échelle de Scoville (voir sur internet) classe les piments de 0 (neutre, comme les poivrons) à 10 (explosif, comme le fameux 'Habanero'). Le piment 'd'Espelette', considéré par beaucoup de jardiniers comme déjà bien piquant, est au degré 4. Un piment de force supérieure pourrait bien être inconsommable pour nos palais.

◇ **Classer les sachets de graines potagères** dans une boîte munie d'intercalaires désignant les semaines à venir. De cette façon, les graines seront semées à la bonne époque, sans que l'on oublie l'une ou l'autre variété.

◇ Lors du semis des tomates au chaud, **semer** également **du basilic**. Les plantes seront associées dans la serre. La présence du basilic contribue à réduire les excès d'humidité.

◇ Au potager, sur une partie de la surface, **semer de la féverole**, une légumineuse qui enrichit le sol en azote. Cet engrais vert est fauché deux mois plus tard, à la fin de la floraison. Les tiges peuvent alors pailler les cultures déjà en place.

LE JARDIN **ornemental**

Des roses sous la fenêtre

Les rosiers grimpants ne sont pas exclusivement réservés aux portiques et pergolas. Ils peuvent aussi orner un mur bien exposé, se développant en éventail, attachés sur des fils de fer. Une variété remontante, si elle ne manque ni d'eau ni de nourriture au pied du mur, pourra nous offrir son parfum sous la fenêtre de juin à septembre. Combien de centaines de jardiniers le rosier 'Paul Transon' a-t-il déjà séduits ? Il faut dire qu'il pousse dans un des jardins les plus visités d'Angleterre : le jardin du château de Sissinghurst, dans le Kent.

La pervenche courte et fleurie

La petite pervenche (*Vinca minor*) est une merveilleuse plante couvre-sol. L'extrémité des tiges de l'année se marcotte en fin de saison. À partir du printemps suivant, la nouvelle plante ainsi formée émet de nouvelles tiges. On obtient donc rapidement un épais tapis vert. Mais après quelques années, l'épais feuillage de la pervenche n'a plus belle allure. À l'approche du printemps, nous pouvons couper les tiges rampantes pour mettre au jour les souches des plantes. Elles émettent actuellement de nouvelles tiges qui reformeront rapidement le couvre-sol. Comme ces jeunes tiges sont florifères, ce rajeunissement permettra d'obtenir un beau tapis bleu.

Comment obtenir de splendides agapanthes

La majorité des agapanthes disponibles sur le marché ont un feuillage caduc. Elles perdent leurs feuilles en automne. Les plantes passent l'hiver dans un garage, une cave ou une remise à l'abri du gel, leur motte légèrement humide. Cultivées en pots pour pouvoir être rentrées, les agapanthes n'offrent souvent pas une floraison très généreuse. Pour bien fleurir, une agapanthe en pot a besoin d'être soutenue par un engrais. L'idéal est d'appliquer au printemps un engrais favorisant le développement de la plante (NPK 10-4-8). Puis, une fois la végétation développée, on applique un engrais très riche en potasse (élément K) pour favoriser la floraison : NPK 7-14-28. Cette formule, ou une formule proche, est celle des engrais de type « bulbes ». Il faut toujours éviter d'utiliser du fumier ou un engrais trop riche en azote (élément N) qui favorise un développement trop important du feuillage au détriment de la floraison.

Pas de printemps sans doronics

Le doronic du Caucase (*Doronicum orientale*) reste peu connu. Cette vivace à longue durée de vie, totalement rustique, est d'une facilité de culture exemplaire. Surplombant un joli feuillage vert frais, la floraison jaune est présente de fin mars à mai. Les doronics, qui atteignent 30 cm de haut, forment de beaux massifs quand ils sont associés à des tulipes. Attention à l'excès d'humidité, qui provoque la pourriture des racines, surtout durant

l'hiver. La plante préfère les terrains riches en humus et les emplacements pas trop chauds mais bien éclairés. Pour obtenir un massif bien touffu, planter plusieurs pieds espacés de 35 cm. Lorsque la végétation apparaît, de petites limaces cachées dans le relief du sol peuvent venir décimer les premières pousses particulièrement tendres.

Il ne faut pas hésiter à prélever des fleurs pour garnir un vase. Supprimer les premières fleurs fanées permet de prolonger la floraison. Après quatre ans, les touffes gagnent à être divisées en octobre ou en février-mars pour rester vigoureuses. Des éclats remplacent les plantes d'origine dans le sol enrichi de compost, et les autres peuvent être offerts aux amis jardiniers.

Des bordures bien droites

Quel est le secret d'une belle pelouse ? Pour beaucoup de jardiniers chevronnés, le plus important n'est pas la finesse des brins du gazon, mais la qualité des bordures. Des bords bien nets mettent en évidence la surface d'herbe par rapport aux parterres. Comment apporter cette touche de coquetterie ? Le fer d'une bêche est légèrement courbe et ne permet pas une coupe parfaitement rectiligne. L'outil qui convient le mieux est le coupe-bordure. Cette mini-bêche au fer droit possède un tranchant en demi-lune qui permet de sectionner le gazon sans effort, avec un mouvement de gauche à droite. La frange de sol découpée en bord de pelouse se retire ensuite à la main. Prudence lors de la tonte. Si l'on passe trop près du bord, il suffit que les roues de la tondeuse quittent la pelouse pour abîmer la bordure avec la lame. Aussi, autant s'écarter du bord et couper l'herbe laissée en place avec une cisaille à main ou une petite débroussailleuse à fil.

Couper les bordures du gazon donne une allure de netteté à tout le jardin.

Scarification anti-mousse

Pour lutter contre la mousse, la scarification est souvent considérée comme le principal remède. Mais ce nettoyage mécanique ne s'attaque qu'à un symptôme. On ne peut régler à long terme le problème de la mousse qu'en assurant au gazon une croissance vigoureuse.

Les scarificateurs comportent un réglage de profondeur, permettant aux lames de pénétrer dans la terre et d'effectuer une aération superficielle du sol. Pour une bonne scarification, il faut effectuer deux passages, selon les perpendiculaires. On est toujours surpris par le volume des matières enlevées. Les lames du scarificateur arrachent la mousse, mais aussi ce qu'on appelle le feutre : des brins d'herbe sèche, de vieux rhizomes de gazon, des débris de feuilles mortes, des aiguilles si le jardin comporte de grands conifères. Voilà pourquoi il est aussi utile de scarifier de temps à autre des gazons qui ne comportent pas de mousse. L'élimination du feutre permet une meilleure pénétration de l'air et de l'eau dans la couche superficielle du sol, avec un impact positif sur la vitalité du gazon.

Plantons des rosiers résistants

Dans leurs serres où les nouvelles variétés obtenues par croisement fleurissent dès le printemps après le semis hivernal des graines, beaucoup de rosiéristes en Europe suivent désormais l'exemple des producteurs allemands. Les plantes sensibles aux maladies sont impitoyablement éliminées. Seules quelques variétés parmi des milliers de semis seront baptisées et commercialisées après souvent une dizaine d'années d'évaluation.

Face aux maladies des rosiers, la meilleure solution consiste tout simplement à arracher les plantes atteintes chaque année et que l'on pulvérisait sans cesse pour leur conserver belle allure. On peut alors choisir de nouveaux sujets parmi les rugosas, les lianes et les gallicas qui ne sont pas touchés. De plus, beaucoup de rosiéristes privilégient désormais des variétés résistantes. Kordes, en Allemagne, a cessé de pulvériser ses cultures en 1986, ce qui a permis de déceler des résistances naturelles auparavant cachées par les traitements. D'autres firmes ont suivi le mouvement. Le travail de sélection effectué a déjà permis de mettre sur le marché quantité de rosiers sains. En septembre, sans la moindre pulvérisation, le feuillage est intact. De plus, la gamme est telle que planter un rosier résistant n'est pas un renoncement. Il est parfaitement possible de trouver corolles, couleurs et parfums qui ne feront pas regretter les anciens rosiers malades chaque été.

Une jolie boule pourpre

Dans les parterres, du buis est souvent planté pour former des volumes parmi les vivaces. Mais plutôt que du simple vert, pourquoi ne pas introduire également le pourpre ? Un petit arbuste originaire du Japon, au feuillage caduc, se couvre de feuilles rouge pourpre, légèrement luisantes. Celles-ci se marient bien avec les floraisons. Le *Berberis thunbergii* 'Atropurpurea Nana' forme une demi-sphère qui ne dépasse pas 60 cm de diamètre. Il n'est donc pas obligatoire de le tailler en pour le contenir. Des fleurs jaunes discrètes apparaissent en avril. Jaunes pâles teintés de rouge, elles forment des grappes sur toute la longueur des rameaux. Au mois d'août, elles donnent naissance à des fruits rouges, allongés et luisants. Le feuillage pourpre de ce berbéris est superbe à contre-jour. Il faut donc planter l'arbuste du côté ouest du jardin. Le soleil bas fera luire les feuilles qui deviennent plus éclatantes en automne.

Le retour des cannas

On les pensait complètement démodés, condamnés à ne plus figurer que sur des ronds-points et au milieu des parterres urbains. Mais les cannas nous reviennent à la faveur de l'engouement pour les *hot borders* explosant de rouge, de brun, de jaune et d'orange.

En ce moment, les tubercules de cannas à feuillage brun peuvent être forcés dans la serre, qui devra rester à l'abri du gel. Les tubercules sont plantés dans une caissette remplie d'un mélange à parts égales de terreau et de terre du jardin. Un bon arrosage permet de combler les espaces entre les tubercules. La caissette est placée à la lumière. Les feuilles apparaîtront bientôt. Ce n'est que lorsque le risque des dernières gelées aura disparu que les cannas pourront prendre place dans les parterres.

N'ayons plus peur des couleurs vives

Ces dernières années, les teintes pastel étaient particulièrement à la mode dans les parterres. Les jardiniers associaient délicatement le rose, le blanc ou le bleu, évitant toute présence de couleur vive. Mais quand l'été nous compte chichement les heures de soleil, nous maintenant dans de longues périodes grises, les plates-bandes tout en pâleurs déçoivent. Outre-Manche, les corolles vives n'ont pas été bannies. En bordure de terrasse, que plantent souvent les jardiniers anglais ? Une touffe de Crocosmia 'Lucifer' à dénicher lors des prochaines foires aux plantes. Cet été, vous ne quitterez plus la plante des yeux, tant la couleur rouge vif de ses fleurs fascine. Ce buisson éclatant est bien visible depuis la maison. Quand les pluies de juillet cantonnent le jardinier au salon, le rouge des crocosmias est un phare qui guide le regard vers le jardin.

Comme par un effet de balancier, les plantes aux floraisons chaudes nous reviennent en force. Les vivaces aux floraisons orange, rouges et jaunes sont associées pour former des parterres chatoyants. Des parterres de feu.

De la gaieté dans la pièce d'eau

Les plantes aquatiques se développent plus tardivement que bien des vivaces, et la mare au jardin garde longtemps un visage hivernal. Pour qu'elle contribue à la gaieté printanière, nous pouvons y accueillir le populage des marais (*Caltha palustris*). Cette vivace de notre flore indigène se couvre dès le mois de mars de fleurs jaunes qui font penser à des boutons d'or. Ces corolles peuvent rester présentes durant deux mois. Le populage, disponible dans les pépinières aquatiques, est planté dans la berge si elle est humide. Dans une mare formée par une bâche ou une cuvelle, il faut installer la plante dans un large pot rempli de terre bien consistante, si possible argileuse. Le pot est déposé dans l'eau, son sommet affleurant à la surface. Une mare n'a pas encore été creusée au jardin ? Il est parfaitement possible de cultiver le populage dans une bassine dont le substrat sera toujours maintenu bien humide.

Bien semer les pois de senteur

Grand classique du jardin champêtre de nos grands-mères, le pois de senteur a la particularité de développer une racine qui s'allonge en profondeur. Avec un semis dans un pot normal, cette racine est contrariée. Voilà pourquoi il faut semer les graines dans les tubes en carton des rouleaux d'essuie-tout en serrant ceux-ci les uns contre les autres dans une boîte.

La levée des pois de senteur est lente. Pour réduire l'attente et la disparité dans l'émergence des plantules, on peut faire tremper les graines durant douze à vingt-quatre heures dans de l'eau tiède. Avec un couteau, on peut aussi découper un petit morceau du tégument de la graine, juste à l'opposé du germe. Les semences sont enterrées à 1 cm. Les contenants sont ensuite placés à une température de 15 à 18 °C. La germination demande dix à vingt jours. Les pois de senteur seront repiqués en pleine terre au mois de mai. On buttera les tiges dès qu'elles mesureront 20 cm.

Éviter les dégâts au feuillage des érables japonais

Quand les bourgeons épanouissent les jeunes feuilles des *Acer palmatum*, un spectacle de toute beauté débute au jardin. Surtout dans le soleil bas, les couleurs sont sublimes et évoluent de jour en jour. Quelle belle diversité de tons tendres, avec du vert, du pourpre, du rose… Malheureusement, des feuilles brunissent, s'enroulent et se désagrègent. Pour pallier ce désagrément, il faut éviter les positions où l'arbuste est exposé au vent, au soleil brûlant de midi ainsi qu'aux dernières gelées blanches. Le feuillage est encore plus fragile face aux sources de dessèchement et aux gels tardifs s'il est finement découpé.

Les dégâts peuvent aussi être favorisés par une terre qui sèche. Lors de la plantation, il est utile d'apporter une bonne dose de compost et de couvrir

le sol avec des feuilles mortes ou des tontes de gazon pour retenir l'humidité. Les érables en grands pots doivent être régulièrement arrosés et le substrat doit être couvert par un mulch.

Si le feuillage a séché tôt au printemps, un engrais sous forme liquide pour une action rapide pourra aider l'arbuste à former de nouvelles feuilles. Ne pas apporter d'engrais durant l'été : on risque de former des pousses qui resteront tendres et seront détruites par le gel hivernal.

Les astuces en plus

◇ **N'enlevons pas les fleurs fanées des ellébores.** Les fructifications vont libérer des graines qui germent facilement. De nouveaux pieds d'ellébores apparaîtront dans le parterre.

◇ **Les nouvelles frondes des fougères** apparaissent au centre des souches. Avant qu'elles ne se déroulent, enlevons les frondes sèches dans lesquelles les nouvelles pousses peuvent se mêler.

◇ **Taillons le forsythia** dès la fin de sa floraison, même s'il n'est pas nécessaire de réduire son volume. Enlever l'une ou l'autre branche induit l'apparition de nouvelles pousses vigoureuses qui fleuriront généreusement au printemps prochain.

◇ En nettoyant les plates-bandes, **repérer les semis spontanés de vivaces et d'annuelles.** Ils peuvent être déplacés pour occuper une zone vide du parterre ou être mis en pots à offrir aux amis jardiniers.

◇ Pour une touche de curiosité dans nos parterres ou en pots sur la terrasse, **semons des annuelles grimpantes**. Le choix est large avec la Suzanne-aux-yeux-noirs (*Thunbergia alata*), les ipomées dont l'étonnante ipomée *Ipomoea lobata* qui réunit le rouge et le jaune sur une inflorescence à l'allure de petits drapeaux, sans oublier la cobée (*Cobaea scandens*).

◇ Ne pas oublier de **rabattre les lavandes, les santolines, la sauge et le romarin** pour favoriser l'apparition de jeunes pousses. De cette façon, on évite le vieillissement des plantes qui finissent par s'ouvrir et se coucher sur le sol.

◇ **Semer des capucines** en pot dans la serre ou la couche. Elles viendront à point pour garnir, après les dernières gelées, les zones nues du jardin. Découvrir à cette occasion les variétés à fleurs jaunes ou orange.

◇ Ne pas oublier de **semer des tagètes** dans la serre ou la véranda. Repiquées au potager après les dernières gelées, elles ont le pouvoir de secréter des substances qui éliminent du sol les nématodes, ces micro-organismes qui s'attaquent aux racines des légumes. Les tagètes attirent aussi les insectes pollinisateurs, bien utiles pour les fleurs des tomates.

◇ **Surveiller les premières attaques des limaces** quand les vivaces se redéveloppent dans les parterres. Attention aux hostas et aux delphiniums dont elles sont friandes. Plus les limaces sont ramassées tôt, moins nous déplorerons de dégâts. Une couche de cendres de bois étalée sur chaque souche d'hosta permet de réduire les ravages.

◇ Au tout début du mois, **les cotinus et sureaux ornementaux peuvent être recépés** pour former de nouvelles pousses vigoureuses au beau feuillage. Pourquoi opérer cette taille si tard ? Parce qu'un recépage en hiver exposerait à l'humidité le bois au cœur tendre.

◇ C'est maintenant que nous pouvons commencer la **plantation des arbustes** dont la rusticité n'est pas parfaite, comme les céanothes. Ils auront devant eux toute la belle saison pour former leur enracinement et ainsi mieux affronter leur premier hiver, avec une bonne couche de feuilles mortes étendue à leur pied.

◇ Des **jeunes pousses de vivaces** peuvent être prélevées pour être **bouturées**. Les boutures de 8-10 cm sont piquées dans du terreau tamisé et allégé par du sable de rivière. Maintenir une ambiance chaude et humide. Ce mode de multiplication peu connu donne de bons résultats avec les delphiniums, les asters, les géraniums vivaces...

◇ Dans les parterres, c'est le moment d'**éliminer les apparitions du chiendent**. Il produit actuellement de nouveaux rhizomes, ces tiges souterraines qui étendront sa présence. Ne pas placer directement les rhizomes sur le tas de compost, car ils vont y poursuivre leur développement. Il faut d'abord les faire sécher sur une dalle au soleil.

◇ **Ne laissons pas sombrer dans l'oubli les bégonias tubéreux.** La Belgique a produit de magnifiques variétés qui risquent de disparaître. Les tubercules plantés dans le terreau, le creux affleurant à la surface, vont développer la végétation que l'on installera dehors après les dernières gelées. De toute beauté, simples ou doubles, avec des couleurs vives ou plus tendres, les fleurs de bégonias résistent bien à la pluie.

◇ **Recéper les lavatères** en supprimant toutes les branches. Les nouvelles pousses qui apparaissent à la base bénéficieront ainsi d'une croissance vigoureuse produisant une abondante floraison durant l'été.

◇ **Attention aux jeunes pousses des clématites.** Elles sont fragiles et on pourrait les briser en les accrochant au passage ou en travaillant à proximité de la plante. Guider les tiges vers leur support et les attacher.

◇ **Entourer les souches de delphiniums de branches de noisetiers** se terminant par une fine ramure. Les vivaces se développeront au travers de ce support qui sera bien plus discret qu'un tuteur et une ficelle.

◇ **Tailler** drastiquement à la cisaille **le lierre** qui couvre un mur ou une clôture. Le nouveau feuillage qui va apparaître sera luisant, dense et offrira des teintes fraîches, surtout si le lierre est panaché.

◇ Au sein des **touffes de graminées,** dès que les nouvelles pousses vertes sont visibles, **couper la végétation sèche** avec la cisaille à haie, bien plus rapide que le sécateur. Pour un effet décoratif, former une demi-sphère. Passer un coup de râteau dans la souche pour enlever les débris secs.

◇ **Les lys dans les parterres**, c'est terminé ? Il est vrai que les criocères transforment les feuilles en dentelles. Et si on plantait plutôt les lys dans un large pot ? Devant la porte d'entrée, les floraisons parfumées offriront un accueil chaleureux aux visiteurs.

◇ **Après la division des vivaces, enrichir l'emplacement de replantation** avec du compost pour assurer une floraison généreuse au cours des prochaines années.

◇ Pour une note de gaieté près de la porte d'entrée, **planter des narcisses 'Tête-à-Tête'**, disponibles en fleurs dans les jardineries. Les bulbes vont se naturaliser et les fleurs réapparaîtront au printemps prochain.

◇ Ne pas tarder à **tondre le gazon.** Si l'herbe s'élève, sa base privée de lumière sera jaune après le passage de la tondeuse.

◇ **Rabattre à la cisaille à haie les tiges des bruyères d'été** (*Calluna*) afin de favoriser le renouvellement de la végétation. Attention de ne pas descendre trop bas dans la base ligneuse des plantes, peu propice au bourgeonnement. La taille doit laisser en place des rameaux verts. Les bruyères d'hiver (*Erica*) sont taillées un peu plus tard, après la floraison qui s'achève au printemps.

Rajeunir les dracaenas

Quelle plante d'appartement offrir à une connaissance qui n'a pas les doigts verts ? Un *Dracaena marginata*. Cet arbuste figure parmi les plantes d'appartement les plus résistantes, supportant les atmosphères sèches des intérieurs en hiver et s'accommodant d'arrosages irréguliers. Le dracaena n'a qu'un défaut : il s'allonge au fil de sa croissance. Après quelques années, la touffe de feuilles est portée au bout d'un tronc démesurément long et dénudé. Pour rajeunir un tel dracaena, on pourrait en sectionner la tête et la bouturer dans un pot rempli de terreau. Mais si la bouture ne s'enracine pas, la plante est perdue.

Pour plus de sécurité, nous pouvons effectuer un marcottage. Le tronc du dracaena est fendu verticalement sur quelques centimètres. Avec le couteau, on entrouvre la fente pour y glisser un cure-dent. Un sac en plastique dont on a découpé le fond est enfilé sur le tronc et serré en contrebas de la fente. Le sac est rempli de tourbe humide puis refermé au-dessus de la fente. Durant les semaines à venir, des racines vont se former dans la poche de tourbe. Quand elles seront suffisamment développées, la plante sera sectionnée en dessous des racines et plantée dans un nouveau pot. Le dracaena poursuivra sa vie avec une nouvelle silhouette.

La joie de bouturer

Tout le monde connaît la violette du Cap ou saintpaulia, si commune dans nos intérieurs. Au fil des ans, sa souche s'allonge et la plante devient moins jolie. Il est alors temps de la rajeunir par bouturage, une opération que nous pouvons parfaitement mener en mars, dans la chaleur de nos intérieurs. Un pot est rempli de terreau tamisé auquel on a mélangé un peu de sable du Rhin. Avec un bâtonnet, creusons un trou dans le terreau et plaçons-y le pétiole d'une feuille de saintpaulia, jusqu'à ce que le limbe touche le terreau. Pour garder l'humidité, une cloche constituée d'un fond de bouteille en plastique est placée sur le pot. Dans quelques semaines, nous verrons surgir du sol plusieurs jeunes saintpaulias. Il faudra séparer ces plantules et les repiquer individuellement dans du substrat pour plantes d'intérieur. La nature est merveilleuse : des végétaux peuvent simplement se reproduire par le biais de leurs feuilles.

Le grand rempotage des plantes vertes

Quand une plante verte ne dispose que d'un pot de quelques litres pour étendre ses racines, la qualité du milieu de culture est capitale. Or, le substrat se dégrade rapidement. Vite recouvert en surface d'une croûte de sels, il se tasse sous l'effet des arrosages successifs et s'appauvrit au fil de la croissance. Si les racines ont consommé une grande part du terreau, formant un enchevêtrement serré à la surface de la motte, si la croissance est devenue faible ou nulle, il est temps d'offrir un nouveau pot à la plante et de remplacer

son substrat. Cette opération, à effectuer à cette époque, doit idéalement tenir compte des exigences particulières de chaque plante. Comment les connaître ? En s'offrant un guide des végétaux d'intérieur. Au même titre qu'une encyclopédie précisant les exigences de culture de nos plantes de jardin, l'ouvrage nous permettra de choisir l'emplacement idéal et les meilleures conditions de vie pour chacune de nos plantes vertes.

De la gaieté longue durée

Les primevères disponibles début mars dans les jardineries apportent une note joyeuse à l'entrée de la maison, sur la terrasse ou au balcon. Dans nos intérieurs trop chauds, ces plantes dépérissent promptement. Pour profiter de leurs couleurs durant de longues semaines, il faut les installer à l'extérieur, dans une jardinière. Les primevères affronteront sans difficulté le givre et les gelées jusqu'à −5 °C. Si des températures plus froides sont encore annoncées, il faudra couvrir la jardinière avec un matériau isolant ou la placer sous abri. C'est le réchauffement progressif des températures qui met fin à la floraison. En avril, quand elles ne sont pas encore trop affaiblies, les plantes seront replantées au jardin dans un endroit ombragé et qui reste frais pendant l'été. Si la parcelle leur convient, elles ne manqueront pas de se resemer, réapparaissant ici ou là.

Semer les fleurs de l'été

En juin prochain, les plantes annuelles seront une nouvelle fois les championnes de la floraison. Dans les plates-bandes, les jardinières et les paniers suspendus, elles seront généreusement colorées jusqu'aux gelées. En vente à partir de la fin du mois d'avril sous forme de plants épanouissant leurs premières corolles, les lobélias, bégonias, mufliers, immortelles, cinéraires, cléomes, delphiniums, impatiences, tabacs, nigelles, pavots, pétunias, phlox, tagètes, salvias ou zinnias peuvent vite représenter un budget important. Comment obtenir beaucoup de plantes sans dépenser des fortunes ? En semant soi-même, au chaud et à la lumière, ces annuelles dont les graines sont largement disponibles dans les jardineries ou via les catalogues des maisons spécialisées.

Le semis des annuelles peut être effectué dans les raviers à aliments qui emplissent nos poubelles après les courses au supermarché. N'oublions pas de creuser des trous dans le fond pour le drainage. Et n'hésitons pas à utiliser des caissettes en frigolite ayant contenu du poisson : elles gardent mieux la chaleur.

Les graines sont semées bien espacées sur un lit de terreau pour semis. Un bon écartement réduit le risque de fonte des semis, cette attaque cryptogamique favorisée par un climat trop humide entre les fines tiges. Bien espacées, les plantules auront aussi moins tendance à filer. Un truc tout simple peut nous aider à effectuer un semis aéré. Il suffit de placer une latte d'écolier sur la terrine et de déposer une graine tous les 3 cm.

Un tassement avec une planchette permet d'enfoncer les graines dans le terreau. Du sable de rivière est saupoudré sur le terreau pour recouvrir les graines.

Une température de 20 °C permet une levée rapide des graines. Mais le succès n'est pas assuré pour autant. En mars, les jours sont toujours très courts. De plus, sur un appui de fenêtre, même orienté au sud, la luminosité n'est pas optimale. Les plantules filent. Elles s'étirent vers la lumière. Leurs tiges deviennent longues et fines au point que la culture est perdue. La solution est simple : les terrines doivent recevoir un éclairage d'appoint. Des lampes sont disponibles dans les boutiques spécialisées qui vendent du matériel pour la culture intérieure. Le bon choix : une barre de lampes LED à la faible consommation. Avec une minuterie, on règle une journée de 14 heures, comme au mois de mai.

Dès que les premières feuilles se développent, les plantules peuvent être repiquées individuellement.

Bien arroser les terrines

Des laitues, des choux précoces, des poivrons et des aubergines… Au chaud sur les appuis de fenêtre, les terrines de semis permettent aussi la culture de légumes à repiquer. Les fleurs annuelles comme les plants destinés au potager ne peuvent pas être arrosés avec la pomme d'un arrosoir. Étant donné que les graines sont simplement tassées sur la surface du substrat, l'eau qui ruisselle sur le terreau peut emporter les fines semences et les concentrer dans un coin de la terrine. La levée se produit alors de manière trop serrée, et la fonte des semis, cette maladie cryptogamique favorisée par les atmosphères confinées et humides, risque bien de sévir. L'arrosoir demeure exclu lorsque les plantules sont levées. La jeune verdure qui reste mouillée peut aussi favoriser une attaque cryptogamique.

Pour un bon arrosage, le plus simple est de placer les terrines dans un large plateau contenant un fond d'eau. Via les trous de drainage, le terreau s'humidifie par capillarité en quelques minutes. La végétation n'est pas mouillée. Ensuite, la terrine est reposée à son emplacement. L'idéal est d'utiliser de l'eau tiède pour ne pas provoquer un choc thermique dont souffriraient les plantules.

La houlette du jardinier

On appelle « transplantoir » la pelle à main que le jardinier utilise pour repiquer de petites plantes en pot dans un parterre, mélanger du terreau, planter des choux au potager… Cet outil s'appelle aussi une « houlette », comme le long bâton des bergers terminé par une petite pelle en forme de gouttière servant à lancer des cailloux ou des mottes de terre vers les moutons qui s'écartent du troupeau.

Quel terreau employer ?

Il faut se méfier des terreaux bon marché. Chez les fabricants, quel que soit le substrat placé en sac, les opérations sont identiques. La nature des ingrédients est donc le seul facteur permettant de faire baisser le prix. La tourbe est la matière première la plus noble et la plus chère. C'est elle qui assure les qualités d'aération et de rétention d'eau d'un terreau. D'autres matières comme le compost des parcs à conteneurs, les écorces compostées, les fibres de bois sont moins onéreuses. En augmentant leurs proportions, il est possible de proposer des substrats moins chers. Mais leur qualité horticole est moindre. Le pire : les terreaux pauvres en tourbe qui sèchent très rapidement. Les plantes manquent continuellement d'eau et ne peuvent exprimer tout leur potentiel de croissance et de floraison. C'est le pourcentage des tourbes blondes et noires dans un terreau qui détermine sa qualité. Un bon terreau est donc cher.

Par conséquent, il faut bien lire la composition des terreaux, qui est obligatoirement indiquée sur les sacs. Pour les jardinières de plantes annuelles, une bonne rétention de l'humidité est indispensable. En plus d'une importante proportion de tourbe, la présence d'argile est un atout. La tourbe est une matière fossile extraite à ciel ouvert des tourbières, milieux naturels à la diversité biologique qu'il est temps de préserver. Aussi, dans des terreaux de qualité, la proportion de tourbe est-elle maintenant réduite par l'introduction de fibres de coco.

Bien choisir un engrais organique

Les engrais sont fabriqués en faisant varier les concentrations de trois composants principaux, représentés par trois lettres : N, P et K. Ce sont des symboles chimiques : N est l'azote, P le phosphore et K le potassium. Chacun de ces éléments a une action différente sur le végétal. Les composés azotés développent la végétation. Les composés phosphorés favorisent l'enracinement et la ramification. Les matières potassiques stimulent la floraison et donc la fructification.

Pour soutenir la croissance du gazon, nous devons utiliser un engrais à forte teneur en azote, donc avec une valeur N élevée. Si nous utilisons un tel engrais sur les tomates, nous allons obtenir de grandes plantes avec du feuillage mais peu de fleurs et donc peu de fruits. Pour favoriser la floraison des plants de tomate, il faut plutôt utiliser un engrais à forte teneur en élément K, soit beaucoup de potasse.

Les fabricants simplifient la tâche des jardiniers en multipliant les emballages. Mais nous constaterons en lisant les compositions NPK qu'un engrais pour rosier présente une formule proche de celle d'un engrais pour clématite. La connaissance des formules NPK nous permettra de travailler avec quelques engrais seulement, en choisissant celui qui correspond à l'objectif à atteindre.

Un banc ami de la biodiversité

Les jardins sont aujourd'hui des havres pour les abeilles, les bourdons et les papillons. Des hôtels à insectes sont présents dans un nombre croissant d'espaces. Ils peuvent être facilement bricolés avec l'aide des enfants, tandis que des modèles sont aussi disponibles dans les jardineries. Mais quand les mètres carrés sont comptés, on n'a pas nécessairement envie de consacrer

beaucoup de place à un tel gîte. Le voici intégré à un banc que l'on peut facilement réaliser soi-même. Les trous dans la bûche et les tiges creuses abritent les pontes des guêpes et des abeilles solitaires tandis que le hérisson peut s'endormir dans les tuyaux.

Les palissades embellissent le jardin

Généralement destinées à nous procurer une certaine intimité, voire davantage de sécurité au jardin, les palissades peuvent aussi servir à compartimenter le terrain. Une surface qu'on peut embrasser d'un seul regard n'offre guère de surprises. Par contre, pour le visiteur qui découvre un jardin pour la première fois, comme pour le jardinier qui y circule chaque jour, des « chambres de verdure » sont comme les pièces d'une maison. Chaque fois que nous pénétrons dans un volume, nous changeons d'atmosphère et découvrons d'autres couleurs, d'autres senteurs et d'autres activités. Le potager, l'enclos des poules, le compost et la cabane à outils sont autant de zones pouvant être compartimentées. Les grandes surfaces de pelouses peuvent aussi être réduites au profit de l'aménagement de parcelles séparées par des palissades. Une petite collection de plantes aromatiques, une roseraie, un coin de repos, une mare… Un jardin de quelques ares seulement peut devenir un labyrinthe à sensations.

Persiennes

Une chambre de verdure peut être doté de volets. La palissade est composée de lattes inclinées qui laissent passer le vent. Les graminées restent en mouvement tandis que les plantes sensibles aux maladies, comme les rosiers, ne doivent pas subir une atmosphère confinée avec un excès d'humidité. Pour permettre au regard de s'évader, les lattes d'un élément peuvent être plus horizontales.

Comment planter des piquets

Une clôture pour élever des poules ? Des fils de fer à tendre horizontalement pour soutenir des framboisiers ? Les piquets de bois vendus dans les jardineries font l'affaire. Mais si on les enfonce avec une masse, le sommet éclate alors qu'une profondeur suffisante n'a pas encore été atteinte.

Beaucoup de jardiniers creusent donc un trou à la bêche. Hélas, la cavité s'élargit souvent plus qu'on ne le voudrait. Le piquet n'est alors guère maintenu par la terre meuble qui rebouche le trou. Tout ce travail peut être évité en utilisant une « tarière », l'outil que prêtent ou louent des jardineries aux clients achetant des piquets. Le diamètre de la vrille doit correspondre au diamètre du piquet. Par rotation, la tarière s'enfonce dans le sol. Il faut la sortir régulièrement du trou qui se forme pour secouer la terre accumulée dans la vrille. Le piquet est ensuite chassé dans le trou avec une masse. Il est solidement enfoncé. Rapide et efficace !

Du travail pour la scie sauteuse

Construit à l'aide de chevrons et de planches, ce coin de repos est à la portée de tout bricoleur moyen. Par rapport aux structures vendues en kit dans les jardineries, quel supplément de charme ! La palissade qui ondule comme un parterre sous le vent s'intègre bien dans le paysage du jardin. Peu gourmand en surface, le banc peut devenir le lieu secret où on aura tant de plaisir à venir lire ou simplement se reposer le soir après une intense journée de travail au jardin. Laisserez-vous le bois grisonner sous le soleil ou préférerez-vous le peindre de ce bleu qui se marie si bien avec les floraisons des roses et des vivaces ?

Un coup de neuf pour les meubles en teck

Les meubles en teck ont un petit défaut. Quand on les laisse à l'extérieur en automne et en hiver, ils se couvrent d'algues vertes qui les maintiennent humides et salissent les vêtements. Le grand nettoyage du printemps se déroule donc aussi au jardin. Comment donner une allure plus nette et plus accueillante à ce mobilier ? Le nettoyeur à haute pression doit être utilisé avec prudence. La force du jet peut creuser les zones de bois plus tendres ou carrément arracher une arête. Plus le jet est proche de la surface à nettoyer, plus la force abrasive est importante. Notre conseil : équiper le nettoyeur à haute pression d'une lance réglable pour obtenir un jet plus doux.

On peut aussi simplement récurer les meubles à la main. On commence par les détremper sous le tuyau d'arrosage. Du sel de cuisine est dissous dans un seau d'eau. C'est avec cette eau salée que les meubles sont récurés à l'aide d'une brosse dure. Une éponge abrasive permet de frotter les endroits inaccessibles à la brosse. Attention au ruissellement de l'eau salée. En excès sur une petite surface, elle peut abîmer le gazon. Par sécurité, autant effectuer le nettoyage sur le gravier de l'allée. Après le nettoyage, une nouvelle douche avec le tuyau d'arrosage rince le sel. Les meubles en teck retrouvent leur aspect grisé et patiné.

Coiffer les tuteurs

Les fins tuteurs en bambou dissimulés parmi les plantes sont dangereux. Le jardinier se penche sans remarquer la baguette et il peut être griffé au visage. Le pire : une blessure à l'œil. Aussi faut-il adopter le réflexe des jardiniers anglais qui coiffent toujours les tuteurs. Dans toute jardinerie outre-Manche, on trouve des bouchons à placer sur les bambous. De couleur verte, ils passent inaperçus dans la végétation. On peut aussi utiliser de minuscules pots en terre cuite, des coquilles d'escargots, des bouchons de liège et s'amuser à peindre ces coiffes de toutes les couleurs. On pourra alors les disposer en fonction de la teinte des fleurs. Avec de la terre glaise, lançons-nous dans la sculpture et créons nos propres protège-tuteur. Une idée de motif ? Un petit arrosoir…

Les noms des plantes

Les foires de jardinage du printemps sont de retour. Même celles et ceux qui décrètent avant d'y entrer n'avoir besoin de rien et ne distinguer d'ailleurs plus la moindre place dans leurs plates-bandes ressortent toujours de ces événements les bras alourdis de nouvelles plantes tant les tentations sont nombreuses sur les étals des pépiniéristes spécialisés. Dans certaines familles de végétaux comme les géraniums vivaces, les pivoines ou les clématites, les cultivars sont si nombreux qu'il est presque impossible de retrouver un nom s'il n'a pas été conservé après l'achat de la plante. Comme mémoire rime avec passoire, et comme les étiquettes en papier ou en plastique léger des pépiniéristes finissent toujours par disparaître ou devenir illisibles, il faut adopter un système qui ne nous trahit pas. L'idéal est de noter le nom des plantes dans un cahier. La forme de chaque parterre est dessinée et les plantes y sont indiquées par un numéro qui renvoie à une liste où, outre le nom complet du végétal, nous indiquons aussi les coordonnées du pépiniériste et la date de l'achat. Le cahier peut nous accompagner au jardin, nous rappelant tous ces noms en latin qu'on ne peut jamais retenir parfaitement.

Un nouveau rosier par marcottage

La sève monte et les longues tiges des rosiers grimpants sont plus souples. Voici le moment de procéder au marcottage, une manière simple de multiplier une variété. Le sol est travaillé à proximité de la souche du rosier. Une tige vigoureuse qui s'est développée l'année dernière est couchée dans une petite rigole creusée dans la terre ameublie. Avec une lame bien tranchante, on peut enlever un lambeau d'écorce sur quelques centimètres. Cette blessure favorisera l'apparition des racines. La tige, maintenue dans la rigole avec un cavalier en fil de fer fort, est recouverte de terre fine. Ensuite, le bout de la tige est attaché à un tuteur pour qu'il se dresse verticalement. La zone de marcottage ne peut sécher durant toute la belle saison. Le plus simple est d'étendre une couche de feuilles mortes qui maintiendra l'humidité. L'automne venu, des racines seront présentes, le nouveau rosier pourra être séparé de sa plante mère et être transplanté.

Le manche de la bêche, en bois ou synthétique ?

Traditionnellement, le manche des bêches est tourné dans du frêne. Ce bois aux fibres denses est agréable au toucher et présente une grande résistance mécanique alliée à une bonne élasticité. Mais s'il peut nous accompagner longtemps, un manche n'est pas indestructible. Il suffit que le jardinier gère mal l'effet de levier, effectuant une pression trop forte sur le bois, pour que ce manche casse au-dessus du fer de la bêche. Afin de permettre un travail dans de rudes conditions, certaines bêches sont maintenant dotées de manches en fibre de verre. Bénéficiant des résultats de travaux de recherche sur la résistance des matériaux, ils peuvent endurer des pressions bien plus importantes que celles supportées par le bois. Mais toute médaille a son revers : la fibre de verre transmet particulièrement bien les vibrations lorsqu'on travaille en terrain caillouteux, ce qui peut rapidement provoquer des douleurs au niveau des articulations.

Propre et net

Chaque fois que nous taillons des branches avec un sécateur, de la sève se dépose sur les lames. Elle sèche et finit par former un dépôt noir rugueux potentiellement vecteur de maladies. Aussi faut-il de temps à autre nettoyer les lames en utilisant un tampon à récurer.

Lors de la taille, la lame coupante du sécateur est placée du côté du tronc. De cette façon, les tissus végétaux écrasés par le mouvement de cisaillement se trouvent sur la partie qui est éliminée. Ce geste que l'on acquiert rapidement au point de l'effectuer naturellement est surtout important lors de la taille des arbres fruitiers. Les tissus non meurtris cicatrisent mieux et sont moins sensibles aux maladies.

Les lames doivent être à nouveau bien lisses. Un pulvérisateur contenant en permanence de l'alcool à brûler peut nous être très utile. Le méthanol, bien moins cher que l'éthanol, possède également un pouvoir désinfectant. Quelques jets de pulvérisateur permettent de stériliser les lames avant une taille. C'est une précaution à ne pas négliger lorsqu'on taille des arbres fruitiers ou lorsqu'on prélève des boutures.

Merci l'hermine !

Pour limiter les dégâts des rongeurs, favorisons la présence de leurs prédateurs. Un mât avec une latte horizontale constitue un perchoir pour l'affût des rapaces nocturnes. L'hermine qui fréquente les jardins est une grande chasseresse de campagnols. Ceux-ci peuvent constituer jusqu'à 95 % de son régime alimentaire. Sa présence peut être favorisée par l'installation au jardin d'un tas de rondins ou de grosses pierres, qui seront autant de gîtes possibles. La fouine, mal aimée à cause de ses visites dans les poulaillers et de ses sarabandes dans les greniers, est aussi prédatrice de rongeurs. Heureux les jardiniers qui bénéficient des visites de ces petits carnivores au potager et dans les parterres. Leurs témoignages le confirment : il est possible de jardiner sans subir les dents du dessous.

Les ravages des campagnols

Qui ronge par le dessous les bulbes des tulipes, les jeunes arbres fruitiers et la haie de hêtres ? Les jardiniers accusent les mulots. À tort. Dotés d'une longue queue, de grands yeux, d'oreilles bien visibles et d'un museau pointu, les mulots sont des rongeurs vivant surtout dans les fourrés. Les grignoteurs en sous-sol, ce sont les campagnols, qui ont une queue courte, un museau busqué, des yeux et des oreilles peu visibles.

Gare aux nouvelles constructions dans les lotissements ! Ce sont les jardins en bordure des champs et des prairies qui sont surtout attaqués. Ces milieux constituent d'immenses réservoirs de rongeurs, avec des populations pouvant atteindre 1 000 individus à l'hectare. Ce n'est pas vraiment une consolation, mais il faut savoir qu'il y a des années effroyables et d'autres durant lesquelles les rongeurs passent plus inaperçus. Les pics de population des campagnols alternent avec ceux de leurs prédateurs et culminent en moyenne tous les cinq ans.

Tuteurage à l'anglaise

Les vivaces de grande taille ont le désavantage de se coucher sous l'effet d'un vent violent ou des pluies d'orage. Il faut donc les tuteurer. Cerclées par une ficelle soutenue par des tuteurs de bambou, les touffes perdent leur allure naturelle. En Angleterre, les jardiniers utilisent une méthode intéressante. Ils plantent des piquets carrés de 60 cm de haut. Au sommet des piquets, ils tendent un filet à larges mailles carrées, de couleur noire ou verte. Les plantes poussent au travers des mailles qui sont vite dissimulées par les feuillages. Soutenues sur toute la surface du parterre, elles gardent un port spontané. Un autre avantage de cette manière de procéder : le tuteurage est bien plus rapide qu'avec une attention particulière à chaque plante.

Activer le compost ?

Le nettoyage des parterres, la première tonte et la scarification du gazon fournissent en ce moment beaucoup de matières à composter. Dans le commerce, des activateurs de compost sont disponibles. La nature de ces matières est souvent entourée d'un halo de mystère. Un activateur est en fait constitué de compost en activité, broyé puis séché. Cette poudre de compost est enrichie d'engrais destiné à nourrir les bactéries qu'elle contient. Saupoudré sur les matières végétales à composter, l'activateur est censé assurer un démarrage rapide du processus de décomposition. Ce produit est-il nécessaire ? Pas vraiment. Si les matières végétales sont diversifiées, bien mélangées pour permettre une présence d'air au sein du tas et si elles présentent un taux d'humidité suffisant, la fermentation sera spontanée. La présence des bactéries accélérant le processus de compostage peut tout simplement être assurée en incorporant au nouveau tas quelques pelletées de compost mûr.

Les astuces en plus

◇ Pour le **désherbage des pissenlits**, acheter une gouge en jardinerie. Elle permet d'enlever la racine pivot gorgée de réserves nutritives. La plante ne pourra pas réapparaître.

◇ **Dans la serre, adopter les mécanismes d'ouverture automatique** en fonction de la température. Placés sur une partie des tabatières, ces pistons à huile permettent d'éviter les surchauffes et des dégâts aux plantes lorsque le soleil apparaît de manière inattendue.

◇ Un **compost** a été réalisé avec une trop forte proportion de broyat de **thuyas** ? Il existe un moyen tout simple de vérifier si ce substrat n'est pas empoisonné par la thuyone, un composé toxique particulièrement présent dans les jeunes rameaux du conifère. On sème des graines de cresson alénois sur un peu de compost. Cette plante ne germe pas en présence de polluants, de pesticides et de thuyone. Les germes apparaissent ? Tout va bien : le compost peut être répandu au potager.

◇ Au potager et dans les parterres, placer des planches ou des paillassons en caoutchouc sous lesquels les **limaces** vont se réfugier durant la journée. Elles **recherchent l'humidité** sous ces couvertures qui les protègent du soleil. Chaque jour, nous pourrons trouver des limaces sous ces pièges et **les éliminer**.

◇ **Conserver** à l'abri de la pluie les **tiges sèches des vivaces** retirées des parterres lors du grand nettoyage de fin d'hiver. Sur le tas de compost, elles seront déposées entre les tontes de gazon pour obtenir une bonne décomposition de l'herbe.

◇ **Pour nos premiers arrosages, installer un tonneau** permettant de récolter l'eau de pluie qui s'écoule du toit de la serre.

Qu'il est rose, le pêcher rose
Qu'il neige rose sur le pré !
Qu'il est blanc, l'agneau nouveau-né,
Sur qui le pêcher neige, rose !

Qu'il est jaune, le papillon
Qui tourne autour du pêcher rose !
Et rouge, le bouton de rose,
Sous la fenêtre à croisillons !

Qu'il est bleu, sur le pêcher rose,
Et bleu, sur l'agneau nouveau-né,
Sur le papillon, sur la rose,
Ce ciel d'avril tout parfumé !

AVRIL

4 AVRIL

LES JOURS S'ALLONGENT DE

01 h 59

◇ LILAS
Syringa
Floraison : avril à mai

POUR BIEN COMMENCER LE MOIS…

Plantons des pulmonaires

Les pulmonaires sont actuellement en fleurs. C'est donc maintenant que nous pouvons choisir, dans les jardineries et surtout chez les pépiniéristes spécialistes des vivaces, les variétés en fonction des teintes des corolles. Avec une belle gamme de teintes (blanc, bleu vif, bleu pâle, rouge, rose pâle, rose corail…), elles accompagnent la fin de la floraison des ellébores et des narcisses. Quand la floraison des pulmonaires se terminera à son tour, le feuillage joliment taché de gris restera décoratif. Mais parallèlement à ces qualités esthétiques, les pulmonaires ont d'autres atouts. Elles se plaisent dans les endroits qu'il n'est pas simple de colorer : le pied des arbres et des arbustes, une plate-bande au pied d'un mur exposé à l'est ou au nord. Plantées en tapis, les pulmonaires couvrent le sol au point d'empêcher l'apparition des herbes indésirables. Si elles poussent sans problème dans les endroits ombragés, la plupart des variétés supportent bien un peu de soleil, voire le plein soleil à condition que le sol ne se dessèche pas.

LE JARDIN **gourmand**

Un carré de sauges pour une cuisine parfumée

Les parterres de plantes aromatiques aménagés à deux pas de la cuisine sont àl'honneur dans beaucoup de jardins. Quelles sauges y planter ? Outre l'espèce type *Salvia officinalis*, il est possible de se procurer la *Salvia officinalis* 'Purpurascens' aux splendides feuilles pourprées, la *Salvia officinalis* 'Icterina' au feuillage panaché de vert et de jaune d'or, la *Salvia officinalis* 'Tricolor', qui fait une belle entrée chez les pépiniéristes, et enfin la *Salvia officinalis* 'Albiflora', qui diffère de ses cousines par des feuilles nettement plus étroites et une floraison blanche.

Toutes ces espèces se cultivent facilement et ne demandent que peu de soins. Elles marquent néanmoins une petite préférence pour les sols légèrement sablonneux et les endroits ensoleillés. Les sauges détestent par-dessus tout l'humidité stagnante qui les fait pourrir. Pour garder un aspect net à la touffe et éviter la formation d'un excès de vieux bois, il faut tailler les plantes une première fois en juin et une seconde fois à la fin de l'été.

Des légumes pour l'ombre

Idéalement, un potager bénéficie de la pleine lumière. Hélas, cette situation n'est souvent pas offerte par les petits jardins de ville entourés de hauts murs ou ombragés par un grand arbre du voisinage. Il ne faut pas renoncer pour autant à cultiver des légumes. Si certaines espèces exigent beaucoup de soleil pour offrir une bonne récolte, d'autres ont la capacité de croître à l'ombre. Il faut sans doute commencer les semis et repiquages un peu plus tard, car la terre se réchauffe moins rapidement. Que choisir ? Les bettes, les laitues, la roquette, la coriandre, les épinards figurent parmi les légumes les plus tolérants à l'ombre. La croissance est plus lente qu'en plein soleil, mais on peut obtenir de bonnes récoltes. Les feuillages sont plus tendres et disponibles sur une plus longue période, d'autant que les plantes montent moins vite en graines. À l'ombre, l'humidité s'évapore moins vite lors des journées chaudes. L'avantage : il faut moins arroser ; l'inconvénient : les limaces peuvent en profiter.

L'absinthe parmi les aromatiques

Grande plante décorative avec son feuillage gris-vert, l'absinthe enrichit la gamme des feuillages aromatiques pouvant être utilisés à la cuisine. Cette vivace a aussi la particularité d'attirer en masse les pucerons. La plante constitue ainsi un garde-manger printanier pour les larves de coccinelles. Cette nourriture largement disponible favorise le développement de la population de ces redoutables prédateurs de pucerons qui pourront plus tard assurer une lutte biologique de fond dans tout le jardin.

Attention, l'absinthe a la particularité d'inhiber la croissance de ses voisines, ce qui est gênant dans un parterre d'aromatiques. Cet effet inhibiteur est dû à la secrétion par les racines d'une substance appelée absinthine. Aussi, plantons l'absinthe un peu à l'écart.

Retour en grâce

Pauvre topinambour ! Il porte toujours le poids du souvenir des privations de la Seconde Guerre mondiale, quand il constituait le seul repas disponible. Oublions cette triste réputation pour considérer le topinambour avec un regard neuf. Cette plante vivace, originaire du Canada, est plantée au jardin comme la pomme de terre. Des bourgeons pointus, bien visibles sur le tubercule, naissent des tiges vigoureuses s'élevant à plus de deux mètres. À la fin de l'été, elles portent de jolies fleurs jaunes, à l'allure de marguerites. En novembre, la végétation sèche, signe de la maturité des tubercules qui se sont multipliés sous terre, parfois à raison de plusieurs kilos par pied. C'est durant l'hiver que ces tubercules peuvent être récoltés, en fonction des besoins puisqu'ils ont la particularité de ne pas geler.

Quelques rondelles, cuites à la vapeur, à l'eau ou dans la poêle, ne manqueront pas d'apporter une note insolite dans nos assiettes. Le topinambour a une saveur légèrement sucrée qui rappelle celle des fonds d'artichaut. Cette (re)découverte vous tente ? Des tubercules, à planter en avril, sont proposés dans des catalogues de grainetiers. Attention : le topinambour est une plante envahissante et il faudra limiter l'expansion du massif.

Le raifort en pot

Autre plante aromatique, le raifort peut être planté ce printemps. Cette plante forme un enracinement particulièrement vigoureux. Les racines charnues que l'on récolte peuvent descendre à plusieurs mètres de profondeur, tandis que les racines superficielles étendent la présence de la plante en largeur. En quelques années, le raifort peut occuper une superficie disproportionnée par rapport à son intérêt. Dans les potagers de taille réduite, la solution consiste à cultiver le raifort dans un grand pot, d'un diamètre d'au moins 40 cm et haut de 60 cm.

Le feuillage disparaît après les premières gelées. La plante peut alors être dépotée. Une partie des racines est récoltée pour la cuisine. Deux ou trois belles racines sont plantées dans du nouveau substrat pour un nouveau cycle en pot. Les racines trop petites sont éliminées. Attention, placées sur le compost, elles risquent de ne pas se décomposer et de donner vie à de nouvelles plantes.

Un thermomètre pour le sol du potager

Les graines de poireau, qui figurent parmi les plus précoces que nous pouvons semer en pleine terre, germent difficilement en dessous de 10 °C. Les carottes sont plus frileuses. À 12 °C, on ne verra pas apparaître de germes avant quinze à vingt jours. Comment savoir si le sol est suffisamment réchauffé pour entamer des semis ? Nous pouvons utiliser un thermomètre de sol, disponible dans les jardineries. Grâce à son bout pointu, il peut être facilement enfoncé dans la terre. Il est parfaitement possible de bricoler soi-même un thermomètre de sol en attachant un modèle de ménage sur une planchette. La grande constatation de nos mesures : la terre se réchauffe lentement. Ce ne sont pas les quelques premières belles journées printanières, douces et ensoleillées, qui permettent de tiédir une telle masse. Le réchauffement sera d'autant plus lent que la terre rayonnera des calories vers le ciel chaque fois que la nuit sera étoilée. C'est d'ailleurs ainsi que se produisent les brûlures des tendres feuillages durant la période des saints de glace.

Premiers petits pois

Au potager, les petits pois sont, avec les fèves, les pionniers du semis en pleine terre. Pour une bonne rotation des cultures, il faut un emplacement n'ayant pas reçu des pois depuis quatre ans. Quelles variétés choisir ? À cette époque, il faut préférer des pois à grains ronds. Ils sont plus résistants aux froids printaniers, pouvant même subir les dernières gelées nocturnes. Des variétés intéressantes : 'Petit Provençal', 'Douce Provence', 'Très hâtif d'Annonay'. En achetant nos graines, choisissons aussi des variétés à grains ridés pour les semis de mai. Ces pois résistent mieux à la chaleur, leurs grains sont plus sucrés et leur récolte dure plus longtemps. Des variétés à conseiller : 'Merveille de Kelvédon', 'Télévision', 'Senator'.

Réussir le semis de la coriandre

Appréciée dans les plats orientaux, la coriandre est une plante aromatique annuelle qui s'élève jusqu'à 60-80 cm. Sa culture provoque souvent des déceptions. Semée en terrine puis repiquée, la plante meurt rapidement. L'explication est simple : la coriandre ne supporte pas le repiquage. La plante doit être semée en place début mai, lorsque les dernières gelées nocturnes ne sont plus à craindre. La germination se produit après une douzaine de jours. Les plantules sont ensuite éclaircies à 20 cm d'écartement. Le sol a beaucoup d'importance. Il faut un emplacement ensoleillé et chaud, avec une terre drainante et calcaire. Pour accentuer ce caractère calcaire, on peut incorporer des algues marines en poudre lors du semis.

Du compost au potager

Beaucoup de jardiniers débutants sont déçus par des récoltes chétives. La solution peut être toute simple : il faut amender le sol du potager. Si on n'apporte rien à la terre, la production se réduit et les carences se développent. Aussi faut-il maintenir le taux d'humus par des apports de compost. Au moins 10 kg de compost par 10 m^2 sont nécessaires par an. Ce compost est incorporé superficiellement avec le croc, avant les semis et repiquages. On peut apporter cette fertilisation tous les deux ans, voire tous les trois ans, en doublant ou en triplant la dose. Ce sont alors les plantes les plus exigeantes qui sont d'abord cultivées sur la parcelle.

Avant d'être étendu au potager, le compost est tamisé. Que faire des matières encore trop volumineuses ? Les placer sur un nouveau tas en compostage où elles poursuivront leur décomposition.

Les astuces en plus

◇ **C'est en les semant en avril qu'on obtient de beaux choux de Bruxelles** à repiquer au potager en juin. Attention : contrairement aux autres choux, le chou de Bruxelles préfère un sol modérément riche en azote. Dans une terre trop riche, les pommes s'ouvrent.

◇ **Attention au purin d'orties** avec lequel des jardiniers arrosent déjà leurs tomates fin avril. Ce n'est pas parce qu'il est naturel que cet engrais azoté n'est pas sans inconvénients. En excès, il entraîne une augmentation de la sensibilité aux insectes ravageurs et aux maladies, dont le redoutable mildiou.

◇ Tous les quinze jours, **semer une petite série de laitues** pour ne jamais manquer de salade.

◇ Soyons téméraires et **plantons une partie des pommes de terre** dès le début du mois pour une récolte hâtive. Attention aux gelées nocturnes. Les premières pousses seront buttées pour ne pas être brûlées.

◇ **Poser sur les troncs des arbres fruitiers des bandes de glu** pour empêcher les fourmis d'accéder aux pucerons qu'elles protègent des prédateurs en échange du miellat qu'ils rejettent.

LE JARDIN **ornemental**

Une touffe de freesias

Les freesias aux corolles de toutes les couleurs délicieusement parfumées peuvent être cultivés au jardin. Ils sont actuellement disponibles dans les jardineries parmi les dahlias, les bégonias ou les glaïeuls… Les éléments à planter à cette époque ne sont pas des bulbes, mais des «cormes». C'est ainsi qu'on nomme la base renflée d'une tige contenant les réserves nutritives.

Ces cormes sont plantés à 5 cm de profondeur et à 5 cm d'écartement dans une terre bien ameublie. Il faut un emplacement dégagé pour que les plantes puissent bénéficier du plein soleil durant toute la journée. Il faut aussi un sol drainant. Les freesias peuvent également être cultivés dans un pot à placer sur la terrasse, en plein soleil. Dans du terreau, il faudra soutenir la croissance des plantes. On appliquera un engrais liquide pour plantes fleuries, surtout lorsque les boutons floraux feront leur apparition. Cet été, nous aurons le plaisir de couper des fleurs de freesias pour colorer et parfumer la maison.

Des glaïeuls dans le parterre

Les glaïeuls sont disponibles en blanc, jaune, saumon, orange, rose, rouge, lilas, pourpre. Il existe même des glaïeuls presque noirs. L'emplacement idéal pour la plantation des tubercules : en plein soleil mais à l'abri du vent, qui ne manque pas de briser rapidement les lourdes hampes florales.
À quelle profondeur ? Chaque tubercule est recouvert par une épaisseur de terre équivalente à deux fois sa hauteur. Si on souhaite obtenir des floraisons progressives, la plantation peut se prolonger par étapes jusqu'à la troisième semaine de mai. Pour obtenir un bel effet dans une plate-bande, les glaïeuls sont plantés par groupes de trois parmi les vivaces, sans mélanger les couleurs au sein d'un même groupe. Il est aussi possible de planter les tubercules en ligne au potager pour obtenir des fleurs à couper.

Le parfum du chèvrefeuille

Un chèvrefeuille peut habiller généreusement de verdure un mur qui semble trop nu. La condition pour un bon résultat : un support solide. Les croisillons de bois ou de plastique vendus dans les jardineries sont juste assez résistants pour supporter une clématite. Un chèvrefeuille développe du bois au fil des ans et peut devenir d'autant plus lourd que certaines variétés s'élèvent allègrement au-delà de trois ou quatre mètres.

Le *Lonicera japonica* 'Halliana' aux fleurs blanches devenant jaunes peut atteindre six mètres de haut. Pour le soutenir et le guider, autant construire soi-même un support quadrillé avec des lattes de bois. Les tiges du chèvrefeuille sont réparties en éventail sur le support pour couvrir toute la surface. Quelques années seront nécessaires avant que le chèvrefeuille ne fasse montre de toute sa luxuriance. Son parfum tout en finesse sera présent le soir venu. Il suffira d'ouvrir une fenêtre pour le percevoir à l'intérieur.

Maternité pour insectes

Le pic épeiche au beau plumage blanc, noir et rouge a remarqué que les hôtels à insectes que nous plaçons bien en évidence constituent de riches garde-manger. Les espèces que nous désirons privilégier peuvent être ainsi décimées. Plutôt que d'entourer les gîtes avec du grillage pour empêcher la prédation des pics, il est plus intéressant de disperser les cavités sur l'ensemble du jardin, en perçant par exemple les piquets de clôture.

Les enfants seront ravis de pouvoir utiliser la perceuse. Avec leur aide, nous pouvons fabriquer des nichoirs à insectes. Des blocs de bois sont percés d'une multitude de trous de différents diamètres. Suspendus aux arbres ou aux clôtures, posés contre la cabane à outils, ils vont attirer les insectes qui recherchent les tiges creuses des plantes pour y déposer leurs pontes. Une exposition bien ensoleillée favorise l'occupation du gîte. Un insecte dépose au fond de la galerie un peu de pollen, pond un œuf puis referme cette première chambre d'incubation. Les pontes et les chambres se succèdent jusqu'à remplir le long trou qui est rebouché avec de l'argile.

Merveille de la nature : c'est le dernier insecte pondu qui sortira le premier, ouvrant l'opercule de terre sèche. Dans nos paysages aseptisés, ces gîtes ne peuvent que favoriser la présence au jardin des pacifiques abeilles et guêpes solitaires, prédatrices de ravageurs et pollinisatrices de fleurs.

La fleur des Elfes

Ce printemps dans les pépinières, gare à la tentation ! L'*Epimedium* figure parmi les vivaces qui retiennent instantanément notre regard. Il y a tout d'abord ces feuilles portées par des pétioles si fins qu'on pourrait imaginer qu'elles volent. De beaux vert tendre qui peuvent être marbrés de rouge, de brun ou de rose, que traverse le soleil du matin. En avril, les fleurs tout en finesse s'élèvent plus haut encore. C'est à l'ombre qu'il faut planter les épimédiums, parmi des bulbes du printemps, des fougères, des hostas, des pulmonaires. Le feuillage persistant couvre le sol toute l'année. Les feuilles plus anciennes sont coupées au sortir de l'hiver pour mettre en valeur les nouvelles pousses et les fleurs. Les couleurs disponibles sont très nombreuses. Nous n'aurons donc pas nécessairement les mêmes feuillages et fleurs que nos amis jardiniers. C'est un charme supplémentaire des épimédiums, des plantes sans souci pouvant vivre des décennies durant au jardin.

Redonner vie à un vieux poirier

Dans beaucoup de jardins s'élève un poirier ou un pommier haute-tige arrivé en fin de vie. L'arbre a maintenant une ramure dégarnie et il ne porte plus guère de fruits. Faut-il abattre ce vieux compagnon ? Le fruitier peut connaître une nouvelle jeunesse grâce à un rosier liane. 'Paul's Himalayan Musk' peut atteindre dix mètres de haut, produisant d'innombrables petites fleurs roses doubles. 'Wedding Day' possède la même vigueur. Ses fleurs simples et grandes sont jaune vif en boutons. Elles s'ouvrent ensuite blanc ivoire avant de se faner roses. *Rosa filipes* 'Kiftsgate' figure parmi les champions de l'escalade : plus de dix mètres.

Ces rosiers qui vont apporter verdure et floraisons dans la ramure du vieil arbre dégarni ne doivent pas être plantés juste contre le tronc, à cause de la présence des racines. Il faudra s'écarter d'un mètre cinquante, créer une poche de plantation remplie de terre enrichie de compost et ne pas négliger les arrosages. Le rosier sera guidé vers le tronc. Durant les premières années, on l'aidera à prendre appui sur son support. Ensuite, il partira seul à l'assaut des plus hautes branches.

Comment guider le rosier liane vers le poirier ? Des jardiniers installent un long tuteur incliné, d'autres tendent une corde. Voici une idée particulièrement décorative : le rosier grimpe le long d'une vieille échelle. On ne pouvait trouver meilleur support...

Herbe étrangère

Surtout dans le voisinage de prairies, des graminées étrangères se sèment dans le gazon. On distingue facilement les touffes qu'elles forment par la couleur et la texture des brins qui apportent un contraste dans la surface uniforme. La seule solution consiste à enlever ces graminées sauvages avec la bêche, puis à niveler le sol en apportant de la terre et du terreau avant de ressemer le mélange de semences de la pelouse (dont on aura conservé précieusement la composition indiquée sur l'emballage). Utiliser un autre mélange pour les réparations peut avoir le même effet que le problème qu'on veut résoudre : créer des zones de couleur et de texture différentes.

Quarantaine

Peut-on planter un nouveau rosier au même emplacement qu'un vieil exemplaire qui vient d'être arraché ? Non. Le sol abrite quantité de spores de maladies cryptogamiques (maladie des taches noires, oïdium, rouille). Il faut attendre quelques années l'assainissement de la parcelle avant de replanter de nouveaux rosiers. Ce laps de temps permet au sol de retrouver un équilibre que nous favoriserons par l'apport de compost ou de fumier bien décomposé. Les rosiers, particulièrement gourmands, épuisent en effet au fil des ans certains éléments nutritifs. Pour replanter dans l'immédiat un nouveau sujet, il faudrait changer la terre sur soixante centimètres de profondeur.

Un barrage solide contre les rhizomes des bambous

La plante amie du panda ne rencontre plus l'engouement dont elle fut l'objet durant des années. Si des bambous tels que les fargesias forment des touffes compactes qui s'élargissent lentement, d'autres espèces comme les phyllostachys sont traçantes. Leurs rhizomes font apparaître de nouvelles pousses ici et là. Vingt ans après la plantation, un bambou acheté dans un pot de trente centimètres de diamètre peut occuper plus d'une dizaine de mètres carrés et provoquer bien des désagréments. Lorsqu'elles apparaissent, les nouvelles pousses ont une vigueur telle qu'elles peuvent percer la bâche de la mare, éventrer le dallage de la terrasse ou surgir parmi les pavés du sentier. Le pire est bien sûr de voir ces désagréments se produire chez le voisin… Les bambous traçants plantés au début de la vague d'intérêt pour ces plantes ont maintenant atteint leur pleine maturité. Et devant l'ampleur des inconvénients, de plus en plus de jardiniers se résignent à recourir à la mini-pelle hydraulique pour arracher des bosquets entiers.

Pour contenir un bambou traçant, il faut mettre en place un barrage à rhizomes. Haute de 60 cm, cette paroi de plastique épais disponible chez les pépiniéristes est enterrée verticalement pour délimiter la zone réservée au bambou. Malgré cette précaution, certains bambous deviennent incontrôlables. Parce que la paroi n'a pas constitué une bordure de 10 cm au-dessus de la surface du sol, permettant de repérer les rhizomes s'échappant de l'enceinte, ou parce que la clôture n'était pas suffisamment hermétique face à la puissance de la plante. Un barrage à rhizomes doit être refermé en serrant les deux extrémités de la paroi sur toute leur hauteur entre deux larges lattes métalliques maintenues par des boulons en acier inoxydable.

Un lagunage au jardin

Si la population de poissons dans la pièce d'eau du jardin est telle que la présence de plantes aquatiques ne suffit pas pour clarifier l'eau, une solution consiste à créer un lagunage. Un second bassin est creusé à proximité la mare. C'est dans ce volume que se déroulera l'épuration, qui sera notamment assurée par des bactéries. Pour permettre à celles-ci de se fixer, le volume est rempli de graviers de lave, lesquels présentent une grande surface par rapport à leur volume. Dans les graviers, il faut planter de manière dense des végétaux aquatiques.

Une pompe électrique est indispensable pour faire circuler l'eau d'un bassin à l'autre. L'eau arrive dans le filtre par le bas via un tuyau de drainage perforé qui serpente sur le fond. En remontant dans le filtre, l'eau rencontre les racines des plantes aquatiques. Celles-ci absorbent pour leur croissance les nutriments dissous dans l'eau et effectuent ce faisant une épuration complémentaire à celle des bactéries. Ces plantes assurent également une bonne intégration du filtre dans le paysage du jardin.

Si l'eau revient du lagunage dans le bassin principal via une cascade, l'oxygénation assurée lors de la chute jouera également un rôle positif dans le pouvoir épurateur global de la mare. De plus, en ville ou le long d'une voirie fréquentée, le murmure de l'eau se substitue à celui de la circulation routière.

Peut-on planter un olivier en pleine terre ?

Les hivers rudes ont remis les pendules à l'heure. C'est par centaines que des oliviers, souvent monumentaux, ont été décimés par le gel dans les jardins. Il faut oublier l'euphorie des hivers doux qui avaient permis tant d'audace. L'olivier est une plante de climat méditerranéen et son aire de distribution en pleine terre est cantonnée, en France métropolitaine, aux régions situées au sud du 45e parallèle, qu'on peut visualiser en traçant une ligne reliant les villes de Bordeaux et de Valence. Ce n'est pas un hasard si les plantations ne se sont pas étendues plus au nord.

Le plus sage est désormais de cultiver l'olivier en pot, dans un substrat à base de terreau contenant du gravier fin de manière à obtenir un bon drainage.

Mise à l'honneur sur la terrasse durant l'été, la plante passera l'hiver dans un local bien éclairé avec sa motte à peine humide. La température idéale : entre 7 et 10 °C. Il ne faut surtout pas rentrer l'olivier à l'intérieur de la maison. Il y fait trop chaud et l'arbre perdrait ses feuilles.

Le poinçonneur des lys

Certains jardiniers ont renoncé à planter des lys. Ces plantes ne sont pourtant pas délicates. En pot ou en pleine terre, les bulbes plantés au printemps développent avec vigueur des hampes florales majestueuses et parfumées. Le problème, c'est le criocère. Les larves de ce coléoptère rouge rongent les feuilles, défigurant les plantes pour toute la saison. Comment limiter les dégâts ? Il faut faire la chasse aux insectes adultes pondant sur les feuilles. Quand on veut l'attraper, un criocère se laisse tomber sur le sol pour se cacher. Lorsqu'on le saisit, il émet des stridulations, mais il ne faut pas se laisser impressionner. On peut le saisir entre les doigts sans le moindre risque. Détruire les parents permet de limiter le nombre de larves qui vont s'attaquer au feuillage. Il faut aussi rechercher ces chenilles noires au revers des feuilles. Elles ont une forme bizarre ? C'est parce qu'elles gardent leurs excréments sur le dos, pour mieux passer inaperçues.

Bien planter le camélia

Gare à la tentation, car il n'est pas simple de résister à une telle floraison ! Comment offrir au camélia qui nous a séduits les meilleures chances de vivre longtemps au jardin ? Un camélia périt avant tout par ses racines durant ses premières années de vie au jardin. Il ne faut pas oublier d'arroser copieusement l'arbuste si une sécheresse estivale s'installe. L'eau du robinet n'est pas conseillée si elle est dure. Il faut préférer l'eau de pluie pour ne pas perdre l'acidité favorisée lors de la plantation par un apport de terre de bruyère et de terreau.

Avant l'arrivée des premiers grands froids, le sol est couvert avec une bonne épaisseur de paille ou de feuilles mortes afin de protéger du gel les racines encore superficielles. Si la plante adulte peut affronter des gelées jusqu'à −15 °C, les fines racines sont détruites à −4 °C.

Semer des graminées

Des semences de graminées ornementales font leur apparition dans les jardineries. Des espèces annuelles à semer en ce moment sous abri pourront prendre place après les dernières gelées dans nos parterres comme dans nos potées. L'agrostide nébuleux (*Agrostis nebulosa*) provient des régions méditerranéennes. Ses feuilles étroites, longues d'une vingtaine de centimètres, sont rejointes en juillet par de nombreuses panicules de fleurs, la plante s'élevant alors à 40 cm. La grande brize (*Briza maxima*) culmine à la même hauteur. Cette plante tout en finesse déploie de grands épis en forme de cœur qui se balancent au moindre souffle de vent. D'un vert luisant au départ, ils virent au blanc jaunâtre au fur et à mesure de leur maturation. Cette graminée est encore plus belle lorsqu'elle forme des touffes.

La montagne au jardin

En Angleterre, les auges de plantes alpines rencontrent beaucoup de succès. Elles accueillent des espèces des montagnes à la végétation basse et à la floraison précoce. Pour introduire au jardin cette facette commune outre-Manche, nous pouvons utiliser une véritable auge de pierre ou façonner un bac avec un mélange à parts égales de sable, de tourbe et de ciment. Les alpines redoutent l'humidité excessive, surtout en hiver. Aussi, pour assurer un bon drainage, le fond de l'auge reçoit du gravier tandis que le terreau est mélangé à de fins gravillons. Des espèces de rocaille à faible développement, comme un saxifrage, un thym rampant, des joubarbes, offrent une meilleure rusticité par rapport à de véritables plantes de haute montagne à la vie souvent courte. Après la plantation, le terreau est recouvert d'une fine couche de gravier. Elle améliore l'esthétique de la jardinière. Elle constitue aussi une zone sèche permettant aux collets des plantes de ne pas être en contact avec l'humidité. Placée sur la terrasse, sur les marches d'un escalier ou au détour d'un sentier, l'auge va devenir un mini jardin qui vivra sa propre vie.

À l'ombre, le gazon est toujours envahi par la mousse

Si la pelouse est ombragée par de grands arbres, le gazon manque de lumière. C'est particulièrement le cas avec des conifères qui restent verts en hiver. Dans ces conditions, les graminées ne peuvent effectuer une photosynthèse optimale, leur vigueur est amoindrie et la mousse prend le dessus.
Dans les zones sans soleil, la présence de mousse est quasiment inévitable. Les grainetiers ont sélectionné des graminées pour l'ombre, mais ce gazon, aux brins très fins à ne pas tondre trop court, n'a pas la même allure que la pelouse et n'aime pas le piétinement. Des plantes tapissantes comme les pervenches (*Vinca minor*) ou le lierre croissent bien dans ces lieux ombragés et remplaceront avantageusement le gazon. Et puis, on peut aussi adopter un autre regard : dans les jardins japonais, les herbes sont radicalement éliminées au profit des mousses…

Les astuces en plus

◇ Dans les pépinières, **observer les magnolias en fleurs** durant ce mois d'avril. C'est de cette façon que l'on peut choisir sans risque de se tromper la coloration des corolles que l'on souhaite accueillir au jardin.

◇ **L'eau de l'étang qui était claire devient subitement verte ?** L'élévation des températures a permis un développement massif des algues. Ce problème sera temporaire si les plantes oxygénantes qui reprennent leur croissance sont présentes en nombre suffisant.

◇ **Si certaines tulipes font mal aux yeux, tant leurs couleurs sont vives**, de nombreuses variétés offrent maintenant des teintes pastel. Avec un ou deux tons, elles s'insèrent bien plus aisément dans les parterres, formant des harmonies avec les autres floraisons précoces. Profitons de nos visites pour noter des noms de variétés.

◇ Durant ce mois d'avril, **visiter une pépinière** spécialiste des arbustes pour **découvrir l'assortiment des *Cercis*** à la superbe floraison apparaissant sur le bois. Outre l'arbre de Judée (*Cercis siliquastrum*), les *Cercis canadensis* proposent aussi de jolies fleurs blanches (*Cercis canadensis* f. alba).

◇ **En pleine terre, découvrir le semis d'annuelles.** Les plantes à choisir : *Nigella, Calendula, Gypsophila, Ammi visnaga, Eschscholzia*... Les jeunes pousses, à éclaircir, résistent bien aux derniers froids.

◇ Si de la place reste disponible dans un parterre, **semer aussi de la nigelle de Damas**. Les fleurs seront visitées par les insectes butineurs et les fruits à la jolie forme resteront longtemps décoratifs.

◇ **Couper les fleurs fanées des narcisses**, mais laisser le feuillage intact jusqu'à son jaunissement. Les ressources produites grâce à la photosynthèse sont ainsi emmagasinées de manière optimale dans les bulbes pour la floraison de l'année prochaine.

◇ Réveiller l'un ou l'autre **dahlia** en plantant les tubercules dans un pot, placé dans la serre. L'objectif ? **Bouturer les premières pousses** pour multiplier nos plantes.

◇ Au début du mois, ne pas oublier de **semer** en petits pots dans la serre les **courgettes, potirons, potimarrons, concombres et melons**.

◇ **Semer** aussi en pots des **tournesols**. Choisir des variétés de couleurs et de hauteurs différentes qui seront repiquées en mai dans les parterres.

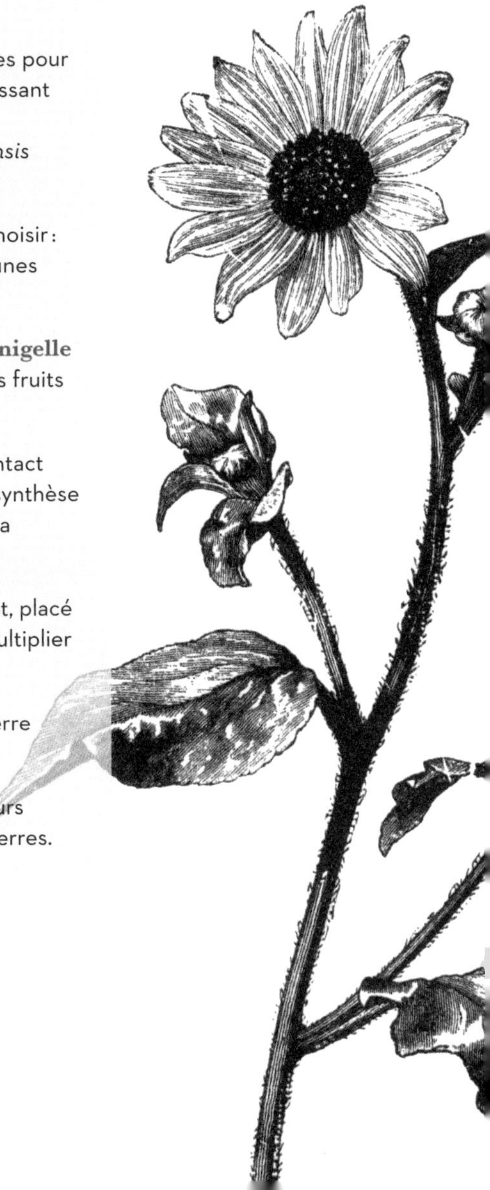

Un trou sur le côté

Avant de planter les pélargoniums et toutes les plantes annuelles qui coloreront nos fenêtres durant l'été, nous avons encore le temps de modifier nos jardinières pour y créer une réserve d'eau. Il faut tout d'abord boucher avec du silicone les habituels trous de drainage dans le fond. Ensuite, un nouveau trou est foré avec une perceuse dans la paroi de côté. Plus haut est le trou, plus importante sera la réserve d'eau.

Pour constituer le volume de cette réserve, des billes d'argile expansée sont déposées dans le fond de la jardinière jusqu'au niveau du trou de drainage. Un voile de forçage est placé sur les billes pour éviter que le terreau ne bouche les interstices. Le terreau sera déposé sur le voile. De cette manière, la réserve d'eau mouillera le substrat par capillarité. Cette eau supplémentaire sera bien utile durant les jours de grande chaleur.

Bien choisir ses géraniums

À la fin de ce mois d'avril, nous pourrons déjà acheter les pélargoniums pour nos jardinières. Comment bien les choisir ? Les plantes qui offriront les plus belles floraisons sont celles qui présentent le plus de tiges. Toute bouture de géranium produit cinq feuilles avant de former la première fleur. Ensuite, chaque tige se développe selon un rythme bien précis : trois feuilles, une fleur, trois feuilles, une fleur… Par rapport à une plante qui ne présente qu'une tige, une plante à trois tiges offrira une masse de fleurs supplémentaires.

Après l'achat, en attendant de les planter, ne plaçons surtout pas les plantes dans l'obscurité. Il suffit de déposer les géraniums quelques jours dans la pénombre du garage ou de la cabane à outils pour provoquer la perte des boutons floraux. Les plantes ne refleuriront alors qu'après plusieurs semaines de patience.

Rempotage immédiat

Les plantes vertes vendues chez les fleuristes, dans les jardineries et dans les grands magasins proviennent de producteurs si spécialisés que leurs serres ne contiennent souvent qu'une seule variété. Ces professionnels contrôlent les différents paramètres de culture au point que leurs plantes se développent dans un substrat pauvre et poreux, les besoins nutritifs étant assurés par les engrais spécifiques apportés via l'arrosage. Ces plantes doivent être rempotées sans tarder dans un terreau de qualité, car leur substrat poreux implique des conditions de culture que nous ne pouvons pas reproduire. Par ailleurs, les prix de production étant calculés au plus juste, ce substrat ne contient aucune réserve de nourriture. Aussi, si nous offrons une plante verte à une connaissance, autant la rempoter auparavant. La plante bénéficiera ainsi de bonnes conditions de vie pour les douze prochains mois.

Cueillir des fraises au balcon

Quel plaisir de pouvoir récolter des fraises sur la terrasse, grappillant un fruit mûr à chaque passage. Dans de larges pots de terre cuite présentant des orifices sur le flanc, douze fraisiers peuvent prendre place près de la maison tout en n'occupant pas une grande surface au sol. Les plantes qui pendent dans le vide ont vite fait de cacher le pot sous une cascade de feuillage. Il faut toutefois que la lumière soit disponible tout autour de la potée.

Une variété de fraisiers à privilégier : 'Ostara'. Remontante, elle produit une seconde vague de fruits en été. Comment insérer les fraisiers dans les trous de culture ? Par l'intérieur du pot, au fur et à mesure de son remplissage avec un terreau de qualité. Le feuillage de la plante est emballé dans une feuille de papier. Serrée dans ce fourreau, la végétation peut être enfilée dans le trou. Ensuite, le feuillage est libéré de son entonnoir.

La difficulté avec les pots à orifices latéraux : lorsqu'on arrose par le dessus, l'eau déborde par le balcon le plus proche et les plantes du bas souffrent de sécheresse. Il suffit d'appliquer ce petit truc. De multiples trous sont percés dans un tuyau en PVC destiné aux décharges des lavabos. Bouché à son extrémité inférieure et placé verticalement dans le terreau, il constitue un puits de descente pour l'eau d'arrosage qui imprègne la masse de terreau sur toute sa hauteur.

Des hostas sur la terrasse

Sur des montagnes du Japon, des hostas de petite taille peuvent être rencontrés à l'état sauvage. Les Japonais les ont introduits dans leurs jardins, car ils créent de belles harmonies avec les bonsaïs. Découvertes par les pépiniéristes américains dans les années 1980, ces espèces naines ont été rapidement hybridées et les cultivars ainsi obtenus déferlent sur le marché. Gare au virus de la collection ! Les variétés de mini hostas sont si nombreuses qu'il est déjà impossible de toutes les rassembler… Dans les petits jardins de ville, sur un mètre carré, il est possible de composer un beau tapis de feuillages très variés. Même possibilité de combinaisons sur une terrasse ou un balcon avec une série de pots où les plus petites variétés peuvent être plantées à plusieurs, en choisissant des formes de feuilles très différentes. Attention aux limaces qui aiment autant les petits hostas que les gros, elles les dévorent encore plus vite…

Un palmier en pot

Abondamment plantés en pleine terre dans nos jardins durant la longue période d'hivers doux dont nous faisons l'expérience depuis 1997, les palmiers *Trachycarpus fortunei* ont tous été décimés par les gels intenses de 2009 et des hivers suivants. Toutefois, les hivers exceptionnellement doux que nous connaissons régulièrement pourraient bien raviver la tentation de renouveler l'expérience.

Mais la sagesse recommande de plutôt cultiver ces palmiers en pot afin de pouvoir les protéger sous abri de la pluie abondante et du gel durant l'hiver. Le mieux est d'acheter un jeune trachycarpus de deux ou trois ans. Cette plante fera preuve d'une belle vigueur par rapport à une plante plus âgée et beaucoup plus onéreuse. Pour des palmiers, il faut un substrat drainant. Nous pouvons mélanger du sable au terreau du pot. Nous pouvons aussi utiliser de la lave concassée en fins gravillons, disponible en sacs dans les jardineries. Encore peu connue, la lave concassée assure un bon drainage. Elle accumule aussi la chaleur qu'elle garde au sein des pots. Attention : si les palmiers poussent bien dans les oasis, c'est parce que de l'eau est présente en abondance. Les palmiers ont besoin d'un arrosage régulier pendant l'été.

Un autre palmier peut se développer en pot et apporter une note exotique au jardin durant la belle saison : le phoenix des Canaries (*Phoenix canariensis*). Prudence : les pointes acérées à la base des palmes peuvent provoquer des blessures. Comment hiverner ces plantes lorsqu'elles atteignent une taille imposante ? Des horticulteurs prennent en pension les palmiers et les plantes d'orangerie dans leurs serres.

LE JARDIN **en pratique**

Deux arrosoirs

Le mal de dos est un grand problème dans nos sociétés. Beaucoup de jardiniers n'y échappent pas. Aussi, si nous devons transporter un arrosoir, autant en porter deux. De cette manière, les charges s'équilibrent de part et d'autre de la colonne vertébrale.

De l'eau tempérée pour les arrosages

Plutôt que de transporter de lourds arrosoirs à bout de bras, nous pouvons installer une réserve d'eau au jardin. Une large vasque, un tonneau, une bassine, n'importe quel récipient de grand volume peut convenir, pourvu qu'il n'altère pas l'esthétique de la parcelle. Les éléments pour la récolte de l'eau de pluie qui s'écoule de la serre ou de la cabane à outils s'ajoutent bien sûr à ce stockage. Contrairement à l'eau de distribution qui peut se révéler particulièrement fraîche et causer un choc thermique aux plantes, l'eau conservée au jardin est tempérée.

Il faut être attentif. Des tonneaux en matière plastique vendus dans les jardineries ne sont guère pratiques. Le remplissage de l'arrosoir s'effectue via un robinet, mais dès que le tonneau est à moitié vide, le débit devient très lent. L'idéal est un récipient muni au sommet d'une large ouverture qui permette de plonger l'arrosoir dans l'eau.

Du compost fin

En ce moment, c'est par brouettes entières que nous utilisons le compost produit au jardin pour nos plantations dans les parterres et nos cultures au potager. Mais il doit être tamisé pour écarter tous les débris végétaux dont la décomposition n'est pas encore terminée.

Ce tamisage est important pour ne pas perturber la fertilité du sol. Si nous incorporons des matières organiques insuffisamment décomposées dans la terre, la transformation en humus de ces éléments va être poursuivie par les micro-organismes du sol. Pour ce processus, ils ont besoin d'énergie et se nourrissent en consommant des éléments azotés. L'apport massif de débris végétaux peut donc avoir un impact opposé à celui qui est recherché. Au lieu d'accroître la fertilité du sol, nous la réduisons pendant des semaines. Les agronomes appellent ce phénomène la « faim d'azote ».

Un compost insuffisamment décomposé ne peut être déposé qu'en surface, en guise de couverture du sol, au pied des plantes. Grâce notamment aux vers de terre, le processus de décomposition se poursuivra alors lentement, comme dans la nature.

Un tamis pour un terreau fertile

Prenez un terreau universel. Passez-en quelques poignées au crible d'un tamis aux mailles de cinq millimètres et voici qu'apparaissent des bouts de bois, des fragments d'écorce... Comme le compost (voir ci-dessus), le terreau aussi peut être débarrassé des éléments trop volumineux qui réduisent sa fertilité et diminuent le volume disponible dans les pots et les jardinières pour assurer une bonne rétention de l'eau.

Plus onéreux, les terreaux de qualité destinés à la culture des plantes annuelles sont déjà tamisés finement. Un tamisage supplémentaire avant utilisation risque de priver ce terreau des longues fibres de coco qui y sont désormais incorporées afin de réduire la proportion de tourbe.

Photographier le jardin

Le printemps est une saison merveilleuse. Quand la végétation s'épanouit, chaque journée est différente. Pour réaliser de beaux clichés de nos parterres, quelques conseils sont importants.

La grande règle : on ne photographie pas n'importe quand. Au soleil écrasant de midi qui gomme les reliefs et crée des ombres sombres, il faut préférer la lumière du matin ou du soir. Les journées nuageuses mais lumineuses conviennent aussi très bien.

Au jardin, on a trop tendance à photographier à hauteur du regard. Il ne faut pas hésiter à varier les points de vue. Au sommet d'un escabeau, le jardin nous apparaît tout différent, comme on ne le voit jamais. N'ayons pas peur de nous baisser : beaucoup de floraisons sont plus jolies lorsqu'on les découvre avec tiges et feuillages.

Les photographes spécialisés dans les clichés de jardinage ont quelques secrets. Un pulvérisateur avec de l'eau claire permet de mouiller le feuillage des plantes. Cette eau ravive les couleurs et dynamise la lumière. Elle peut aussi simuler la rosée du matin.

Le rempotage facile

Un petit truc nous permet de rempoter efficacement nos tomates, nos poivrons, nos aubergines et toutes les autres plantes semées au chaud et devant encore se développer en pot avant d'être plantées en pleine terre.

Nous remplissons le nouveau pot de terreau en plaçant au centre un pot identique à celui qui contient la plante à rempoter. Il faut frapper à plusieurs reprises le grand pot sur la table pour tasser le terreau. Nous retirons délicatement le petit pot de la masse de terreau. Il laisse sa forme imprimée dans le substrat. Dans le vide obtenu, nous glissons simplement la motte de la plante à repiquer. Elle s'y adapte parfaitement.

Que faire des tontes de gazon ?

La tondeuse a repris sa ronde hebdomadaire et nous livre de beaux volumes d'herbe tondue. Celle-ci constitue un matériau de choix pour le paillage des arbustes, des rosiers, des légumes… Mais attention à l'épaisseur de la couche. Si elle est trop épaisse, l'herbe se tasse et forme une couverture imperméable. Elle apparaît sèche en surface, mais elle est en putréfaction à la surface du sol, produisant des jus acidifiants et toxiques pour les plantes et les micro-organismes. Si on étale l'herbe directement après la tonte, le tapis formé ne doit pas dépasser 2 cm d'épaisseur. Ainsi, les brins sèchent efficacement et se décomposent en quelques semaines. Si on désire une couche plus épaisse pour mieux conserver l'humidité du sol et éviter les herbes indésirables, il faut d'abord faire sécher l'herbe en l'étendant au soleil. On pourra ainsi former une couverture de 5 cm d'épaisseur au pied des plantes.

Les limaces redoutent la sécheresse

Comment réduire les dégâts que les limaces s'apprêtent à commettre dans nos premiers semis au potager ? Nous pouvons préparer la terre à l'avance et profiter des journées chaudes et ensoleillées pour la griffer en surface avec le croc ou le râteau. Il est inutile de descendre au-delà de 10 cm de profondeur. Les jeunes limaces qui se cachent sous les petites mottes vont apparaître à la chaleur, dans la terre fine qui sèche. Elles vont alors mourir rapidement par déshydratation. Plus nous pourrons répéter cette opération, plus de limaces nous éliminerons. Cette méthode, qui est également pratiquée par les agriculteurs dans leurs champs, a aussi l'avantage d'aérer le sol, ce qui accélère la décomposition des matières organiques. Cette minéralisation va mettre des éléments nutritifs comme l'azote à la disposition des racines des jeunes légumes.

Fini les herbicides

En ce moment, les herbes indésirables sont de retour dans les sentiers ainsi qu'entre les pavés ou les dalles des terrasses. Pendant des dizaines d'années, des herbicides ont été largement utilisés sur ces surfaces dures. Mais ces produits étaient lessivés par les pluies et entraînés vers les cours d'eau. Or cette pollution constitue un problème de santé publique puisqu'une part de l'eau de consommation provient des rivières.

Comme tant d'autres produits, les herbicides toxiques ont disparu des rayonnages des jardineries. Un bon point pour l'environnement et la santé. Comment désherber les abords de la maison ? La solution la plus simple et la plus économique est l'huile de bras. Un crochet vendu en jardinerie permet de désherber facilement entre les dalles, les pavés ou dans les graviers. Des brûleurs à gaz sont maintenant présentés dans les jardineries. Leur chaleur fait éclater les cellules végétales des indésirables. La plante se dessèche durant les jours qui suivent. Les herbes indésirables fortement enracinées comme le plantain ne seront pas tuées directement, mais des traitements répétés affaibliront la capacité des racines à régénérer la plante.

Vaincre le liseron

Le liseron est un cauchemar pour beaucoup de jardiniers, qui se sentent désarmés. Il escalade les rosiers, épanouissant effrontément ses fleurs blanches en trompette parmi les roses. Au potager, il s'enroule autour des légumes. Cette plante est une surdouée de la propagation grâce à ses rhizomes bourrés d'énergie qui émettent de nouvelles pousses. Aussi, lors du bêchage, tous ces rhizomes blancs à l'allure de macaronis doivent être patiemment enlevés. Gare au bout de rhizome coupé par le tranchant et oublié parmi les mottes. Il pourra rapidement produire une nouvelle plante.

Pour parvenir à réduire la présence du liseron au jardin, il faut s'attaquer à sa capacité de repousse. Des essais agronomiques ont montré que seize sarclages, de dix jours en dix jours, peuvent être nécessaires pour épuiser les possibilités d'émission de nouvelles tiges. Affaiblir progressivement les rhizomes du liseron implique donc de nettoyer les zones touchées chaque semaine. Si la binette revient trop tard, la végétation du liseron, par le biais de la photosynthèse, a déjà permis à la plante de reformer des réserves. Nous voici repartis pour un tour de manège.

Gare au héron

Tous les jardiniers ayant aménagé un petit étang le redoutent. Même les mares en pleine ville peuvent recevoir sa visite. Le jour à peine levé, quelques minutes suffisent au héron pour harponner les poissons d'une pièce d'eau. Comment écarter en douceur cet oiseau protégé ? Des congénères en plastique vendus dans les jardineries sont censés le dissuader d'atterrir dans le jardin puisque la place est occupée. Mais le subterfuge est de courte durée. Quelques jours plus tard, on retrouve le vrai héron en train de chasser à côté de son double synthétique trahi par son immobilité.

La seule parade efficace consiste à tendre de fins fils de pêche en nylon autour et au-dessus de la pièce d'eau. Quand le héron les rencontre, il s'envole vers d'autres eaux. Mais les poissons ayant la faculté de se reproduire, il vient un jour où la surpopulation perturbe l'équilibre de la mare au point que l'eau verdit. Certains jardiniers enlèvent alors les fils de nylon. La pêche interdite est temporairement ouverte…

Petit budget, beau jardin

Jardiner ne doit pas toujours rimer avec dépenser. Il est possible de créer de superbes parterres à peu de frais. Les fêtes de jardin sont des événements qui connaissent de beaux succès de foule. Elles rassemblent dans un cadre magnifique un ensemble de pépiniéristes spécialisés. Leurs étals présentent une diversité exceptionnelle de variétés qu'il est impossible de trouver dans les jardineries. Mais gare aux finances ! Pour un jardinage sans grand budget, les bourses aux plantes, de plus en plus nombreuses, sont des destinations beaucoup plus intéressantes. Dans une ambiance conviviale, les plantes sont partagées sur le principe du troc ou vendues à bas prix. Nous pouvons y apporter le surplus de nos divisions, semis et bouturages. En échange d'un hosta à grandes feuilles bleues, nous choisirons un géranium vivace ou une digitale à fleurs jaunes…

Enfin, n'oublions pas les bons vieux cercles horticoles. Ces associations, qui proposent de nombreuses conférences, effectuent aussi des achats groupés auprès de grainetiers. Ils permettent d'obtenir de belles réductions pour les semis au potager.

Le gazon respire

Sur la pelouse, nous avons tendance à circuler toujours aux mêmes endroits pour rejoindre la terrasse ou la cabane à outils. Dans ces zones, nos pas finissent par tasser le sol. Dans les terres compactées, le système radiculaire du gazon s'asphyxie et l'herbe manque de vitalité. Pour corriger la situation, il faut aérer le sol à l'aide d'une fourche-bêche. Cette opération, fastidieuse mais efficace, consiste à enfoncer l'outil dans le sol tous les 10 à 15 cm, à une profondeur de 15 cm. Par un mouvement de va-et-vient, on agrandit les trous effectués. Par la suite, du sable de rivière est étendu sur le gazon tondu bien ras. À l'aide d'un balai, il faut alors faire pénétrer le sable dans les trous. Chaque orifice devient ainsi une cheminée d'aération où pourront prospérer les racines des graminées.

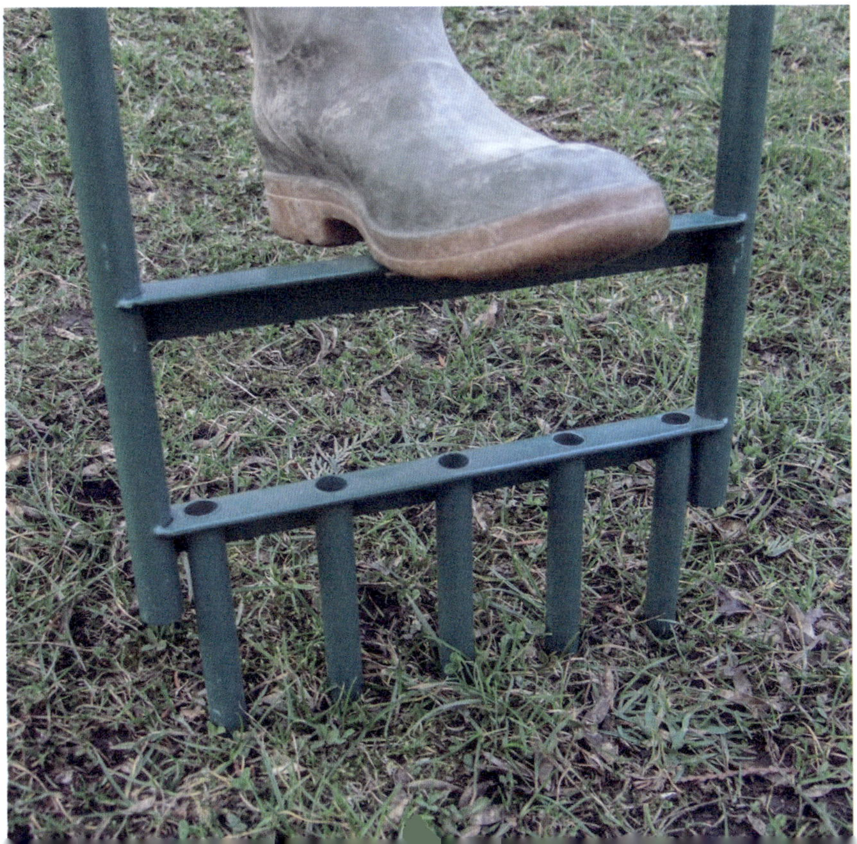

Cloches naïves du muguet,
Carillonnez ! car voici mai !

Sous une averse de lumière,
Les arbres chantent au verger,
Et les graines du potager
Sortent en riant de la terre.

Carillonnez ! car voici mai,
Cloches naïves du muguet !

MUGUET (EXTRAIT)

5 MAI

LES JOURS S'ALLONGENT DE

01 h 40

ANCOLIE
Aquilegia
Floraison : mai à juin

POUR BIEN COMMENCER LE MOIS…

Faut-il semer les légumes avec la lune ?

En mai, quand une grande part des semis en pleine terre sont effectués au potager, on me demande régulièrement si je cultive mes légumes en fonction de la lune. Un peu par provocation, je réponds : « Quelle lune ? » Pour mettre en pratique les observations des anciens jardiniers, il ne faut pas se tromper de cycle lunaire. Le cycle des phases (nouvelle lune, premier quartier, pleine lune, dernier quartier) ne convient pas. Il faut suivre le cycle lunaire qui dure 27,3 jours. Il est similaire au cycle accompli par le soleil dans notre ciel en un an, avec la montée pendant l'hiver et le printemps jusqu'au solstice d'été, puis la descente durant l'été et l'automne jusqu'au solstice d'hiver.

La lune se lève toujours à l'est. Durant 13 jours en moyenne, elle occupe une position de plus en plus haute dans le ciel. On dit que la lune est montante. Durant les 13 jours suivants, la lune est de moins en moins haute. Elle est alors descendante.

Quand la lune est montante, la circulation de la sève est favorisée. La période est favorable aux semis et aux récoltes. Quand la lune est descendante, les liquides internes des plantes suivent le même mouvement. La période est propice aux repiquages. Les cycles de la lune montante et descendante ne figurent pas sur les calendriers. Ils sont disponibles sur internet.

Que de pucerons !

Rares sont les années durant lesquelles les fèves des marais ne sont pas victimes des pucerons. À son sommet, chaque tige est noire d'insectes piqueurs et suceurs. Cette présence de pucerons n'affecte pas la récolte des longues gousses. Si l'on souhaite préserver toute la vitalité des plantes, il est possible de pulvériser du savon noir dilué à 5 %. Ce savon alcalin sans colorant, sans parfum ni ingrédient synthétique ajouté est rapidement dégradé par l'environnement. Alors que les anciennes pulvérisations d'insecticides avaient un impact global et pouvaient toucher les auxiliaires naturels présents dans la parcelle, ce traitement ciblé ne touche que les pucerons. L'eau savonneuse recouvre leurs orifices respiratoires et ils meurent rapidement par asphyxie.

Des radis dans les lignes

Chaque plante potagère a ses exigences particulières en ce qui concerne la profondeur du sillon de semis. Si les graines de carotte sont semées sous 1 cm de terre, comme la mâche ou le navet, les laitues sont couvertes par 0,5 cm de terre, les betteraves par 2 cm, les courgettes, le maïs et les haricots par 3 cm. Les pois sont enfouis à 5 cm de profondeur. Vérifier la présence de ces informations lors de l'achat en librairie d'un guide pratique pour le potager.

Les carottes ont souvent besoin d'une quinzaine de jours pour germer. Quand les fines pousses apparaissent enfin, il n'est pas toujours simple de distinguer la ligne de semis parmi toutes les herbes indésirables qui sont déjà bien développées. Le truc est bien connu : nous pouvons déposer ici et là des graines de radis parmi les semences de carotte. Les radis germent en quelques jours et indiquent au regard la position de la ligne. On peut ainsi passer très tôt la binette de part et d'autre du semis. Un désherbage à la main permettra ensuite d'enlever les herbes qui ont poussé au sein de la ligne. On en profitera pour espacer les plantes au bon écartement. Et les radis ? Il ne faut pas les oublier. Consommés trop tardivement, ils se creusent et deviennent piquants.

Ascension de concombres

Prochain achat à la jardinerie : un sachet de graines de concombre à semer directement en pleine terre après le 15 mai. Le concombre est une plante coureuse : elle rampe sur le sol comme ses cousines cucurbitacées que sont les potirons ou les melons. Mais si nous lui fournissons un support, notre concombre va grimper. Il partira à l'assaut d'une clôture, d'un croisillon ou d'une tonnelle qu'il couvrira de ses larges feuilles.

Si nous avons choisi une variété hybride F1, elle a la particularité de se reproduire par parthénogenèse : les fleurs femelles se transforment directement en fruits sans qu'il soit nécessaire de disposer de fleurs mâles à proximité. La plante formera donc tout de suite plusieurs concombres qui s'allongeront à belle allure, si les racines ne manquent pas d'humidité et si nous n'avons pas oublié de couper la tige en laissant deux feuilles après le fruit en formation.

Le cresson du jardin

Envie d'une petite touche fraîche et croquante dans vos salades ? Il est possible de cultiver du cresson de fontaine au jardin. Non, la présence d'un ruisseau à l'eau limpide qui court entre les rochers n'est pas obligatoire. Le cresson peut très bien pousser en pot. Les semences qui figurent dans les catalogues des grainetiers (attention, ne pas confondre le cresson de fontaine avec le cresson alénois) sont semées à la surface du terreau, puis recouvertes par une fine couche du même substrat saupoudré via un tamis. La germination est rapide. La condition pour une bonne réussite : le terreau doit toujours être fortement humide. Le pot est donc déposé dans une soucoupe qui reste garnie d'eau. Une récolte régulière stimule la repousse du cresson.

Des choux parmi les fleurs

Même si le jardin comporte un potager, pourquoi ne pas insérer quelques légumes parmi les plantes décoratives ? Un seul plant de chou suffit pour occuper une zone de 60 x 60 cm. Il faut bien sûr privilégier un chou au caractère décoratif. Un chou palmier crée une jolie présence verticale. Il pourra rester en place durant l'hiver, les feuilles étant progressivement cueillies pour un potage ou une potée. La variété 'Graffiti' est étonnante : le chou-fleur qui se développe au cœur des feuilles n'est pas blanc, mais d'un joli pourpre, tant au jardin que sur nos assiettes. Attention aux chenilles qui peuvent transformer les feuilles en dentelles et nous faire perdre le caractère décoratif de la plante. Un bon moyen pour éviter ces dégâts : se munir d'un gant, inspecter régulièrement les feuilles et écraser avec les doigts les œufs déposés par les papillons, ainsi que les premières chenilles qui font leur apparition.

Récolte de ciboulette

Comment obtenir de belles touffes de ciboulette ? Durant la belle saison, il est conseillé de couper les feuilles tous les mois au ras du sol. Elles repousseront alors avec vigueur et le feuillage sera d'un beau vert. En été, durant les périodes de sécheresse, il est important d'arroser les pieds de ciboulette afin d'éviter le jaunissement des feuilles. Au printemps, on peut rajeunir les touffes en les soulevant. On incorpore du compost dans le sol et on replante les touffes avant d'arroser. Si les pousses de ciboulette ne sont pas taillées régulièrement, les boutons floraux ne tardent pas à se former. Dès que les fleurs bleues apparaissent, elles sont intensivement butinées par les abeilles, car la plante est mellifère. Des jardiniers cultivent donc plusieurs pieds de ciboulette, pour la cuisine et pour le plaisir d'observer le travail des butineuses.

Palette de thyms

Une vingtaine de thyms différents peuvent être plantés au jardin. Le thym argenté (*Thymus vulgaris* 'Silver Posie') développe un arôme comparable au thym vulgaire mais son feuillage vert marqué d'argent retient le regard. Le thym doré (*Thymus* × *citriodorus* 'Aureus') crée une tache de lumière dans la parcelle des aromatiques avec son feuillage qui varie du jaune citron au vert doré. Autre valeur sûre : le thym citron (*Thymus* × *citriodorus* 'Lemon') qui dégage une forte odeur citronnée. Voilà une plante qui accompagne bien les plats de poissons.

Même diversité chez les sauges, les basilics ou les romarins, qui présentent de belles variétés largement fleuries. Certains jardiniers n'hésitent pas à placer de telles plantes dans leurs plates-bandes. Le jeune feuillage de la sauge pourpre (*Salvia officinalis* 'Purpurea') est rouge. Quant au romarin dédié au célèbre jardin de Sissinghurst (*Rosmarinus officinalis* 'Sissinghurst Blue'), sa floraison d'un bleu intense apparaît dès le mois de mars.

Des lanternes au potager

Parmi les légumes, nous pouvons accueillir une plante encore peu connue qui nous permettra de grappiller des fruits tout en apportant une belle touche décorative. Au marché, nous pouvons en effet dénicher des plants de physalis. Cette solanacée cousine des tomates peut aussi être cultivée en pot sur la terrasse. Elle produit des fleurs discrètes, à l'aisselle des feuilles. Par la suite, les calices se soudent pour former des enveloppes renflées qui se colorent, devenant orange vif. Un seul plant peut porter jusqu'à une centaine de ces lanternes. À ce stade, elles apportent une touche insolite dans une composition florale. Quand l'enveloppe séchera, elle s'ouvrira pour laisser apparaître la baie orange qu'elle contient. C'est alors que tous les visiteurs au jardin reconnaîtront le fruit qui décore souvent les assiettes de dessert au restaurant : c'est l'« amour-en-cage » qu'on appelle aussi le « coqueret du Pérou ». Une douceur sucrée, riche en vitamine C.

Les bijoux de la menthe

De loin, le feuillage mutilé de la menthe révèle déjà leur présence. Sur les feuilles rongées, des émeraudes luisent au soleil. Mais elles ne feront la fortune d'aucun jardinier. Ces bijoux aux reflets vert métallique sont des scarabées. Les plus gros peuvent atteindre un centimètre de long. Ils ont bel appétit : les feuilles de la menthe sont grignotées ici et là. Visiblement, ces cuirassiers sont des trottineurs. Une feuille à peine goûtée, ils en entament une autre un peu plus loin.

Les scarabées de la menthe sont des *Chrysolina menthastri*. Ils n'ont qu'une génération par an. À la fin de l'été, les adultes sont accompagnés de leurs larves, de taille similaire et de couleur noire. Si le plant de menthe n'est pas des plus ample, les scarabées finiront, l'automne venu, par lui donner une silhouette quelque peu dépenaillée. Les insectes se verront alors de loin et les feuilles, rongées ou souillées par les excréments, ne seront plus utilisables.

Comment préserver la touffe de menthe des dégâts des scarabées ? Une pulvérisation d'insecticide n'est pas nécessaire. Il suffit de ramasser les scarabées à la main puis de les détruire. Une telle ponction régulière maintient la population de scarabées à un niveau acceptable et permet de garder un bel aspect à la menthe. Comme l'un ou l'autre individu échappe à notre vigilance, le jardin accueillera toujours ce bel insecte qui étonne les visiteurs au jardin.

Les saveurs de la monarde

C'est une nouvelle venue parmi les aromatiques. Originaire des États-Unis, la monarde (*Monarda didyma*) est aussi appelée « Thé de Pennsylvanie » ou « Thé d'Oswego », du nom d'une tribu amérindienne. Les feuilles sèches servent à préparer une tisane. Les feuilles fraîches finement ciselées peuvent aromatiser crudités et salades.

Dans un jardin respectueux de l'environnement, les monardes sont intéressantes, car elles attirent de nombreux insectes utiles. Seul petit souci : sa faible résistance à l'oïdium. Dès le milieu de l'été, les feuilles se couvrent d'un feutrage blanc qui rend ces plantes peu esthétiques. Que faire ? Ne jamais laisser la terre sécher au pied de ces magnifiques vivaces.

Quand elles sèchent, l'automne venu, il ne faut surtout pas couper les tiges des monardes. Elles restent bien dressées dans le parterre, assurant une présence verticale durant tout l'hiver. Si le givre s'invite au jardin, toutes ces tiges brilleront sous le soleil.

Des tagètes au potager

Planter des tagètes parmi les légumes est vraiment une bonne idée. Outre le fait que ces plantes fleurissent généreusement de manière continue jusqu'en automne, apportant une note de gaieté, elles ont aussi le pouvoir de détruire les nématodes du sol. Ces vers microscopiques attaquent les racines des légumes qui se développent donc moins bien. Les nématodes à galles infectent les cucurbitacées, les laitues, les tomates, les aubergines, les poivrons… Les pommes de terre, les carottes, les betteraves sont attaquées par les nématodes à kystes. Pour une action efficace, ce sont les variétés de *Tagetes patula* qui donnent les meilleurs résultats.

La présence de tagètes parmi les légumes a encore un autre avantage. Ces plantes constituent une source de pollen pour les syrphes, ces insectes à l'abdomen rayé qu'il ne faut pas confondre avec les guêpes. Les larves des syrphes sont carnivores et consomment des pucerons. Favoriser la présence des syrphes permet de renforcer l'action des autres prédateurs naturels présents au jardin.

De la glu pour protéger les cerises

Certaines années, les cerises du jardin sont rongées par de petits asticots blancs, les larves de la mouche de la cerise (*Rhagoletis cerasi*). Quand le printemps est chaud, ces insectes apparaissant entre la mi-mai et la mi-juin sont en nombre. À raison de 70 à 80 œufs par femelle, la mouche pond un œuf par fruit. Chaque œuf donne naissance à une larve qui ronge la pulpe autour du noyau. La cerise tombe au sol. Après dix à quinze jours, la larve quitte le fruit et s'enfonce quelques centimètres sous terre pour sa nymphose. Comment éviter ces ravages ? La meilleure solution est d'utiliser des pièges apparus sur le marché il y a peu. Des plaques jaunes à suspendre aux branches attirent les mouches mâles qui se collent dans la glu recouvrant la surface de plastique. Trois à quatre pièges placés dans un grand cerisier permettent de capturer une proportion importante des mouches pondeuses.

Les astuces en plus

◇ Avec leurs différentes couleurs et textures de feuillage, **les laitues** peuvent constituer un **joli ensemble décoratif**, à la manière du célèbre jardin de Villandry, dans la Loire. Mais quand les salades seront à maturité, il faudra bien se résoudre à les consommer…

◇ Un simple geste peut nous aider à **accroître notre récolte de potirons** et de potimarrons. La tige qui se développe après le semis est pincée au-delà de la seconde feuille. Cette taille force la plante à développer des rameaux latéraux qui fleurissent plus rapidement.

◇ **Le chou vivace de Daubenton mérite de prendre place au potager.** Il s'élève à plus d'un mètre. Cette plante produit continuellement des rameaux latéraux à cuisiner dans les potées, les potages et les pot-au-feu. Le chou peut rester en place plusieurs années au même endroit. Ensuite, la souche est renouvelée par simple bouturage de rameaux latéraux.

◇ **Une semaine après le repiquage des choux au potager, semer du trèfle** blanc à la volée entre les lignes. Quand les choux commenceront à pommer, le trèfle sera suffisamment développé pour libérer de l'azote via les nodosités sur ses racines. Les choux profiteront de cet engrais.

◇ **Semer de la laitue à couper** en terrine et repiquer les plantules comme de la laitue pommée, en espaçant les plants de 30 cm. Lorsque les plantes sont bien développées, récolter des feuilles extérieures en les détachant une à une. Les laitues qui ne forment pas de pommes se renouvellent par le cœur et offrent une longue production.

◇ **Du soja** est disponible dans les catalogues de graines pour le potager. Cultivé comme le haricot nain, il offre ses gousses contenant des grains ronds 4 à 5 mois après le semis. Les grains sont consommés frais, comme des petits pois, ou secs, en les faisant tremper pendant 24 h. Ils peuvent aussi servir à préparer du tofu ou être placés dans un germoir pour développer leurs germes.

◇ Pour **récolter des pétioles de rhubarbe**, il ne faut pas les couper, mais tirer pour les détacher. Ne pas prélever plus de la moitié des feuilles afin que la plante conserve un dynamisme de croissance.

◇ **Surveiller les tomates** de manière à ce que les « gourmands » à enlever à l'aisselle des feuilles ne se développent pas inutilement de manière importante.

◇ **Essayer le semis des courgettes et potirons en pleine terre**. On sème en « poquets ». Trois graines sont placées dans une petite cuvette creusée dans le sol du potager. Seule la plus belle plante sera conservée. Espacer les poquets de 1 m pour les courgettes, de 2 m pour les potirons. Cette méthode donne souvent de meilleurs résultats que le repiquage de plantes semées en pots.

◇ Au potager, **entourer les carottes d'un voile anti-insectes** qui évitera les dommages de la mouche de la carotte. Cette clôture empêchant la venue de l'insecte doit être haute de 60 cm et sa base doit être enterrée dans le sol.

◇ **Semer les laitues en bandes** de 5 cm de large. Trois semaines après la levée, commencer un éclaircissement progressif. Les jeunes feuilles peuvent enrichir une salade. À la fin, garder une laitue tous les 25 cm qui pourra former sa pomme. Cette méthode de culture permet une longue consommation.

◇ **Une culture à essayer : le maïs doux**. Semis dans la serre dans des pots profonds, puis repiquage par groupes de quatre plantes pour une bonne pollinisation. Récolte à partir de la fin du mois d'août.

◇ Ne pas hésiter à **tailler sévèrement le romarin** pour éviter qu'il ne se couche sur le sol. Sur les troncs, toujours couper au-dessus de feuilles pour une repousse vigoureuse.

◇ Ce sont les plus grosses **gousses d'ail** qui sont plantées en ligne pour la culture des bulbes. Mais il ne faut pas jeter les plus petites. Elles peuvent être mises en terre parmi les plantes aromatiques. Couper leur feuillage pour le ciseler au-dessus d'une salade.

◇ **Une poire en bouteille au jardin, c'est facile!** Surveiller le développement des fruits. Choisir une poire qui se développe au bout d'un rameau dirigé vers le haut et le faire entrer dans une carafe. Bien attacher le récipient à l'arbre ou à un tuteur, avec le goulot vers le bas pour éviter de recueillir de l'eau de pluie. Un morceau de gaze dans le goulot évitera la présence d'impuretés ou d'insectes. Quand la poire est mûre, la cueillir avec sa bouteille, ajouter de l'alcool pour fruits et laisser macérer pendant au moins deux mois.

◇ **Semez les bettes en poquet.** Plusieurs graines sont semées ensemble tous les 40 cm. On ne garde que la plus belle plante. Par rapport au semis en ligne, cette méthode permet d'utiliser moins de semences.

◇ Pour **éliminer les pucerons** des fèves, des rosiers et des arbres fruitiers, il est aussi possible de les faire tomber avec le jet du tuyau d'arrosage.

◇ **Inspecter régulièrement les groseilliers à maquereau** pour repérer une attaque éventuelle de larves de la tenthrède, un insecte qui ressemble à une petite guêpe. Si ses larves ne sont pas des chenilles, elles en ont l'allure et l'appétit: elles sont capables de défeuiller complètement un arbuste en quelques jours. Pulvériser les chenilles avec un insecticide bio à base de pyrèthre.

◇ Offrons quelques pelletées de **compost aux groseilliers.** Ils sont gourmands en matières organiques et leurs fruits ne tarderont pas à se former. Incorporer le compost en griffant superficiellement le sol pour ne pas abîmer les racines.

◇ **Les pêchers ont une nouvelle fois la cloque?** Une nouvelle variété américaine est résistante à cette attaque cryptogamique boursouflant les feuilles: 'Avalon Pride'.

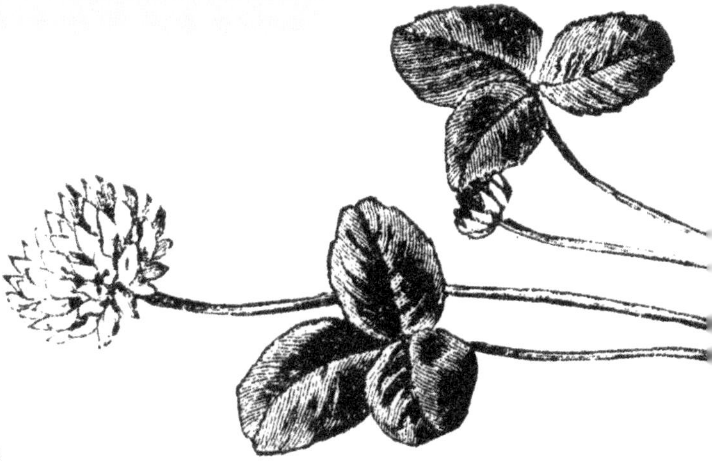

LE JARDIN **ornemental**

Les tentations des foires aux plantes

Comment bien planter les vivaces qui nous ont séduits ce printemps lors des foires de jardin ? Ces plantes subiront bientôt des périodes de sécheresse qui peuvent freiner leur développement et même les mettre en péril. Aussi ne faut-il pas se contenter de creuser des petits trous pour juste y pousser les mottes. Pour une bonne croissance, le sol est ameubli sur une large zone et du compost est incorporé. Les racines à la base de la motte sont dégagées avec les doigts pour qu'elles puissent s'étaler dans la terre. Si les racines sont enroulées en un chignon dense, signe d'un long séjour de la plante dans son pot, il ne faut pas hésiter : quelques coups de canif verticaux dans la motte coupent ces racines tournantes. Après la plantation, la terre est pressée avec les doigts autour de la plante pour assurer un bon ancrage. On termine par un arrosage, même s'il pleut. L'eau effectue un tassement qui assure un bon contact entre les racines et la terre.

De l'ortie pour le paon du jour

Parmi les messagers du printemps figure le « paon du jour », un splendide papillon aux ailes portant chacune un ocelle brillant. On a ainsi l'impression de voir un regard de chat. Dès les premiers beaux jours, le papillon sort de sa léthargie et on le voit butiner les saules en chatons. Ensuite, ses apparitions sont de plus en plus fréquentes et un étrange manège se déroule autour des orties. Ce qui intéresse les paons du jour, ce ne sont pas les fleurs mais les piquantes feuilles. Elles seules peuvent accueillir leurs œufs et assurer le développement des chenilles. Elles ne passent pas inaperçues avec leur robe noire brillante ornée de soies épineuses. Quand on a le bonheur de les observer, on est étonné par leur voracité. On voit les feuilles de l'ortie se réduire à belle allure. D'autres papillons comme la « petite tortue », le « vulcain », la « carte géographique » ou le « robert-le-diable » pondent sur l'ortie. Permettre la reproduction des papillons est donc une bonne raison pour autoriser la présence d'une large touffe d'orties au jardin.

Une pivoine en arbre

Qui peut résister à un tel charme ? Ces fleurs immenses, tout en finesse et aux coloris délicats, ont le pouvoir de vous emmener en Extrême-Orient où elles sont considérées comme les reines du jardin. Contrairement aux pivoines herbacées, la plante est un arbuste qui se développe lentement, culminant après quelques années à 1,5 m de haut. La patience du jardinier est alors récompensée : de la mi-avril à la mi-mai, la pivoine arbustive produit une abondance de fleurs, mises en valeur par le feuillage qui est également décoratif. Le choix est large. Simples, semi-doubles, doubles, les fleurs se déclinent, selon les variétés, du blanc pur au pourpre foncé en passant par une multitude de nuances de rose et de rouge. Une pivoine arbustive est une plante robuste, pouvant vivre 50 ans au jardin. Elle peut être cultivée durant quelques années dans un grand pot sur la terrasse.

Généreux cosmos

Il suffit d'acheter un sachet de graines. Semés au début de ce mois en pleine terre, les cosmos offriront un résultat spectaculaire et durable. L'année prochaine, la floraison sera toujours présente, car les variétés se ressèment allègrement.

Originaires du sud des États-Unis et d'Amérique centrale, les cosmos offrent les meilleurs résultats dans les endroits bien ensoleillés. Avec leur feuillage finement découpé, leurs hautes tiges qui élèvent à plus de soixante centimètres des corolles tout en simplicité, les cosmos peuvent former à eux seuls un beau massif. Ils se mélangent aussi très bien à d'autres annuelles. Ils font également bon ménage avec nombre de plantes vivaces. Avec ces plantes, on opte aussi pour la biodiversité : les corolles attirent les abeilles et les bourdons.

Quelques bons choix qui pourront également fournir des fleurs coupées pour les bouquets : 'Daller' (rouge carmin), 'Velouette' (nouveauté, rouge foncé avec des rayures blanches d'intensité variable), 'Cup Cakes' (les fleurs forment une coupe), 'Fizzy Rose Picotee' (fleurs blanches finement bordées de rose).

Du trèfle dans le gazon

Parmi les herbes indésirables apparaissant dans le gazon, le trèfle blanc s'étend en tapis dense. Quand la pelouse est tondue rase, il a tendance à étouffer l'herbe, car il repousse plus vite que le gazon. Dans les pelouses plus hautes, herbe et trèfle cohabitent. Ce mariage est heureux. Le trèfle fixe de l'azote atmosphérique dans ses racines. L'herbe en profite et pousse dru. Le trèfle assure aussi un meilleur ombrage du sol. L'évaporation de l'eau sous le soleil est moindre et la pelouse résiste mieux à la sécheresse.

Alors que des jardiniers chassent parfois le trèfle de leurs pelouses à coups d'herbicides, voici que des semences de gazon sont proposées avec des graines de trèfle dans le mélange. Des variétés de trèfle à petit feuillage ont été spécialement sélectionnées pour cet usage. Voilà une belle avancée sur le plan écologique : les pelouses trèfle admis demandent moins d'engrais et moins d'arrosages.

Fleurs par étages

Quelle floraison originale ! Les jardiniers qui accueillent le *Phlomis russeliana* dans leurs parterres ne manquent pas de surprendre leurs visiteurs ne connaissant pas encore cette vivace. Cette plante, à accueillir sans hésitation, se plaît bien dans les sols drainants. Le feuillage au revers grisâtre, qui rappelle celui d'une sauge, est déjà agréable au regard. Vient ensuite la floraison estivale qui se développe par étages successifs autour de la tige. Le phlomis, qui forme au fil des ans une large touffe, restera encore décoratif durant de longs mois. Les hampes florales sèches sont parmi les plus solides, restant en place durant tout l'hiver.

Lupins, le retour

Dans les jardins de grand-mère, ils semblaient pousser là depuis toujours, réapparaissant fidèlement au même emplacement. Dès le début du mois de juin s'élevaient les hampes florales. Ces cierges de corolles s'épanouissant progressivement au fil des semaines déclinaient un mélange de pourpre, de rose, de bleu… Tout au long de la journée, il était toujours une petite boule velue en train de butiner ces hauts épis colorés. Mais faut-il encore parler à l'imparfait des lupins ? Les bourdons qui les visitent intensivement s'en réjouissent : ces plantes quelque peu oubliées font un grand retour dans les jardins. Les variétés sélectionnées ne passent pas inaperçues chez les pépiniéristes et lors des foires aux plantes. 'Polar Princess' est blanc pur ; les fleurs de 'Chandelier' sont jaune vif ; 'Le Gouverneur' marie le blanc et le bleu. Le choix est encore plus difficile quand on rencontre les variétés dans les tons de rose et de rouge : 'La Châtelaine', rose et blanc ; 'My Castle', rouge assez vif ; 'The Page', rouge carmin.

S'ils peuvent vivre pendant des années dans un parterre, les lupins peuvent aussi disparaître dans les mois suivant leur plantation. Pourquoi ? Ces plantes détestent le calcaire sous toutes ses formes : il provoque le jaunissement du feuillage puis le dépérissement. Cela ne signifie pas qu'il est impossible de cultiver des lupins dans ces terrains défavorables. Les poches de plantation doivent alors être enrichies de terreau, de terre de bruyère et d'engrais organique pour plantes à fleurs. Les lupins s'élevant tout en verticalité, il ne faut surtout pas acheter une plante seule. Pour obtenir un bel effet de masse des floraisons, trois à cinq pieds doivent être plantés au soleil avec un écartement de 50 cm. Un dernier conseil : si les hampes florales sont supprimées quand elles sont fanées, la plante développe des pousses latérales offrant une seconde floraison, avec des épis floraux de plus petite taille.

Longues racines

Idéalement, les plantes annuelles repiquées en pleine terre ne doivent pas être arrosées durant leurs premières semaines de présence au jardin. Si la terre est sans cesse gorgée d'eau, les lobelias, tagètes ou pétunias forment des racines superficielles qui restent cantonnées dans la zone de terre humide. En cas de sécheresse, ces plantes sont dépendantes de l'arrosage. Par contre, sans arrosage, les plantes forment des racines qui descendent chercher l'humidité en profondeur. Avec de longues racines, les plantes résistent bien aux périodes de sécheresse tout en poursuivant une floraison généreuse. Pailler le sol autour des plantes pour conserver l'humidité du sol.

Magellan

Des clochettes peuvent participer aux harmonies de couleurs dans les parterres, formant des buissons d'un mètre de haut fleuris en permanence de début juillet jusqu'aux premières gelées. Certains fuchsias sont capables de vivre en pleine terre parmi les rosiers, les vivaces et les arbustes ornementaux. Ce sont des variétés de *Fuchsia magellanica*, un arbuste originaire du Chili et de l'Argentine, qui se couvre de fleurs plus petites que celles des fuchsias gélifs.

Il est essentiel de planter un fuchsia rustique le plus tôt possible au printemps, après les dernières gelées. Du compost en abondance et un arrosage régulier favoriseront une bonne croissance. L'arbuste pourra ainsi développer un enracinement suffisamment important pour lui permettre de bien affronter son premier hiver, protégé par une bonne couche de feuilles mortes étendue autour du pied. Si un gel sévère détruit les tiges, de nouvelles pousses apparaîtront du sol au printemps. Au cours des années suivantes, le paillage du sol reste en place en permanence. Un sol qui reste frais en été permet à la plante de rester belle sous le soleil brûlant. Une terre couverte en hiver est saisie moins profondément par le gel tandis que les vers de terre ameublissent et enrichissent le sol d'humus. Utile pour favoriser une floraison exceptionnelle !

Ne boudons plus les lilas

Curieusement, les lilas ne sont plus à la mode. Souvent, ce sont des sujets âgés que l'on croise dans les jardins. Vu le peu de demandes, beaucoup de pépiniéristes spécialistes des arbustes à fleurs abandonnent leurs collections de variétés. Pourtant, à partir de la mi-mai, la floraison des lilas est toujours aussi généreuse avec ces grappes coniques de fleurs qu'on appelle des « thyrses ». Dès que l'on s'approche, le parfum caractéristique est présent. Quelques coups de sécateur suffisent pour constituer un bouquet qui va embaumer la maison.

Laissons une place au lilas au jardin ! Il ne faut surtout pas supprimer un exemplaire âgé. L'arbuste supporte bien la taille, même à la scie d'élagage sur de grosses sections. On laisse en place une souche haute sur laquelle se développent des rejets vigoureux. Les pousses sont sélectionnées en fonction de leur vigueur et de leur orientation pour obtenir un buisson harmonieux. Un vieux lilas au jardin peut donc connaître une nouvelle vie. Et si cet arbuste n'est pas présent, pourquoi bouder cette générosité toujours disponible dans les jardineries et lors des foires aux plantes ? Des variétés sont bien adaptées aux jardins d'aujourd'hui.

Des plantes aquatiques vigoureuses

En mai, les végétaux aquatiques, qui ont une période de croissance plus courte que les plantes vivaces des parterres, se développent avec une vigueur impressionnante, prélevant par conséquent beaucoup de matières nutritives dans leur substrat. Lorsque du sable ou du gravier a été utilisé dans les cuvelles, il est normal que les plantes manquent de ressources. Si les plantes ne se développent pas avec la vigueur souhaitée, on attendra la fin du mois d'août, qui constitue le moment idéal pour procéder à la division et à la plantation dans un nouveau substrat. La matière parfaite est la vase biologique stabilisée.
Il s'agit de vase de fond d'étang qu'on a laissé sécher pendant quelque temps. Comme il n'est pas toujours aisé de s'en procurer dans les jardineries aquatiques, on peut se rabattre sur un terreau pour plantes de bassin ou sur la terre du jardin. L'eau toujours tiède permettra aux plantes de redévelopper leur enracinement avant l'hiver.

Une mare sans poissons

Certains jardiniers décident de ne pas accueillir de poissons dans la pièce d'eau. Pas seulement pour favoriser l'équilibre biologique et donc une eau claire. Ils veulent éviter la prédation de la vie sauvage se développant naturellement. En l'absence de poissons prédateurs, plusieurs espèces de tritons peuvent prospérer dans la pièce d'eau. Le triton alpestre au ventre orange vif, qui figure parmi les quatre espèces de tritons vivant en Belgique, colonise volontiers une mare créée au jardin.

Un beau jour, des têtards sont découverts dans l'eau. Comment sont-ils arrivés ? Naturellement. Des grenouilles ont colonisé la mare au départ d'une zone humide des alentours. Les pièces d'eau dans les jardins peuvent ainsi offrir à la faune aquatique des refuges qui lui permettent de se maintenir dans nos paysages. Et au plaisir de la contemplation, voici que s'ajoute la joie de contribuer à la conservation de la nature.

Mâle fougère

La majorité des fougères sont des plantes d'ombre, mais des espèces s'accommodent d'un peu de soleil, voire du plein soleil. Elles peuvent prendre place ici ou là au jardin, apportant une touche de spontanéité. Serait-ce parce que nous avons l'habitude de les voir parmi les rochers ou au pied des vieux murs ? Les fougères n'ont pas leur pareil pour accroître le caractère naturel d'un aménagement. Ce sentiment d'intégration dans le paysage sera d'autant plus fort si nous plantons des espèces appartenant à notre flore. La fougère mâle (*Dryopteris filix-mas*) figure parmi les plus robustes. Elle peut affronter le soleil et s'élever jusqu'à 1,2 m. Elle se plaît dans dans la plupart des situations, mais il faut veiller à bien l'arroser durant la première année afin de faciliter son installation.

Sous les cerisiers en fleurs

Au Japon, jour après jour, les journaux télévisés font le point sur l'avancement de la floraison des cerisiers ornementaux. Quand les parcs s'illuminent de nuées de corolles, les Japonais célèbrent le *hanami*. En famille ou entre collègues, ils passent des heures sur des couvertures à contempler les fleurs et à boire du saké. Chez nous aussi, que serait le printemps sans cette blancheur, présente dans les jardins durant de longs jours ? Si on dispose de suffisamment d'espace, l'idéal est de planter plusieurs variétés pour obtenir une longue floraison. Il existe en effet des cerisiers hâtifs et d'autres plus tardifs. Mais les jardins d'aujourd'hui sont de plus en plus étroits. Les regards se tournent donc vers des variétés qui demandent peu de place et se développent lentement. Et si on jardine dans une cour, sur une terrasse ou un balcon au cœur de la ville, il est parfaitement possible de vivre intensément le printemps grâce à un cerisier à fleurs en pot. Un bonsaï a le pouvoir de vous emmener en rêve au Japon.

Le rosier de mai

Normalement, un rosier est planté à racines nues entre le mois de novembre et le mois de mars. Plus économique, ce mode de plantation assure aussi une bonne reprise. Mais de plus en plus de rosiers sont maintenant achetés en pot et plantés en fleurs en mai ou en juin. Si un rosier fleuri nous permet d'apprécier son parfum ainsi que la forme et la couleur de la floraison, cette plante a besoin d'une plantation attentive pour bien s'installer au jardin.

À la plantation, la masse racinaire se limite au volume de la motte. Si la sécheresse s'installe et descend dans le sol, le rosier sera en difficulté, car la plante est en croissance et son feuillage transpire de l'humidité. Au retour de vacances en août, on peut retrouver le rosier mort.

Le sol ne devra pas manquer d'eau pour que la reprise soit effective. Pour limiter l'évaporation de l'humidité, nous pouvons étendre une couverture de sol. Des tontes de gazon, du broyat de branches taillées au jardin, des coques de cacao peuvent être utilisés, au même titre que les nouvelles matières apparues en jardinerie comme la paille de céréale hachée et pressée en granulés, sans oublier la paille de miscanthus ou de chanvre. Par contre, il faut s'abstenir de répandre des fragments d'écorce de pin. Cette matière libère des substances nocives auxquelles les rosiers sont particulièrement sensibles.

S'asseoir côte à côte

Un banc permanent au milieu du gazon. L'idée, tout en simplicité, permet de mettre en valeur les rondins d'un arbre abattu cet hiver au jardin. À défaut de troncs, il est aussi parfaitement possible d'utiliser des tuteurs vendus dans les jardineries. Imbibés d'ions métalliques, ils résisteront bien à la pourriture. Les bois sont enfoncés de manière à former une vague. Elle naît d'un côté et meurt de l'autre grâce aux hauteurs progressives des rondins. Cloués sur le sommet des bois en guise de dossier, des rameaux de noisetiers apportent une touche naturelle.

Les deux renfoncements de la vague deviennent chacun un siège grâce à un rempart de branches retenant de la terre. La touche la plus originale consiste à semer du gazon sur l'assise, mais gare aux matins de rosée : le fond du pantalon risque d'être rapidement mouillé. On peut donc préférer une simple planche de bois pour s'asseoir au milieu de la pelouse. Seul, on pourra choisir la face la plus ensoleillée. À deux, on pourra deviser côte à côte, chacun contemplant un côté différent du jardin.

Des annuelles en pleine terre

Traditionnellement, ce sont les tagètes, les petits bégonias, les salvias qui forment en pleine terre des bordures aux couleurs vives. Si ces plantes annuelles ont le grand avantage de fleurir jusqu'aux premières gelées, alors que beaucoup de vivaces faiblissent dès la mi-juillet, elles confèrent au jardin une image quelque peu démodée. Mais d'autres annuelles à l'allure plus spontanée peuvent se développer parmi les vivaces, les arbustes et les rosiers.

L'hélichrysum, avec ses variétés à feuillage vert, jaune ou argenté, rampe sur le sol, formant un tapis lumineux. Le surfinia est superbe en pleine terre. Cette plante exigeante en eau et en nourriture a besoin de beaucoup d'attention pour développer tout son potentiel dans une jardinière. Dans un parterre, son enracinement lui permet de ne plus être limitée par les apports d'eau et d'éléments nutritifs. Le surfinia peut alors développer une belle surface de floraisons. Les verveines de type 'Tapien' ou 'Temari' ont un port rampant propice à une culture en pleine terre. Ces plantes retombantes ont en effet la capacité d'émettre des racines le long des tiges en contact avec l'humidité du sol. Elles progresseront ainsi par bonds de tiges et pourront se répandre dans le parterre, allant se marier avec les autres floraisons.

Les astuces en plus

◇ En jardinerie ou lors d'une foire aux plantes, rechercher l'***Exochorda* × *macrantha*** 'The Bride' et **gare à la tentation** ! Les branches de cet arbuste se courbent tant elles sont chargées en mai de larges fleurs blanches. Couvrir le sol après la plantation et arroser régulièrement pour aider l'arbuste à bien affronter la sécheresse de son premier été au jardin.

◇ **Découvrir les boutures au vert** du *Philadelphus*, du *Weigela*, du *Syringa* ou de l'*Hydrangea*. Des pousses terminales tendres, longues de 5 à 10 cm, coupées sous un nœud avec une lame tranchante et débarrassées des feuilles à la base, s'enracinent en 10 semaines à l'étouffée, c'est-à-dire dans une atmosphère chaude et humide. Emballer le pot de bouturage dans un sac plastique translucide.

◇ Des **potées d'hortensias en fleurs** des fleuristes sont souvent offertes lors des fêtes familiales. Après la floraison, ces plantes, qui ont été forcées en serre, peuvent être récupérées pour le jardin. Couper les fleurs fanées au-dessus de deux beaux bourgeons. Après la plantation, arroser régulièrement au fil de l'été. Ces plantes peuvent avoir besoin de deux années pour retrouver une bonne croissance et refleurir.

◇ Vous ne disposez pas de matières végétales comme des branches broyées, de la paille ou des tontes de gazon pour **pailler le pied d'un arbuste nouvellement planté** ? Un grand carton d'emballage fait parfaitement l'affaire. Découper jusqu'au centre pour pouvoir entourer le tronc. Lester le carton avec quelques pierres pour éviter qu'il ne s'envole. Le carton va empêcher la pousse des herbes indésirables et maintenir le sol frais. Il va se décomposer progressivement, laissant apparaître une terre meuble.

◇ Au printemps apparaissent les **rejets des sumacs ou des lilas.** Avec la bêche, couper la racine qui a donné naissance à une nouvelle pousse. Il faut l'éliminer avant qu'elle ne prenne de l'ampleur.

◇ **Des fougères méritent de figurer parmi les plantes d'ombre.** Une forme originale de culture : dans de vieilles bûches. Outre l'aspect naturel et décoratif de l'ensemble, le bois en décomposition constitue un milieu qu'apprécient les fougères.

◇ Un **plant de ricin**, à dénicher en jardinerie parmi les plantes annuelles, apportera en fin d'été une belle **note exotique**. Culminant à au moins un mètre cinquante, la plante étale ses larges feuilles palmées tandis que les inflorescences rouge vif se voient de loin. Prudence, les fruits, qui peuvent attirer les jeunes enfants, sont toxiques.

◇ Fin mai, avec la cisaille, **rabattre** de moitié une partie des **phlox, échinacées, hélénies, sédums spectabile**. Les plantes vont se ramifier et fleurir un mois plus tard que leurs congénères, prolongeant ainsi la présence de couleurs dans les parterres.

◇ Lors des foires aux plantes, **découvrir** les multiples variétés de ***Geranium phaeum***. Cette plante aux petites fleurs à l'allure sauvage et au beau feuillage est facile à cultiver et se conserve très longtemps, car elles se ressèment.

◇ **Un vide dans une plate-bande ?** L'« œuf-sur-le-plat » (*Limnanthes douglasii*) est une annuelle pouvant être semée en pleine terre. Cette plante joyeuse offre du nectar aux insectes butineurs et peut se ressemer pour l'année prochaine.

◇ **Si des bulbes ont été plantés dans le gazon**, il faut absolument résister à la tentation de tondre leur feuillage. La tondeuse effectue des contournements. Il est nécessaire que les plantes terminent leur cycle végétatif pour réapparaître au printemps prochain et nous offrir de belles floraisons. Les zones hérissées doivent donc être tolérées dans la pelouse jusqu'au jaunissement complet des larges feuilles des bulbes. Après la tonte, comme l'herbe était haute, sa base qui a manqué de lumière forme une tache claire. Un peu de patience sera nécessaire pour retrouver un gazon uniforme. Avec le développement de l'usage des tondeuses robots, la plantation de bulbes dans le gazon va sans doute devenir une pratique plus marginale.

◇ Les **fleurs du camélia** sont robustes. On peut les déposer à la surface de l'eau dans un saladier ou une assiette. Les fleurs flotteront durant de longs jours, nous offrant leurs **couleurs sur la table du salon**.

◇ Pour que les **pivoines en vase** embellissent longtemps l'intérieur de la maison, il faut cueillir les fleurs lorsque les boutons floraux commencent à s'entrouvrir, laissant voir la couleur des pétales.

Le sourire des auricules

Issues d'une primevère des sols montagneux, les auricules ont été intensivement croisées pour former des floraisons de toute beauté. Ces floraisons printanières tout en finesse doivent beaucoup à la région liégeoise. Au XVIIIe siècle, les auricules étaient la spécialité des horticulteurs de la Cité ardente. Ils produisaient des centaines de variétés différentes que collectionnaient les jardiniers passionnés. Des producteurs liégeois partaient en tournée jusqu'à Paris pour présenter leurs auricules, considérées comme les reines des plantes en pot. Afin de mettre leurs couleurs en valeur, elles étaient disposées dans un petit théâtre avec un fond noir. On ouvrait le rideau sur le spectacle de la floraison. Quelque peu oubliées depuis la seconde moitié du XIXe siècle, les auricules sont de retour chez les pépiniéristes. Plantes fidèles que l'on peut garder durant de longues années, les auricules, à mettre en valeur sur la table de la terrasse lors de la floraison, méritent de figurer parmi toutes nos plantes célébrant le retour du printemps.

Pourquoi les auricules meurent-elles pendant l'hiver ? Si elles sont particulièrement résistantes à la sécheresse grâce à leur feuillage charnu, ces plantes ne supportent pas l'excès d'humidité pendant la mauvaise saison. Il faut placer les pots à l'abri des pluies.

Après quelques années, une auricule peut être divisée. La plante a donné naissance à des voisines. La touffe s'est élargie. Contrairement à beaucoup de vivaces dont la masse racinaire est divisée avec un couteau bien tranchant, une auricule est divisée à la main, car les systèmes racinaires des différents sujets peuvent être facilement séparés.

Dalles et fleurs

Une terrasse doit-elle absolument être une grande surface nue ? Les plantes en pot, de plus en plus nombreuses, permettent déjà une meilleure transition entre la maison et le jardin. Mais les terrasses peuvent aussi accueillir des végétaux en pleine terre. S'ils sont suffisamment larges et profonds, les joints entre les dalles ou les pavés peuvent recevoir un peu de terreau qui permettra des plantations ou des semis. Il est même possible d'enlever ici et là un pavé ou de découper un bout de dalle pour constituer une poche de culture.
De telles terrasses nature admise ont beaucoup de charme, car le jardin semble s'étendre jusqu'au seuil.

Quelles plantes choisir ? En ce moment, il est possible de semer directement des annuelles à faible développement supportant bien la sécheresse et l'ensoleillement, comme des soucis (*Calendula officinalis*), des cosmos nains, des pavots de Californie (*Eschscholzia californica*) ou cette plante encore peu connue dont chaque corolle ressemble à un œuf sur le plat (*Limnanthes douglasii*). Les cosmos, les soucis ou les pavots de Californie ont la particularité de se ressemer facilement. Ils peuvent réapparaître l'année prochaine avec une allure plus spontanée.

Marécage

Capable de développer des feuilles de deux mètres de diamètre, le *Gunnera manicata* ne pousse bien que dans les terrains gorgés d'humidité. Face au maigre développement de leur plante, des jardiniers ont trouvé une parade : ils cultivent la géante des marais dans un bassin. Une grande bassine en acier galvanisé à dénicher lors d'une brocante, un demi-tonneau de bois imperméabilisé avec une bâche pour mare, une cuvelle de maçon en plastique noir, une grande poterie émaillée sans trou de drainage font l'affaire.

Dans le terreau qu'il faudra maintenir gorgé d'eau, d'autres plantes peuvent apporter près de la maison l'ambiance si particulière des zones humides. Les iris (*Iris pseudacorus*) et les massettes (*Typha latifolia*) peuvent croître de concert. Une rhubarbe ornementale (*Rheum palmatum* 'Atrosanguineum') pourra faire écho au gunnera. Le choix est en fait immense : les baquets peuvent accueillir des joncs, des pétasites, des carex, des calthas, des callas, des astilbes, des rodgersias et encore d'autres végétaux des lieux marécageux.

Les cupheas, toujours fleuris !

Actuellement, dans les jardineries ou au marché, nous pouvons remarquer de petits buissons parmi les plantes annuelles. Leur feuillage vert brillant forme un joli contraste avec des fleurs rouges, longues de 2 à 3 cm, joliment effilées en minces trompettes. Ces plantes sont des cupheas (*Cuphea ignea*). Originaire d'Amérique centrale, le *Cuphea* est aussi appelé « fleur cigarette », car le fin tube de la corolle rouge porte à son extrémité une tache blanche qui fait penser à de la cendre.

Il faut cultiver le cuphea dans un pot, tout comme un lantana, une bougainvillée, un fuchsia… Il passera l'hiver en leur compagnie dans une pièce fraîche et claire, à l'abri du gel, la motte gardée légèrement humide. Après quelques années, la plante peut former un beau buisson dense, car les tiges se ramifient abondamment. Présentes en nombre de mai à octobre, les fleurs contribuent à l'abondance de couleurs sur la terrasse.

Des pélargoniums à frôler

Voici une idée toute simple pour la terrasse où nous aimons multiplier les plantes en pot. Parmi les potées, nous pouvons disposer des pélargoniums, mais pas les variétés vendues pour garnir les jardinières sur nos fenêtres et balcons. Il existe des pélargoniums à la floraison insignifiante. Ce sont leurs feuillages qui sont décoratifs. Non seulement les feuilles sont jolies avec de magnifiques marbrures, mais elles sont aussi odorantes. Il suffit de passer

la main sur le feuillage pour répandre des odeurs de citronnelle, de menthe, de pomme verte, de zestes d'agrumes ou de rose, en fonction des variétés. Ces pélargoniums ne sont pas des plantes d'une seule saison. Au mois de septembre, nous allons pouvoir les bouturer. Les jeunes plantes pourront passer l'hiver à l'abri du gel en compagnie des boutures de géraniums des balcons.

Les astuces en plus

◇ Posée sur un **appui de fenêtre**, une simple jardinière permet de cultiver un mélange de **salades à couper**. Avec une paire de ciseaux, on prélève la quantité nécessaire pour un repas en amoureux ou une soirée entre amis.

◇ **Rempoter** dans un pot un peu plus large **les arbustes** qui vivent **en pot** sur la terrasse. Leurs racines pourront ainsi développer un volume en harmonie avec la silhouette de la plante.

◇ Après les dernières gelées nocturnes, les **orchidées papillon** (*Phalaenopsis*) de nos intérieurs peuvent prendre place **au jardin**. Les placer à l'ombre d'un arbre, dans une zone protégée des grands vents. Ne pas oublier de les arroser au moins une fois par semaine. Les orchidées qui regagneront la maison en octobre auront bien profité de ce séjour estival.

Gare aux fragments

Pour ne pas multiplier indéfiniment les herbes indésirables qui se propagent de manière végétative, il ne faut jamais laisser de fragments après un binage ou un bêchage. Les rhizomes de chiendent, les longues racines pivotantes des rumex, les fragments de renoncule rampante peuvent rapidement reformer de nouvelles plantes. Quand la binette est de retour, les plantes ont déjà reconstitué leur végétation et leurs réserves nutritives. Le jardinier nettoie une fois de plus le sol et laisse à nouveau des fragments qui perpétueront ce cycle infernal. À cet égard, le pire outil est le motoculteur. Ses fraises fractionnent les herbes indésirables et les répartissent dans le sol… S'il peut abattre un sacré boulot en peu de temps, le motoculteur vous livre un terrain ne présentant qu'une apparence de propreté… Les jardiniers anglais ont une autre stratégie vis-à-vis des herbes indésirables. Plutôt que la binette, ils utilisent une petite fourche à main qui permet d'enlever les plantes avec leurs racines. Le travail est fastidieux, mais permet un nettoyage à long terme.

Marier le sec et l'humide

Que se passe-t-il quand nos pelouses reçoivent de la pluie alors qu'au mois de mai les températures sont douces ? L'herbe pousse. Sauf dans les jardins équipés d'un robot, la ronde des tondeuses à moteur a retrouvé son rythme hebdomadaire. Que faire de l'herbe coupée ? Le meilleur usage est de l'étendre le long des lignes de légumes au potager et au pied des arbustes, des rosiers et entre les vivaces dans les parterres. Mais souvent, l'herbe est vidée dans un coin du jardin. Pour transformer en humus ces tontes de gazon, former un grand tas ne suffit pas. Très riche en eau, l'herbe coupée fermente rapidement, en produisant une chaleur élevée. Le tassement des déchets aidant, l'air ne circule plus et la fermentation évolue mal. L'ensemble produisant des odeurs désagréables. Les apports d'herbe tondue sur le tas de compost ou dans le silo doivent être effectués en couches minces, en alternance avec des éléments secs comme des feuilles mortes ou des copeaux de branches taillées au jardin et hachées dans un broyeur. À défaut, on peut employer de la paille. Tous ces déchets doivent être accumulés à l'avance pour faire face aux brouettes d'herbe récoltées chaque semaine. Cette alternance permet de conserver une présence d'air. La décomposition s'effectue alors harmonieusement.

Humus grainier

Certains jardiniers ne placent pas directement les herbes indésirables arrachées au jardin sur leur tas de compost. Ils les jettent dans un baquet rempli d'eau où elles se transforment en purin. Pourquoi écarter ces plantes ? Parce que les herbes indésirables sont souvent en graines. Certaines qui sont en fleurs ont la capacité d'encore mûrir leurs semences après avoir été arrachées. Même si le tas de compost s'échauffe, toutes ces graines ne sont pas détruites par la chaleur. Des semences de laiteron peuvent ainsi être semées sur le potager chaque fois qu'il reçoit une pelletée de compost en guise d'amendement. Quand les indésirables en purin rejoignent le tas de déchets verts, leurs graines ont été détruites. Le compost n'est pas infecté.

L'ortie, la plante énergétique

Herbe indésirable au jardin, l'ortie a pourtant des qualités. Au point que des jardiniers la tolèrent dans un recoin afin de bénéficier de ses propriétés. En jardinage biologique, le purin d'ortie est largement utilisé en tant que stimulant de croissance pour les légumes car c'est un véritable engrais « coup de fouet ». La recette est simple : des orties sont cueillies, placées dans un récipient non métallique où de l'eau est ajoutée selon un facteur 10. Pour 10 kg d'orties, nous avons donc besoin d'un récipient de 100 l. Une macération est mise en place avec mélange régulier. Après quinze jours, le purin est prêt. Il faut le filtrer avant utilisation. Pour l'arrosage, on le dilue à 10 %. L'inconvénient, c'est l'odeur. Le purin d'orties sent mauvais. Sa fabrication n'est pas agréable, surtout dans les petits jardins où le baquet ne peut pas être éloigné bien loin.

Pour la préparation du purin, les orties qui sont montées en graines, comme celle-ci, sont à éviter. Il faut préférer des plantes plus jeunes. Que faire de la masse végétale en décomposition après la filtration ? La placer sur le tas de compost, tout simplement. Pour éviter la filtration, il est possible de placer la masse d'orties dans un sac en matière synthétique à larges mailles, comme celui employé pour le transport des pommes de terre. Il suffira de retirer le sac du purin.

L'autre usage du tuyau d'arrosage

Ce printemps, nous pouvons créer un nouveau parterre ou une pièce d'eau au sein de la pelouse. Comment dessiner sa forme ? Nous pouvons tout simplement utiliser le tuyau d'arrosage. Il est déposé sur le sol pour déterminer la surface de la plate-bande ou de la mare. La flexibilité du tuyau permet de former des courbes harmonieuses bien plus facilement qu'avec de la ficelle. Une fois la forme établie, il suffit d'enlever le gazon au sein du périmètre dessiné par le tuyau.

Pour la facilité de notre travail de tonte, ne dessinons pas des courbes trop serrées qui nous obligeront à manœuvrer la tondeuse. Des courbes plus larges pourront plus aisément être longées lors de la tonte.

Les plantes momies

Comment transporter un arbuste volumineux déniché lors d'une foire aux plantes ?

Un rouleau de film alimentaire servant à emballer les plats à la cuisine peut se révéler bien utile. Les branches sont serrées dans le film enroulé autour de la plante. Un buisson peut ainsi être réduit à un fin fuseau. Emballées de cette manière, les plantes prennent non seulement moins de place, mais elles peuvent surtout être embarquées sans risque de bris de tiges. Les coups de cœur des jardiniers ne tiennent souvent pas compte de la place disponible dans la voiture…

Faut-il acheter des arbustes de grand volume ? S'ils permettent d'assurer directement une belle présence, ils ont l'inconvénient d'avoir séjourné longtemps en conteneur et de présenter probablement une motte en chignon où les racines tournantes ont acquis un gros diamètre. Des arbustes de petite taille sont beaucoup moins chers, peuvent effectuer un enracinement plus dynamique et offrir une croissance vigoureuse permettant d'obtenir en quelques années le volume souhaité.

Courber les bambous

À votre avis, est-il possible de courber un tuteur en bambou afin de former un arceau ? Dès qu'on le plie, le bambou résiste puis se brise net. Mais il est néanmoins possible de le courber grâce à une lampe à souder. La flamme doit toujours être en mouvement le long du tuteur pour ne pas brûler le bambou et le noircir. Bien vite, le bambou atteint une température élevée dans sa masse et c'est alors que le bois ne résiste plus à la torsion. Il se ramollit et se courbe progressivement. Ces arceaux de bambous qui, une fois refroidis, garderont leur courbure pourront constituer de jolies bordures le long de nos parterres.

Laissons faire !

C'est une nouvelle tendance. Plutôt que de créer un jardin en plantant vivaces, arbustes et rosiers selon un schéma établi, puis en éliminant les plantes indésirables qui apparaissent entre ces emplacements définitifs, on peut également obtenir de superbes floraisons au départ de plantes qui se ressèment toutes seules. Voilà une démarche économique puisque ce sont des graines qui sont utilisées. Le résultat est rapide avec des corolles dès le premier été. Ensuite, le jardin évolue. Les plantes se déplacent et apparaissent ici ou là. Année après année, le jardin offre un visage différent.

Quelques plantes voyageuses pour commencer : la nigelle de Damas, la bourrache, le pavot de Californie, la coquelourde, le salsifis sauvage, la cardère, la verveine de Buenos Aires…

Les astuces en plus

◇ Il est aisé de repérer **les plants à repiquer qui doivent être arrosés** sans tarder : le terreau est devenu brun pâle. Le terreau est presque noir quand il est mouillé.

◇ Attention aux **petites blessures** provoquées par les aiguillons d'un rosier ou les épines d'un berbéris. Des cas de **tétanos** sont toujours possibles. Tout jardinier doit être en ordre de vaccination.

Dans l'aube, pendue au cytise,
Luisait une si fine toile
Tissée par une araignée grise
Que la nuit, qui s'y était prise,
Y avait laissé des étoiles.

DANS L'AUBE

6 JUIN

LES JOURS S'ALLONGENT DE

00 h 25

jusqu'au 21 juin

LES JOURS RACCOURCISSENT DE

00 h 05

après le 21 juin

◇ ROSE
Rosa
Floraison : mai à septembre

POUR BIEN COMMENCER LE MOIS…

Accueillir des roses trémières

Dans les jardins de curé ou de grand-mère, parmi toutes les plantes à la culture simple et aux floraisons généreuses, la rose trémière occupait toujours une place de choix. Ses longues hampes florales se postaient en sentinelles le long des allées ou des murs écrasés de soleil. Plante incontournable du jardin de cottage, la rose trémière fait actuellement un grand retour, apportant à nouveau dans nos jardins cette touche rustique tout en simplicité.

Des roses trémières sont actuellement en vente dans les foires aux plantes. Il faut les installer en plein soleil, dans un sol riche et bien drainé, idéalement contre un mur qui les protégera des vents dominants. Bien que vivace, la rose trémière peut aussi être cultivée comme une plante bisannuelle. Les graines sont semées en été dans un terreau tamisé et allégé de sable du Rhin.
Les plantules sont repiquées dans des pots, puis mises en place en septembre dans les parterres. Si la terre argileuse est gorgée d'eau durant l'hiver, la plantation pourra attendre le printemps.
Les premières fleurs s'épanouiront en juillet. Cette culture à partir de graines permet d'obtenir des roses trémières particulièrement vigoureuses, alors que les sujets cultivés comme des vivaces ont tendance à dégénérer après quelques années.

Éliminer les vieux groseilliers à maquereau

À cette époque, bien des jardiniers appréciant la tarte aux groseilles à maquereau sont déçus de constater que leurs fruits sont abîmés par des taches brunes. Le responsable de ces dégâts est un champignon, *Sphaerotheca mors-uvae*, qui provoque un oïdium ressemblant à celui qui apparaît sur les rosiers. Un duvet blanchâtre gagne les feuilles, les tiges et les fruits. Sur les groseilles, l'oïdium provoque de profondes taches brunes. Souvent, les fruits ne mûrissent pas. Cette maladie particulièrement répandue est favorisée par une ambiance humide.

Il faudrait donc enlever l'herbe poussant sous les arbustes, les tailler en hiver pour leur donner une forme aérée et aussi favoriser la circulation de l'air. Des arbustes serrés les uns contre les autres sont en effet beaucoup plus facilement attaqués. Mais malgré l'amélioration du microclimat, malgré une pulvérisation préventive d'un fongicide à base de cuivre effectuée régulièrement sur les branches et le tronc, les symptômes de la maladie peuvent survenir. Le plus simple est alors de remplacer les anciens arbustes particulièrement sensibles par de nouvelles variétés sélectionnées pour leur résistance : 'Pax' ou 'Hinnonmäki' (jaune ou rouge).

Sous cage

Les fraisiers et arbustes à petits fruits du jardin deviennent souvent le garde-manger des merles, pies et étourneaux. En Angleterre, où les paysages bocagers favorisent une large présence d'oiseaux, les récoltes sont protégées par des enclos grillagés, une solution de plus en plus adoptée chez nous. Ces cages, mises en place chaque été, n'ont pas le désavantage d'être meurtrières comme les filets qui peuvent piéger les hérissons.

La fraîcheur des concombres

Si nous n'avons pas eu l'occasion de semer des concombres en mai, des plants sont disponibles au marché ou dans les jardineries. Ce sont des hybrides F1 vigoureux qui développent rapidement leur végétation, avec aussi la particularité de se reproduire par parthénogenèse : les fleurs femelles se transforment directement en fruits sans qu'il soit nécessaire de disposer de fleurs mâles à proximité. Après le plaisir de la culture en suivant les conseils du mois de mai, vient celui de la dégustation. Sans soucis pour les régimes : le concombre contient 98 % d'eau et ne fournit que 10 calories aux 100 grammes.

Second semis de courgettes

Comme la courgette ne produit pas ses fruits pendant une longue période, nous pouvons prévoir une seconde culture. Jusqu'à la mi-juillet, des courgettes peuvent être semées pour prendre le relais des plants mis en place en mai ou au début de ce mois-ci. Avec cette seconde fournée, la récolte sera possible jusqu'en octobre, en fonction des conditions météorologiques. Quels sont les avantages d'une culture en deux étapes ? Nous pouvons récolter notre provision en occupant moins de place au potager, la seconde culture de courgettes pouvant s'installer dans une zone libérée par une culture hâtive, comme les petits pois. Par ailleurs, comme ce sont les courgettes se développant en dehors d'une période pluvieuse qui se conservent le mieux, nous aurons davantage de possibilités pour choisir les fruits qui nous accompagneront durant l'hiver.

Planter de la menthe

La menthe est un peu le docteur Jekyll et le Mister Hyde du jardin. On l'aime pour son arôme. On la redoute pour son caractère colonisateur. Un jeune plant de menthe présente déjà des rejets qui partent s'enraciner plus loin. Même des tailles sévères ne freinent pas la menthe qui forme vite une large touffe.

Mais pourquoi ne pas jouer la carte de la nature ? Si la menthe s'élargit, laissons-la s'étendre le long d'une allée, elle répandra son arôme chaque fois que nous la frôlerons au passage. Laissons-la fleurir, elle attirera quantité d'insectes. Laissons-la gagner le pied des rosiers, elle contribuera à les protéger des maladies. Et quand la menthe arrivera là où nous ne voulons pas qu'elle s'installe, la bêche arrêtera son expansion.

L'été des haricots

En juin, le sol est bien réchauffé. Voici donc le temps de semer des haricots au potager, en bordure d'une plate-bande fleurie et même dans un pot sur le balcon. Rien ne semble plus banal qu'un haricot nain, mais voilà pourtant un légume qui ne cesse d'être amélioré. Les fils des haricots princesses cueillis un peu trop tardivement appartiennent au passé. Les variétés d'aujourd'hui produisent des gousses extra-fines, longues, charnues, sans fil ni parchemin. Toutes ces améliorations concernent surtout la production agricole. Aussi, il faut être prudent lors de notre choix de la variété à semer. Si le paquet de graines porte fièrement la mention « Idéal pour la congélation », cela veut en fait dire que toutes les gousses sont mûres en même temps pour une récolte unique, effectuée dans les champs avec une machine. Mieux vaut choisir une variété à cueillettes successives pour ne pas transformer la récolte en une abominable corvée ou tout rater parce qu'on a pris deux semaines de vacances.

Comment obtenir de belles carottes ?

En Angleterre, sont organisés des concours de longueur pour de carottes et de panais. Les plantes sont semées dans des tuyaux remplis d'un mélange de sable et de terreau, maintenus verticalement dans des tonneaux. Dans ce substrat qui n'oppose aucune résistance à l'allongement des racines, il est aisé d'obtenir des carottes de plus d'1 m. Le record à battre : 6,25 m.

Durant le mois qui suit la germination, la radicelle pivotante née de la graine se développe verticalement dans la terre et atteint pratiquement la longueur qui sera celle de la future racine. Il est donc important que le sol soit parfaitement ameubli en profondeur. Durant le second mois, la carotte forme son feuillage. Il faut éclaircir le rang de manière à ne garder finalement qu'une carotte tous les 5 cm pour les variétés hâtives, tous les 8 cm pour les variétés d'hiver de conservation. À partir du troisième mois, la carotte élargit sa racine : il faut donc impérativement maintenir les plantes bien actives par un binage régulier qui maintient l'humidité du sol, voire par un arrosage si la sécheresse s'installe au potager.

Une délicieuse assiette fleurie

De plus en plus de restaurateurs agrémentent leurs plats avec des fleurs de capucines. Mais la méfiance du consommateur est telle que l'on retrouve souvent ces corolles sur le bord de l'assiette à la fin du repas. Il ne s'agit pourtant pas d'une simple décoration. Ces fleurs peuvent être mangées sans la moindre appréhension. Par ailleurs, les beignets de fleurs de courges sont de vrais délices. Il en est de même pour les beignets de fleurs d'hémérocalles.

Le souci (*Calendula officinalis*) est une plante incontournable des potagers fleuris et des jardins de curé. Voici une recette à essayer sans tarder. Faites fondre du beurre et ajoutez-y des pétales de soucis. Rapidement, le beurre fondu va prendre une surprenante teinte orangée. Il ne reste plus qu'à filtrer le beurre pour éliminer les restes de pétales et à le laisser durcir. Des tranches de pain avec du beurre orange et une garniture de tomates feront sensation.
Bon appétit !

Les astuces en plus

◇ **Pour une première récolte de pommes de terre hâtives**, arracher quelques plants quand la floraison débute. Quel délice, ces petits tubercules primeur !

◇ **Si un plant de melon grimpe verticalement** dans la serre, soutenir les fruits dans des filets formant des hamacs pour éviter que la végétation ne s'effondre sous leur poids.

◇ **Ne pas attendre que le feuillage de l'ail soit desséché** pour entamer la consommation. Les caïeux récoltés précocement sont juteux et leur saveur douce se prête plus aisément aux recettes crues.

◇ **Les kiwis de votre actinidia sont trop petits ?** Dès que les fruits se forment, supprimez une partie des kiwis. Cet éclaircissage va favoriser le grossissement des kiwis restant en place.

◇ Ne pas oublier de **semer des laitues** pour assurer de nouvelles récoltes après la consommation des salades repiquées en mai. **Attention à la chaleur.** En été, les graines germent mal au-dessus de 20 °C. Placer la terrine de semis au frais et non dans la serre.

◇ Nous pouvons **semer les premières scaroles**, ces chicorées frisées qui agrémenteront les salades durant l'arrière-saison. Ne pas repiquer. Semer en ligne en pleine terre et éclaircir à 30 cm.

◇ **Au potager, essayer les haricots secs.** On laisse sécher les gousses qu'on écosse. Cuisiner les grains dans les soupes minestrone, dans un cassoulet, dans les recettes mexicaines. Des variétés intéressantes : 'Borlotto Lingua de Fuoco', 'Orga' (noir et blanc Yin Yang), 'Kenearly'.

◇ **Gare aux doryphores dans les pommes de terre.** S'ils apparaissent, inspecter chaque jour le feuillage pour détruire les larves et les adultes. On les écrase en portant des gants.

◇ **Marre des pommes véreuses ?** La méthode de jadis est toujours aussi fastidieuse, mais très efficace. On protège le fruit dans un sachet en papier maintenu par un élastique. Le carpocapse, le papillon de nuit responsable de ces ravages, ne pourra pas pondre ses œufs sur les fruits.

LE JARDIN **ornemental**

Attention à la berce qui brûle

Le berce du Caucase est une géante. Elle peut atteindre cinq mètres de haut et porter des feuilles larges de trois mètres. On peut donc comprendre pourquoi des jardiniers sont sous le charme de ce végétal à la silhouette de sculpture. Mais la berce figure sur la liste noire des plantes dangereuses pour la biodiversité. Bien vite, grâce à l'abondance de ses graines, la plante est capable de couvrir un large territoire, bouleversant son équilibre naturel.

De plus, cette plante blesse. Prudence lors du nettoyage des parterres. Quand la peau transpire, il suffit de frôler le feuillage pour être gravement brûlé. La plante contient une substance qui rend la peau photosensible : les rayons ultraviolets du soleil provoquent alors de larges cloques. Comme le contact avec la plante est indolore et comme les cloques n'apparaissent pas immédiatement, un jardinier peut poursuivre son travail durant un long moment à proximité de la berce et amplifier ses brûlures.

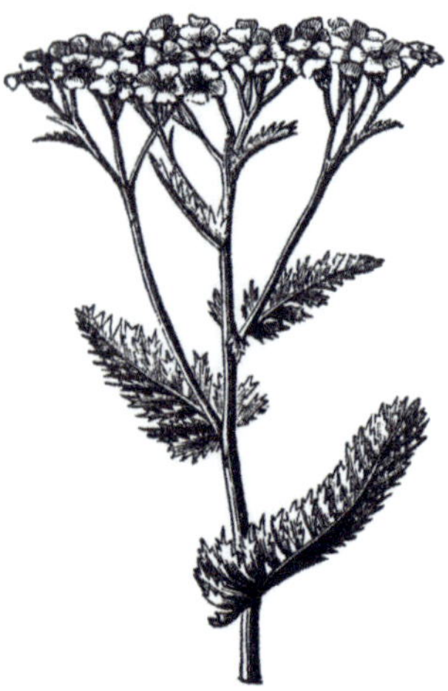

Jaunes et ors

Quand la météo multiplie sur ses cartes les gros nuages, le jardin peut avoir quelque difficulté à exprimer toute la splendeur des floraisons de l'été. Voilà pourquoi certains jardiniers n'aiment pas les gazanias, les osteospermums ou les ficoïdes : toutes ces plantes ne daignent s'ouvrir que lorsque le soleil paraît, accentuant l'impression d'un manque de chatoiement quand le ciel reste couvert. Aussi, en prévision des périodes durant lesquelles le soleil nous boude, nous pouvons planter des vivaces à fleurs jaunes ou orange qui ne manqueront pas d'éclairer les massifs. L'*Achillea* 'Terracotta' mérite vraiment d'être accueillie au jardin. De juin à août, ses inflorescences aplaties sont d'un magnifique jaune-or. La plante ne passe jamais inaperçue dans les parterres où elle peut former de superbes combinaisons en compagnie de vivaces à floraison bleue comme des sauges. Supportant bien le plein soleil et la sécheresse, cette achillée a encore une qualité : séchées la tête en bas, ses hampes florales gardent leurs couleurs pour égayer des bouquets secs.

Des gourmands sur mon rosier ?

Un rosier est greffé. La variété qui a reçu un nom se développe sur l'enracinement d'un églantier sélectionné pour cet usage. L'inconvénient de ce mode de production est l'apparition de gourmands. Ces tiges apparaissant au pied du rosier sont produites par des bourgeons qui se sont réveillés sur le porte-greffe. Profitant en première ligne de la montée de la sève depuis les racines, ces gourmands se développent rapidement. Lorsqu'on remarque leur présence, ils ont souvent déjà atteint une belle taille. Généralement, un gourmand est tout de suite reconnu, car la différence est nette par rapport aux tiges du rosier : couleur du rameau, forme et nombre des épines… Parfois, on hésite. Comparer le nombre des folioles des feuilles n'est pas une bonne astuce. Il faut dégager le pied du rosier. La tige naît sous la greffe ? Elle est coupée à son point de départ. Si on laisse la base du gourmand, de nouvelles pousses pourraient apparaître sur ce chicot.

Fascinantes fasciations

Quel n'est pas notre étonnement quand nous découvrons ce phénomène pour la première fois ! Des plantes forment des protubérances qui donnent l'impression que plusieurs tiges ont fusionné et se sont étendues en largeur. Cette prolifération cellulaire, qui peut se produire sur beaucoup de plantes, est due à un dégât du gel, à une piqûre d'insecte, à l'attaque d'une bactérie ou à une mutation génétique. Quand l'origine est génétique, le caractère est multiplié par les horticulteurs en tant que curiosité. Un conifère à fasciation est disponible en jardinerie : le *Cryptomeria japonica* 'Cristata'. Une vivace rencontre aussi beaucoup de succès pour ce caractère insolite : la *Veronicastrum virginicum* 'Fascination'. Les fleurs qui se développent en curieux éventails ne passent pas inaperçues dans un parterre.

Tresser la haie

Pendant les mois de mai et de juin, les arbustes des haies de charme et de hêtre peuvent produire de longues pousses. Des rameaux de cinquante centimètres ne sont pas rares. Si la haie présente des trous, ces rameaux longs et tendres peuvent nous permettre d'améliorer sa densité. Nous pouvons faufiler ces branches dans la masse pour combler les vides. Dès la fin de l'été, ces pousses vertes se lignifieront et conserveront la position qui leur a été donnée. L'année prochaine, le développement des pousses latérales densifiera davantage les arbustes. La zone qui semblait dénudée sera bien verte.

Tomber sous le charme des roses

Envie de nouveaux rosiers ? En ce moment, les roseraies sont en pleine floraison. Voici le moment idéal pour s'en aller apprécier les hauteurs des plantes, leurs volumes, les formes, les nuances de couleurs et les parfums de leurs fleurs. Nous pourrons ainsi dresser la liste de nos coups de cœur à commander à racines nues pour cet hiver car, idéalement, un rosier est planté entre le mois de novembre et le mois de mars.

Les dahlias prennent leur revanche

Les jardiniers n'aimaient plus leurs floraisons joyeuses dans les jardins de grand-mère. Mais après vingt années au purgatoire des modes végétales, les dahlias font un grand retour. Tout simplement parce qu'il n'existe pas beaucoup de plantes capables de fleurir abondamment du mois de juillet jusqu'aux premières gelées. Les dahlias retrouvent une place de choix dans les parterres et c'est maintenant qu'il faut se laisser séduire.

Il est trop tard pour planter les tubercules vendus ce printemps dans les jardineries. Mais des horticulteurs ont la bonne idée de développer en pots un large choix de variétés déclinant une diversité de formes de fleurs (simples, doubles, en cactus, en pompon) et de couleurs. Installées dans un parterre ou dans la zone des fleurs à couper du potager, ces plantes se développeront comme si nous avions planté nous-mêmes les tubercules. Quand une première gelée nocturne aura détruit le feuillage du dahlia, les tubercules seront déterrés et abrités à l'écart du gel pour la replantation du mois de mai prochain.

Une clématite se fane brutalement ?

Apparemment bien portante et en pleine floraison, une clématite peut se dessécher brutalement, du haut vers le bas, comme si la plante manquait totalement d'eau. Le responsable de ce dépérissement est un champignon, *Ascochyta clematidina*. Il bouche les canaux de sève dans les premiers centimètres de la tige, juste au-dessus du sol. Ce problème se rencontre surtout dans les terrains au sol lourd où l'humidité excessive favorise le développement

du champignon. Dès que le phénomène est constaté, les tiges touchées doivent immédiatement être coupées au ras du sol et éliminées via la poubelle. Le sécateur est ensuite désinfecté. Les nouvelles pousses de la clématite devraient être saines.

Si la maladie sévit toujours au jardin, le plus simple est de remplacer les clématites à grandes fleurs par des clématites viticella qui ne sont pas touchées. Elles ne manquent pas de charme et les variétés disponibles sont nombreuses.

Bouturer la clématite à petites fleurs

En ce moment, nous pouvons bouturer une clématite. Nous avons besoin d'un tronçon de tige comportant deux feuilles à son sommet. À l'aisselle de ces feuilles doivent se trouver des bourgeons bien formés. C'est essentiel : ces bourgeons ne peuvent pas être débourrés. Une des deux feuilles est supprimée. Sur la feuille qui reste en place, on coupe la moitié de la surface des folioles avec une paire de ciseaux, de manière à réduire encore l'évaporation de l'eau contenue dans la bouture. La bouture est piquée dans du terreau allégé par du sable du Rhin. Les bourgeons qui vont donner naissance aux racines doivent affleurer à la surface du substrat. Le bouturage est effectué à l'étouffée : un sac en plastique est placé au-dessus du pot pour garder la chaleur et l'humidité. Pour éviter les surchauffes, le pot n'est pas placé au soleil. Le sac en plastique sera enlevé de temps à autre pour aérer la bouture et ainsi éviter la pourriture. Dans quelques semaines, la bouture devrait être enracinée.

La plante des Cheyennes

D'abord introduite dans le carré des aromatiques par les passionnés de légumes rares et curieux, l'agastache (*Agastache foeniculum*) est de plus en plus plantée parmi les vivaces des parterres. Elle fait merveille dans les prés sauvages comme les compose le paysagiste néerlandais Piet Oudolf. Cette plante, répandue en Amérique du Nord, était l'amie des Indiens des plaines. Les Cheyennes utilisaient l'agastache en infusion contre la toux et les refroidissements. Les feuilles peuvent aussi servir à la préparation d'un thé glacé particulièrement rafraîchissant. Des jardiniers les infusent dans du vin blanc ou rosé pour confectionner un apéritif d'été à servir bien frais. Le feuillage de l'agastache peut aussi agrémenter d'une petite pointe anisée les salades, parfumer une macédoine de fruits, un plat de riz, voire une sauce pour une viande de porc.

Si l'avant-saison est douce et ensoleillée, la floraison débute vers la fin mai pour se poursuivre jusqu'à l'automne. Les fleurs, en épis longs d'une dizaine de centimètres, sont d'un bleu violacé lumineux et attirent les abeilles. Quand l'hiver arrive, les tiges sèches restent décoratives tandis que les oiseaux viennent se nourrir des semences.

Cette plante apprécie les emplacements ensoleillés, mais pas les endroits brûlants où le feuillage risque de se flétrir. Bien que supportant la sécheresse, l'agastache est bien plus belle lorsque la terre reste fraîche. Une couverture du sol conservera l'humidité plus longtemps si la canicule s'installe. D'une bonne rusticité, la plante peut braver les gelées à la condition stricte que le sol ne soit pas constamment détrempé. L'agastache doit être considérée comme étant une vivace de courte durée de vie. Elle prospère durant deux ou trois ans avant de dépérir naturellement. Il faut donc renouveler la touffe via un semis. La nature s'en charge très bien : de jeunes agastaches peuvent apparaître dans le parterre.

Les fleurs de la mare

La floraison des nénuphars est présente durant tout l'été et se poursuit tard en automne. Ces plantes indispensables dans une pièce d'eau présentent une grande diversité. Deux facteurs doivent guider notre choix. La taille de la plante doit correspondre au volume de la pièce d'eau. Il existe des nénuphars géants, des variétés naines et des nénuphars de taille moyenne. Ensuite, il faut choisir la couleur des fleurs, le bleu n'existant que chez les espèces tropicales. Pour la teinte rose, le choix est vaste, du presque blanc au rose foncé. Certains nénuphars possèdent un feuillage intéressant doté de taches brunes. Un conseil : il faut éviter d'acheter des nénuphars dans de petits pots. Ces jeunes plantes doivent encore se développer. Il faudra peut-être trois ans avant de voir s'ouvrir la première fleur. Une plante dans un pot plus large coûtera quelques euros de plus mais, installée ce printemps dans la mare, elle fleurira sans doute pour la première fois cet été.

Les astuces en plus

◇ Lors d'une foire aux plantes, vous avez été séduit par un **céanothe** ? Il faut savoir que le lilas de Californie, aux magnifiques inflorescences bleues, n'est **pas parfaitement rustique dans le nord de la France et en Belgique**. Une variété plus résistante est 'Gloire de Versailles'. Pour lui donner les meilleures chances, la planter dans un sol bien drainé, en plein soleil, à l'abri des vents froids.

◇ **Dans un jardin en forte pente, ne pas tondre le gazon dans le sens du terrain.** Si vous glissez en remontant, la tondeuse risque de reculer sur vous. Tondre dans le sens perpendiculaire à la pente.

◇ **Des boutons de roses ou de pivoines restent fermés et pourrissent ?** Ce phénomène, qui se produit surtout sur les variétés à fleurs doubles, est dû à une période de pluies intenses suivie par un soleil ardent. Les fleurs qui se développent par la suite ne sont pas affectées.

◇ **Vous avez été séduit par un salvia arbustif ?** La variété 'Hot Lips' est de toute beauté. Effectuer un bouturage en prélevant des tronçons de tiges qui n'ont pas encore fleuri. Longueur de la bouture : 10 cm. Ces jeunes plantes à hiverner à l'abri du gel seront une garantie contre la perte de la sauge mère, qui est gélive, et constitueront des sujets vigoureux pour l'année prochaine.

◇ **Pour une floraison généreuse**, il est indispensable d'**apporter un engrais** riche en potasse (élément K) **aux annuelles des jardinières.** Le terreau, même enrichi d'engrais dans les formulations pour pélargoniums, ne peut nourrir à long terme tant de plantes rassemblées dans un si petit volume pour les racines. Par rapport aux engrais organiques ou aux petites billes d'engrais à libération lente, les plus beaux résultats sont obtenus avec un engrais ajouté dans l'eau d'arrosage.

◇ Les formulations liquides à doser en remplissant le volume formé par le bouchon du bidon ne sont pas les plus économiques ni les plus écologiques. Les récipients en plastique, qui deviennent un déchet, contiennent une part d'eau. Ce poids a été transporté inutilement puisque de l'eau est disponible à la maison. L'idéal est donc de **préférer un engrais en poudre à diluer** soi-même dans l'arrosoir. Une boîte d'un tel engrais servira durant plusieurs années.

◇ **Vous aimez les petits œillets ?** Voici le moment de les bouturer. On utilise le sommet d'une tige, environ 10 cm, en coupant sous un nœud.

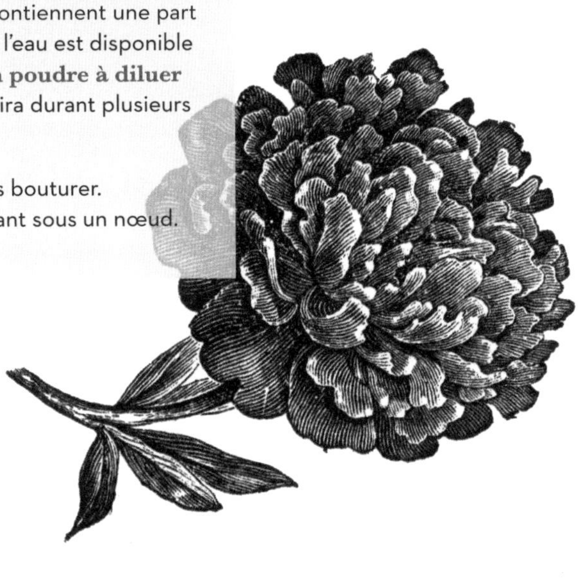

Un laurier-rose pour la terrasse

Les lauriers-roses (*Nerium oleander*) sont maintenant disponibles en fleurs dans les jardineries. Voici donc le moment idéal pour choisir un nouvel arbuste qui contribuera à créer sur la terrasse une atmosphère du Midi tout en se conservant facilement durant l'hiver à l'intérieur de la maison. Contrairement à ce que le nom de la plante laisse penser, les fleurs ne sont pas toujours roses. Il existe des variétés à floraison blanche, d'autres à fleurs rouge foncé avec, entre ces extrêmes, toutes les nuances de rose. Il existe même des variétés rouge-orangé et d'autres jaunes.

Comment bien arroser le laurier-rose durant la belle saison ? Il faut toujours se souvenir qu'il s'agit d'une plante méditerranéenne aimant les alternances d'humidité. La motte n'est généreusement mouillée que lorsque le terreau a séché sur quelques centimètres en surface. Un engrais liquide pour plantes fleuries apporté via l'eau d'arrosage soutiendra la générosité de la floraison.

Panier à poulies

Pour pendre un panier d'annuelles le long d'un mur, de petites potences en fer forgé sont disponibles dans les jardineries. Elles doivent être fixées solidement avec de bonnes chevilles, car un panier en plein développement peut peser plus de dix kilos. Pour pouvoir accéder au panier suspendu sans devoir sans cesse poser une échelle contre le mur, nous pouvons utiliser des poulies pour monter et descendre le panier au bout d'une corde. La matière idéale pour la corde : du nylon qui résistera aux intempéries et aux frictions. Pour enlever les fleurs fanées et l'arrosage, le panier peut être descendu à la hauteur des mains. Après quoi, comme on hisse la voile d'un bateau, il reprend sa position pour se balancer au gré du vent.

Le piège du Tibouchina

En ce moment dans les jardineries, un arbuste peut attirer notre regard. Originaire du Brésil, le *Tibouchina urvilleana* présente un joli feuillage duveteux, mais c'est sa floraison qui nous séduit. Les larges fleurs sont d'un bleu intense tandis que les étamines crochues ne passent pas inaperçues. Le *Tibouchina* a tout pour plaire, mais l'étiquette ne nous dit pas que cette plante risque de terminer rapidement sa vie sur le tas de compost tant elle s'avère exigeante. Gare aux terrasses inondées de soleil et au vent sec ! Le *Tibouchina* a besoin d'une hygrométrie élevée. En été, il faut poser le pot à l'ombre sur un lit de billes d'argile mouillées afin de créer un microclimat humide autour des feuilles. En hiver, il faut garder la plante à la lumière et à une température comprise entre 5 et 10 °C. Le secteur horticole considère de plus en plus les végétaux comme des produits de consommation rapide, mais personne n'a envie de cultiver de la déception garantie !

Chaud et froid

Le cymbidium, l'orchidée qui fournit les fleurs coupées vendues par les fleuristes, connaît un succès croissant. Hélas, alors que la plante est joliment fleurie lors de l'achat, elle ne produit souvent plus la moindre floraison dans nos intérieurs. C'est normal. Pour fleurir, cette orchidée a besoin d'alternances de températures. L'astuce consiste à placer le cymbidium au jardin durant l'été, de début juin à fin septembre. Il faut lui choisir un emplacement ombragé. L'alternance des températures entre les jours chauds et les nuits plus fraîches induit la floraison. De cette manière, on obtient chaque année de belles fleurs.

Chute de plantes

Des milliers et des milliers de jardinières fleuries sont maintenant en place aux fenêtres et aux balcons. Les chutes de pots de fleurs ne se produisent pas seulement dans les aventures de Quick et Flupke. Aussi, pas d'imprudence. Les bacs doivent être accrochés avec des supports conçus à cet effet. Il suffit en effet d'une forte pluie pour que les jardinières au terreau et au feuillage détrempé deviennent soudain beaucoup plus lourdes…

Les astuces en plus

◇ Dans les jardinières, **pincer les tiges des verveines, pétunias et autres annuelles** produisant de longues pousses. Cette taille va favoriser la ramification.

◇ Retrouvons les gestes de nos grands-parents qui cultivaient eux-mêmes leurs bisannuelles. **Semons en caissette des pensées pour nos jardinières d'automne**. Prix de 100 graines : 5 € environ.

Allégeons les grands pots

Vides, les grands pots de terre cuite sont déjà bien lourds. Avec du terreau humide et des plantes, bonjour le poids et le danger de se faire mal au dos. Disposés au fond du pot, des blocs de polystyrène expansé, comme ceux qui calent les appareils électriques dans leurs cartons de transport, permettent de réduire la hauteur de terreau. Une bonne vingtaine de centimètres suffisent pour des annuelles. Voilà qui permettra aussi de diminuer le poids d'un ensemble de pots sur un balcon.

Du carton au pied des arbres

Si nous poursuivons durant les prochaines semaines la plantation des arbres et arbustes au jardin, il faudra veiller au maintien de l'humidité. Les plantes sont en croissance, leur feuillage transpire et la terre ne peut pas manquer d'eau pour que la reprise soit effective. Dans les petits jardins, les tontes de gazon et le broyat de branches à étendre autour des troncs pour limiter l'évaporation de l'humidité du sol ne sont pas disponibles en abondance. Pour éviter l'achat de matières couvre-sol en jardinerie, un simple morceau de carton fort provenant d'une boîte d'emballage peut déjà faire l'affaire. Une entaille permet de le placer autour du tronc. Sous l'action des pluies, des bactéries et des champignons, ce carton va progressivement se désagréger. Il n'en restera plus grand-chose une fois l'automne venu.

Les jardiniers anglais ne cessent de nous étonner. Dans ce pays où les moutons sont si nombreux, des toisons de laine sont déposées après la tonte printanière au pied des arbres fruitiers en tant que couverture du sol.

Le temps de s'asseoir

Semaine après semaine, les floraisons des vivaces s'épanouissent. Tandis que les potées et jardinières d'annuelles acquièrent leur luxuriance, les rosiers viennent accroître la densité florale. Voici venu le temps de s'asseoir sur le banc de bois et de contempler le jardin. C'est en observant longuement les plantes que l'on peut déceler les améliorations à apporter dans les parterres. Un autre emplacement pour un meilleur comportement, une association de couleurs à corriger, un vide à combler… Tous les changements à effectuer dès l'automne doivent être notés sous peine d'être oubliés.

Oranges pressées

Des limaces provoquent des dégâts dans les parterres ou au potager ? Parmi tous les moyens de lutte pouvant être utilisés, un petit truc se révèle efficace. Surtout actives dans la fraîcheur de la nuit, les limaces se cachent durant le jour si le soleil est au rendez-vous. Elles s'abritent sous des mottes de terre, sous des feuilles et aussi sous les couvertures que nous pouvons leur proposer. Les limaces adorent se réfugier sous un sac de jute humide ou sous les zestes d'oranges ou de pamplemousses pressés. Mais pour leur malheur, cette cachette se transformera en un piège où le jardinier pourra les neutraliser.

Nids de fourmis

Détruire les nids de fourmis au jardin ne sert à rien. Les colonies de fourmis protègent en effet leur territoire de l'intrusion des reines ailées venant fonder de nouveaux nids. Un nid disparu libère donc une zone pour la création d'une nouvelle colonie. La présence des fourmis devient surtout problématique lorsque le nid se développe sous une plante. Ses racines étant progressivement mises à nu par le creusement des galeries, elle ne tarde pas à montrer des signes de dépérissement. Au potager, dans un parterre d'annuelles ou au sein de la pelouse, autant ne pas intervenir. S'il s'agit d'un jeune arbuste ou d'une vivace, il suffit de transplanter la plante à un autre endroit. Si une plante en pot est envahie, elle est rempotée dans un nouveau pot après avoir fait tremper la motte durant quelques heures dans un baquet d'eau pour la débarrasser des fourmis qui y circulaient. Un morceau de toile moustiquaire placé sur le trou de drainage au fond du pot empêchera les fourmis de revenir.

Basse pression

Le tuyau d'arrosage à pleine pression est juste bon pour arroser en pluie une grande surface que l'on vient de semer. Au pied des plantes, le jet ne peut que vite provoquer des dégâts aux racines. Pour arroser des plantes avec le tuyau d'arrosage, le mieux est d'enlever l'embout et de réduire la pression. L'eau doit s'écouler longuement pour bien percoler en profondeur et humidifier la masse de terre autour des racines.

Protection anti-drame

Si une pièce d'eau est présente au jardin, un instant d'inattention par rapport aux déplacements des jeunes enfants peut mener au drame. Chez les grands-parents, quelques piquets en fer à béton permettent de clôturer la pièce d'eau avec un treillis métallique. Installée en quelques minutes, la protection est rangée tout aussi rapidement après le départ des petits-enfants. Il est aussi possible de placer une clôture permanente. Si on la choisit en éclisses de châtaignier, elle pourra contribuer à l'esthétique générale du jardin.

La protection absolue consiste à immerger une armature quadrillée pour béton quelques centimètres sous la surface de l'eau. Ce treillis est supporté par des blocs posés ici et là sur le fond de la mare. Pour éviter d'abîmer la bâche le long des parois, le treillis est entouré d'un bourrelet de protection constitué par un tuyau d'arrosage fendu sur sa longueur. Les plantes aquatiques pouvant se développer au travers des mailles, la protection passera quasiment inaperçue.

Bien utiliser sa débroussailleuse

Les débroussailleuses remplacent la faux de jadis pour entretenir les surfaces où ne s'aventure pas la tondeuse à gazon. Mais il faut toujours prendre le temps d'adapter l'outil de coupe au travail à effectuer. Le fil en nylon convient pour l'herbe pas trop haute sans tiges dures ou ligneuses. Une lame à trois couteaux effectue un vrai travail de fauche dans tous les types de végétation.

Pour bien débroussailler, il faut retrouver le geste du faucheur avec un mouvement du corps de droite à gauche. Avec les lames métalliques, on peut ainsi déposer l'herbe coupée sur le côté au fil de la progression. Le moteur thermique n'est surtout pas maintenu en permanence à plein régime. La manette des gaz est sans cesse actionnée pour assurer au moteur une plus grande longévité. Le visage est protégé par une visière à grillage. Dans les terrains avec des ronces et des arbustes à épines, il faut porter des gants.

Une serre n'est pas un four

Si une serre permet une large gamme de cultures, c'est surtout pour la production de tomates que les toits de verre se multiplient dans les jardins. Les plants sont protégés des pluies et donc du redoutable mildiou. Pour un bon résultat, il faut toutefois veiller à ce que le volume ne se transforme pas en four chaque fois que le soleil s'installe dans le ciel. Dès que la chaleur est trop intense, les plantes bloquent leur métabolisme pour se protéger d'une transpiration excessive. Les serres où les tomates poussent bien sont donc celles qui peuvent être efficacement aérées. Le must : des tabatières avec une ouverture automatique en fonction de la chaleur. Même si l'on est parti au travail en oubliant d'ouvrir les aérations, les plantes ne seront pas cuites.

Zone de pépinière

Des foires de jardinage nous sont toujours proposées. Nous ne boudons pas le plaisir d'explorer une jardinerie encore inconnue, croisée au hasard d'un déplacement. Au marché, un feuillage ou une floraison attire notre regard. L'occasion faisant le larron, nous ne manquerons pas de faire des achats « coup de cœur ». Si ces végétaux sont plantés actuellement au jardin, ils auront absolument besoin d'un arrosage durant l'été. Combien d'arbustes, de rosiers et de vivaces sont retrouvés morts au retour des vacances ! L'enracinement se limite à la motte et, faute d'humidité dans ce volume, la plante sèche d'autant plus vite que son feuillage transpire en plein soleil et dans le vent chaud. La meilleure solution consiste à rassembler nos végétaux encore à planter dans une petite zone de pépinière fraîche et ombragée. Les plantes pourront y attendre leur installation en pleine terre en automne. Plutôt qu'une ronde infernale d'arrosoirs, cinq minutes de temps à autre suffiront pour arroser la pépinière. Le voisin qui veillera sur le jardin pendant nos vacances appréciera.

Bain de manche

Dans la cabane à outils, la houe a souffert des premières chaleurs. Le bois du manche a séché, il s'est rétracté et le fer tourne en tous sens. La solution est simple : il suffit de tremper l'outil dans un baquet d'eau. Le bois du manche va gonfler. D'ici une heure, la houe sera à nouveau prête au travail.

Une idée de décoration tout en simplicité

Les terrains d'aujourd'hui sont plus petits. L'évolution des prix dans le secteur de l'immobilier fait en sorte que beaucoup de parcelles à lotir s'étendent désormais sur 500 mètres carrés seulement. Quand la surface est réduite, les végétaux n'ont plus le monopole de l'atmosphère. Chaque élément peut contribuer à la beauté du jardin. Voilà pourquoi le mobilier, les objets de décoration, les structures offrent aussi de la couleur, de la gaieté, de l'originalité. Le fil de nylon permettant d'accrocher cette spirale à la branche d'un arbre est si fin qu'il paraît invisible. On a l'impression que ce mobile flotte dans les airs où il tournoie sous le moindre souffle de vent. La boule de verre semble sans cesse voyager dans la spire. Le jardin s'y reflète et on se surprend à la regarder durant un long moment. C'est magique : tous les soucis et la fatigue nerveuse de la journée s'envolent.

Barbecue : les règles d'or de la sécurité

Dès que les températures estivales s'installent, les services des urgences des hôpitaux voient arriver des personnes atteintes de brûlures survenues lors de l'utilisation d'un barbecue. Pour éviter qu'un moment de convivialité ne se termine dans un centre pour grands brûlés, quelques règles fondamentales doivent être connues.

Pas d'essence

Si le barbecue ne s'allume pas aussi vite qu'on le souhaite, ne surtout pas verser de l'essence sur les braises. Il y a risque d'explosion. Le feu peut aussi remonter le jet d'essence vers la personne qui tient le récipient et provoquer de graves brûlures.

Attention aux enfants

Il faut éloigner les enfants du barbecue. La chaleur des éléments et les projections de graisse à hauteur de visage représentent un danger pendant la cuisson. Il faut aussi garder à l'esprit que le barbecue contient des braises et des cendres pouvant rester chaudes pendant des heures. La vigilance reste de mise après le repas.

Gants et longues poignées

La grille, les piques métalliques pour les brochettes, une fourchette laissée à proximité du foyer peuvent être si chaudes qu'un simple contact suffit pour provoquer une brûlure profonde. Aussi, la personne qui assure la cuisson doit-elle porter des gants isolants qui la protègent des projections de graisse. Les fourchettes et pinces à long manche conçues pour le barbecue sont également bien utiles pour retourner et servir les aliments.

Vingt minutes sous l'eau

En cas de brûlure, placer la zone atteinte sous l'eau froide du robinet, ou de la douche si la surface est plus importante, pendant au moins vingt minutes. De cette manière, on peut limiter l'étendue de la brûlure, tant en profondeur qu'en surface.

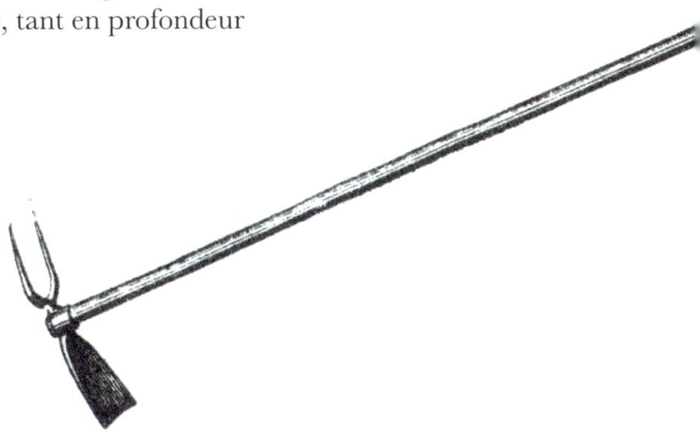

« Cette plante-là, un chardon !
S'indignait un maître d'école ;
Eh non !
C'est un onopordon.
Écoutez donc, tête frivole,
Avec un peu plus d'attention. »

L'âne seul a le droit de rire
Des classifications
Et chardons ou onopordons
Ne troublent pas sa digestion.

Mon Dieu ! Mon Dieu ! La science est triste !
Ayez pitié des botanistes.

FABLE

7 JUILLET

LES JOURS
RACCOURCISSENT DE

01 h 17

ACANTHE
Acanthus
Floraison : juin à août

POUR BIEN COMMENCER LE MOIS…

Le plaisir de semer

Dès le mois de juillet, nous pouvons semer des plantes bisannuelles comme des roses trémières, des campanules, des myosotis bleus, des giroflées ravenelles, des œillets de poète, des digitales, des violettes cornues… Le choix est très large. Il inclut l'onopordon, une plante géante qui fait penser à un chardon. Sa couleur grise est superbe.

Le plus simple est de semer en pleine terre, dans une couche dont le châssis vitré a été enlevé. La terre est finement émiettée. Si le sol est lourd, il est allégé par un apport de sable et de terreau. Un point important : si la couche est bien exposée au soleil, un ombrage devra être mis en place pour ne pas risquer de voir les plantules brûlées par le soleil. Les jeunes plantes seront repiquées en pots en septembre. Elles passeront l'hiver dans la couche, le châssis vitré assurant une protection contre les lourdes pluies hivernales. Le printemps venu, les bisannuelles seront mises en place dans les parterres.

Des navets pour les potées

Durant l'été, le potager est en mode « récolte ». Haricots, tomates, fèves, courgettes... Le travail ne manque pas pour les cueillettes et les conservations. Mais n'oublions pas les semis pour les productions tardives. Les soupes et potées d'automne peuvent être enrichies par la saveur douce et sucrée des navets. Les variétés à découvrir : 'Des Vertus Marteau' (racine blanche, renflée à la base), 'de Nancy' (racine blanche à collet rose-violet), 'Boule d'Or' (chair jaune, saveur fine), 'Noir long d'hiver' (ancienne variété à peau noire et chair blanche). Semer en lignes distantes de 25 cm ; éclaircir les plants pour obtenir un écartement de 10 cm. Le sol doit être maintenu humide. Il sera nécessaire d'arroser abondamment durant les chaleurs. Si l'on effectue différents semis en juillet jusqu'à la mi-août, la récolte s'étalera de septembre à novembre. Les derniers navets pourront être conservés à la cave, sans leur feuillage.

Les jeunes courgettes pourrissent

Les plants de courgettes devenus plantureux au potager produisent une abondance de fleurs qui laissent présager des récoltes abondantes. Mais à peine des fruits se mettent-ils à grossir qu'ils pourrissent. Comment expliquer ce désagrément ? Deux raisons peuvent être invoquées. Tout d'abord, la jeune courgette en formation avorte parce que la pollinisation n'a pas été complète. À cause des températures trop basses, les insectes butineurs n'étaient pas actifs lors de l'ouverture de la fleur femelle. Si la plante est particulièrement chargée de fruits, elle peut volontairement abandonner le grossissement des plus petits. Elle gère ainsi ses ressources. En évitant de laisser grossir les fruits jusqu'à une taille démesurée, on permet au plant de développer davantage de courgettes de petit calibre.

Des courgettes peu productives

Pourquoi un plant de courgette produit-il peu de fruits ? Il faut observer les fleurs. Comme la plante est monoïque, elle produit à la fois des fleurs mâles et des fleurs femelles. Il est aisé de reconnaître les fleurs femelles : elles portent un long renflement à leur base ; c'est l'ovaire qui se transformera en fruit. Il est possible que les fleurs mâles soient prépondérantes et que les fleurs femelles soient rares, voire inexistantes, d'où l'absence de récolte. L'explication est simple : à un emplacement froid, trop ombragé, c'est le développement des fleurs mâles qui est privilégié. Ce phénomène peut aussi être aggravé par une disposition trop serrée des plantes. Moralité : plantons les courgettes en plein soleil, à la chaleur, avec un espacement d'un mètre entre chaque pied.

Courgettes minceur

Idéalement, il faudrait visiter les courgettes du potager chaque jour. Et soulever les larges feuilles pour être certain qu'un fruit n'est pas en train battre le record national de longueur. Surtout si on soutient ces plantes gourmandes par un arrosage avec du purin d'orties dilué à 10 %, les courgettes se développent à toute allure. Après quelques jours seulement, elles peuvent mesurer plus de 30 cm. Leur peau durcit, leurs graines se développent et ces signes de maturité indiquent à la plante que sa mission sera bientôt accomplie. Puisque la perpétuité de l'espèce est assurée, sa dynamique de floraison sera vite moindre. Par contre, si on récolte les courgettes très jeunes, quand elles sont encore bien tendres, la floraison de la plante sera stimulée. La taille idéale des fruits : 20 à 25 cm. De cette façon, sur une plante hybride F1, comme la variété 'Diamant', il est parfaitement possible de cueillir jusqu'à 30 courgettes !

La taille au vert

Les arbres fruitiers palissés étaient jadis systématiquement plantés le long des murs des potagers des châteaux ou des maisons bourgeoises. En occupant peu de place au sol, en bénéficiant de la chaleur accumulée par les briques ou les pierres, ils offraient une large diversité de fruits. Le savoir-faire pour la production de ces arbres en U, en double U, en palmettes horizontales ou obliques est sauvegardé en Belgique par les Pépinières d'Enghien. Ces pommiers et poiriers palissés rencontrent beaucoup d'intérêt, car ils conviennent bien aux jardins d'aujourd'hui de taille plus réduite. Mais la déception est souvent au rendez-vous. Faute d'une taille appropriée, ces arbres se transforment rapidement en haies denses. À partir du début du mois de juillet, il faut pratiquer la taille au vert. Toutes les nouvelles tiges qui se développent sont réduites en coupant au-delà de leur quatrième ou cinquième feuille. Ces tiges rabattues peuvent émettre une nouvelle pousse au départ d'un bourgeon latéral : elle sera rabattue au-delà de la seconde feuille. Cette opération favorise le grossissement des fruits et induit la formation de bourgeons floraux à la base de la branche dont on a rabattu les nouvelles pousses tendres.

Maternité de fraisiers

Au potager, c'est en été que les fraisiers émettent leurs stolons. De longues tiges s'échappent de la plante, portant à leur extrémité un bourgeon. La tactique : s'éloigner de la plante mère et s'enraciner pour former un nouveau fraisier. Comme une plantation de fraisiers doit être renouvelée, idéalement tous les deux ans pour éviter l'apparition de maladies, ces stolons ne doivent pas être tous supprimés. Grâce à un petit cavalier en fil de fer, l'extrémité des plus vigoureux est maintenue dans le terreau d'un pot. Rapidement, le jeune fraisier s'enracine et il pourra être séparé de sa plante mère en septembre pour constituer avec ses comparses une nouvelle fraiseraie.

Butiner les tomates

Pourquoi des bouquets de fleurs sur les plants de tomates ne donnent-ils pas de fruits ? Parce que la pollinisation n'a pas été effectuée. N'ayant pas été fécondées, les fleurs tombent. Dans la serre, il n'y a pas de vent. Rares sont les insectes qui viennent butiner à l'intérieur. C'est donc au jardinier qu'il appartient de féconder les fleurs. Dans les cultures industrielles de tomates, les producteurs introduisent des ruches de bourdons ou utilisent des vibreurs électriques. Les étamines des fleurs de tomate doivent en effet être secouées pour que leur pollen soit libéré et se dépose sur le pistil. Dans les serres de nos jardins, si les plants de tomate sont soutenus par des cordes, il suffit de les soulever à plusieurs reprises. Si des tuteurs sont utilisés, ils reçoivent de petits coups. Cette opération doit être effectuée plusieurs fois par semaine.
Une pollinisation bien menée permet d'obtenir une tomate par fleur éclose.

Cubes de ciboulette

Comment consommer facilement de la ciboulette fraîche tout au long de l'hiver ? En ce moment, il suffit d'en cueillir une belle quantité au jardin. À la cuisine, la ciboulette est hachée menu. Le truc, qui s'applique en fait à bien d'autres plantes aromatiques fraîches, consiste à remplir un moule à glaçons de verdure hachée. De l'eau est ensuite versée dans le moule et le tout est placé au congélateur. Au fil des besoins, il suffira de prélever les cubes de ciboulette gelée.

Les astuces en plus

◇ **Comment éviter que le soleil ardent ne flétrisse les jeunes plants** repiqués au potager ? Ils peuvent être ombragés avec les caissettes en bois des légumiers que l'on retourne. Ces caissettes à récupérer au marché nous seront aussi bien utiles pour remiser les oignons et les échalotes.

◇ **Quand arroser le potager ?** Le soir, après une journée chaude, l'eau fraîche provoque un choc thermique qui stresse les plantes. Elles sont fragilisées face aux maladies cryptogamiques que l'humidité ambiante maintenue durant la nuit favorise. Le mieux est d'arroser très tôt le matin. Le sol et les plantes absorbent l'eau, puis le soleil évapore l'humidité qui mouille les tiges et feuillages.

◇ **Les choux-fleurs et les brocolis n'aiment pas la sécheresse.** Pour maintenir l'humidité, il faut arroser copieusement chaque pied. Un apport de cinq litres par plante permet à l'eau de pénétrer en profondeur. Ensuite, le sol est généreusement paillé pour éviter l'évaporation sous le soleil et le vent. Malgré cette couverture, par temps chaud, un arrosage par semaine est nécessaire pour une bonne production.

◇ **Attacher les nouvelles tiges des framboisiers** pour éviter qu'elles ne se couchent sur le sol. Sur les supports, assurer un espacement d'au moins 10 cm entre les tiges. Supprimer au pied les tiges de petit calibre qui sont trop frêles.

◇ **Prélever du thym, de la sauge et du romarin**, quitte à offrir ces récoltes à des amis. Une coupe régulière favorise l'apparition de nouvelles pousses, ce qui permet de garder des plantes compactes avec du feuillage frais.

◇ **Cueillir des fleurs de bourrache.** Enlever les sépales à la base. Déposer une fleur par case dans un bac à glaçons. Couvrir d'eau et placer au congélateur. La fleur comestible sera une surprise dans l'apéritif offert aux amis jardiniers.

◇ En été, **les radis ont un goût piquant et leur racine se creuse.** Pour éviter cet inconvénient, semer dans une couche ombragée par un voile et maintenir une bonne humidité par un arrosage régulier à la pomme fine.

◇ Début juillet, **semer les choux chinois et les derniers brocolis.** Repiquage dans un mois. Consommation de septembre à novembre.

◇ **Surveiller les pruniers.** Si une branche est particulièrement chargée de fruits, elle risque d'être arrachée et d'abîmer le tronc. Supprimer des fruits en débutant par le bout de la branche ou placer un étai.

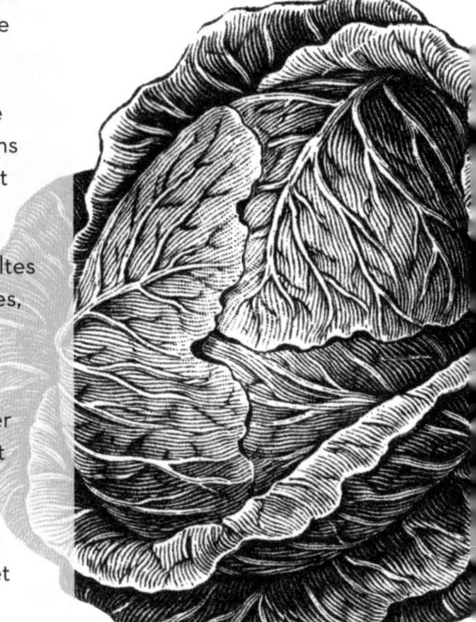

Quand les phlox ont triste mine

Le feuillage des phlox devient gris et poudreux. L'oïdium, que l'on connaît bien sur les rosiers ou les groseilliers à maquereau, peut aussi toucher ces vivaces. Elles se révèlent sensibles à cette maladie cryptogamique qui, chez cette plante, est souvent provoquée par la sécheresse, une cause peu connue de l'oïdium. Il faut éviter de planter des phlox à un emplacement surchauffé. Ils préfèrent un sol qui reste frais en été. Une couverture du sol avec des tontes de gazon permet de conserver plus longtemps la fraîcheur de la terre quand la sécheresse s'installe. Les nouvelles variétés de phlox sont plus résistantes à l'oïdium que les anciennes plantes des jardins de grand-mère, mais cela ne veut pas dire qu'elles peuvent être plantées n'importe où. Ces plantes préfèrent toujours un sol qui garde de l'humidité durant les journées chaudes. Un apport de compost lors de la plantation et l'entretien du taux d'humus via quelques pelletées de compost au pied de la plante au printemps permettent de favoriser le maintien de l'eau.

Sous les fougères

Pour leurs semis, des pépiniéristes utilisent des plateaux alvéolés, disponibles dans les bonnes jardineries. Ils permettent d'éviter le repiquage. Quand la plantule se développe, les racines ont vite fait de former une petite motte qu'il est aisé de démouler et de rempoter dans un volume plus large. Pour soulever les mottes, il suffit de déposer le plateau sur un plaque hérissée de petits cylindres qui s'insèrent dans les trous de drainage des alvéoles.

Quel plaisir de découvrir la vaste gamme des plantes bisannuelles à semer actuellement, puis à repiquer dans les parterres. Mais si nous devons subir des températures caniculaires, avec le mercure du thermomètre qui dépasse les trente voire les quarante degrés comme le réchauffement climatique nous l'impose désormais, ces semis lèveront mal, puis les plantules seront brûlées par le soleil. Comment procéder pour éviter l'échec ? Les caissettes sont exposées à l'est, de manière à ce que les plantules ne reçoivent qu'un peu de soleil le matin. Pour maintenir l'humidité, le terreau est couvert par des frondes de fougères. Elles ne collent pas au substrat et l'air circule sous cette protection. Grâce à cet ombrage, les graines lèvent et les plantules se fraient un chemin vers la lumière.

Divisons les iris

C'est en juillet que les iris barbus (*Iris germanica*) peuvent être divisés. Après trois ou quatre années de présence dans un parterre, les rhizomes charnus qui s'étirent à la surface du sol forment des ensembles serrés et les plantes produisent moins de fleurs. Les rhizomes sont soulevés à l'aide d'une fourche-bêche et l'on ne garde que la partie la plus jeune qui porte des feuilles. Avec une lame bien tranchante, on sectionne un tronçon de 15 cm et on réduit la longueur des feuilles à 20 cm. Les racines les plus anciennes ou celles qui ont été abîmées sont également sectionnées. Les tronçons de rhizomes sont replantés dans une terre enrichie de compost avec un écartement de 30 cm. Dans les terres argileuses, ils sont disposés à la surface du sol. Dans les terres plus légères, ils peuvent être enterrés légèrement.

Mariage d'hémérocalles

L'hybridation des hémérocalles est d'une grande simplicité. Si nous possédons quelques belles variétés, nous pouvons procéder comme les producteurs qui créent chaque année de nouvelles combinaisons de couleurs. Avant son ouverture, la fleur mère est entourée d'un morceau de voile de rideau pour empêcher la venue d'un insecte. Quand la fleur est bien épanouie, en milieu de journée, on retire le voile, on enlève délicatement les étamines sans toucher le pistil. Il faut ensuite déposer sur le pistil le pollen d'une étamine prélevée sur la variété père. Le voile est remis en place. Une fois sur trois, ce mariage permet d'obtenir une capsule volumineuse contenant trois graines.

Les graines récoltées en automne passent l'hiver au frigo et sont semées en ligne au mois de mai suivant, après vingt-quatre heures de trempage dans de l'eau tiède. La première fleur qui s'ouvre (parfois après trois ans) révèle le résultat du brassage des gènes. On peut découvrir une hémérocalle banale comme une combinaison inédite. Attention : la fécondation est impossible entre les variétés diploïdes et tétraploïdes. Des sites sur internet permettent de connaître la nature génétique des variétés d'hémérocalles.

Le coup du parapluie

En ce moment, beaucoup de plantes ont déjà formé leurs graines. Les tiges florales des ancolies, par exemple, sont maintenant sèches. Elles sont surmontées par de petites urnes qui libèrent des graines dès qu'on les secoue. Semer des vivaces est une manière économique de multiplier ses plantes. Pour récolter facilement des graines, connaissez-vous le truc du parapluie ? Un parapluie ouvert et renversé est placé contre les plantes. Les tiges sont courbées et les inflorescences sont secouées au-dessus de la toile. Les graines tombent dans le parapluie. Quelques mouvements suffisent pour les rassembler et les verser dans l'enveloppe en papier où elles seront conservées jusqu'au semis, à effectuer en automne.

Beauté d'un jour

Les hémérocalles fleurissent dans les pépinières et jardineries. C'est en fleurs qu'il faut choisir ces plantes tant le choix est vaste. On peut ainsi comparer les nuances et les formes des corolles. Jadis, on ne connaissait que les variétés jaunes ou orange, mais l'hybridation a permis de créer une infinité de nouvelles combinaisons.

Hémérocalle signifie « beauté d'un jour », car chaque fleur se fane après vingt-quatre heures. Mais cela ne veut pas dire que la floraison est éphémère. Les hémérocalles sont plutôt des championnes de la prodigalité. Dès qu'une fleur se fane, une nouvelle corolle s'épanouit aussitôt. Comme une plante adulte peut former jusqu'à quarante tiges florales, chacune portant successivement entre dix et quatre-vingts fleurs, les parterres ne manquent jamais de couleurs en été, même après un orage violent. Alors que des vivaces peuvent être définitivement abîmées, les hémérocalles sont à nouveau colorées dès le lendemain.

Des hortensias bleus

La mésaventure se produit souvent. Des hortensias aux superbes inflorescences en boules bleues sont plantés au jardin. L'été suivant, surprise : les fleurs ne sont plus bleues, mais roses ou rouges. Que s'est-il passé ? La couleur bleue avait été obtenue par la présence d'alumine (sulfate d'aluminium) dans le terreau de culture. Ce produit vendu en jardinerie permet de changer la couleur des fleurs. Les variétés roses deviennent bleues. Les véritables hortensias bleus qui virent au rose si le sol n'est pas suffisamment acide restent bleus. L'alumine est répandue autour de chaque hortensia à raison de deux cuillères à soupe, une fois par an durant cinq à six années. Vrais ou faux bleus, les hortensias ont besoin d'alumine pour nous offrir cette couleur s'harmonisant si bien avec les floraisons de tant de vivaces. Une année est nécessaire après l'apport d'alumine pour obtenir ou restaurer la teinte bleue.

Taillons les glycines

« Pourquoi ma glycine ne fleurit-elle pas ? Quelle obstination à ne pas offrir la moindre fleur après des années de présence au jardin ! » Certains diront : « Il faut faire souffrir la plante. » Et d'énumérer des traitements barbares comme l'amputation de racines. Il est inutile de punir une glycine.
La première cause de la non-floraison est tout simplement un excès de vigueur dû à un sol trop riche. La plante développe de longues tiges plutôt que des fleurs.

Pour qu'une plante greffée épanouisse ses couleurs, il faut la tailler, afin de réduire la croissance des pousses. Celles-ci se ramifient ; la sève se concentre, ce qui favorise la formation de boutons floraux. En ce moment, les nouvelles pousses de l'année sont raccourcies à 30 cm. Toutes les brindilles trop faibles sont supprimées. Ensuite, au sortir de l'hiver prochain, les jeunes rameaux seront taillés à environ 10 cm à partir de leur point de départ, en étant coupés au-dessus du deuxième bourgeon. Avec ces gestes simples, répétés durant les prochaines saisons, les boutons à fleurs devraient apparaître endéans les trois ans.

Nombreuses sont les espèces et variétés de glycines disponibles auprès des pépiniéristes spécialisés. Si la couleur mauve-violet des grappes de fleurs est bien connue, le blanc s'observe plus rarement dans les jardins. Un bon choix pour obtenir cette abondance florale tout en clarté : *Wisteria sinensis var. sinensis f. alba*. Cette glycine originaire de Chine s'enroule sur son support de la gauche vers la droite, dans le sens anti-horlogique donc, alors que les glycines du Japon s'enroulent dans le sens contraire.

La plante d'Hélène

Les hélénies méritent une place dans tout jardin. Elles fleurent bon l'atmosphère des plates-bandes de grand-mère, ces plantes tout en simplicité, championnes de la floraison. Déjà vivement colorées en juin, les hélénies sont toujours belles en septembre pour peu qu'on n'oublie pas d'enlever régulièrement les fleurs fanées. Ainsi stimulées, ces plantes forment toujours des taches de couleur au début de l'automne. Si les variétés rouges d'*Helenium* sont éclatantes, les sélections jaunes et orange sont aussi de toute beauté. C'est bien sûr en ce moment qu'il faut choisir des hélénies en fleurs dans les pépinières de vivaces. Quelle variété acheter si on ne peut en planter qu'une seule ? *Helenium autumnale* 'Moerheim Beauty' est une merveille.

Non à la maladie des taches noires

Sur les rosiers, des taches noires violacées peuvent abîmer les folioles. Leur taille est variable et leurs contours irréguliers. Elles s'étendent rapidement et se rejoignent. Ensuite, les feuilles jaunissent et tombent. Le rosier est en fleurs, mais il n'a plus de feuillage. Été après été, les rosiers atteints par la maladie des taches noires s'affaiblissent. Le responsable de cette affection, favorisée par un temps chaud et humide, est un champignon microscopique, *Marssonina rosae*. Il hiverne sur les feuilles mortes du rosier tombées sur le sol. Au printemps, les spores se développent et réinfectent le feuillage.

En attendant de remplacer les rosiers sensibles à la maladie par de nouvelles variétés résistantes, comme conseillé au chapitre du mois de mars, un geste est important. Toutes les feuilles qui tombent doivent impérativement être ramassées et éliminées. Elles ne seront pas étendues sur le tas de compost, mais jetées à la poubelle. Comme la chute du feuillage est progressive jusqu'à l'automne, le passage régulier du râteau sera nécessaire. Ce nettoyage permettra de limiter l'infestation du jardin par les spores qui peuvent toucher des rosiers encore sains ou peu touchés.

Un nénuphar de qualité

En juillet, un nénuphar n'est pas choisi en observant uniquement la fleur. Il faut aussi tenir compte de la profondeur de la pièce d'eau, car chaque variété a ses exigences d'immersion. Pour installer le nénuphar, c'est tout simple. Le pot est simplement déposé sur le fond de la mare, à l'endroit choisi. Au fil du temps, le nénuphar va s'étendre, couvrant de son feuillage une surface d'eau de plus en plus large. Un entretien régulier sera nécessaire pour conserver la vitalité de la plante. Après deux ans de présence dans le pot, le substrat devient trop pauvre. Il faut rempoter le nénuphar.

Les plus beaux nénuphars sont ceux qui peuvent développer librement leurs rhizomes sur le fond de la mare. Sans pot, la souche va se ramifier et s'étendre. Un nénuphar peut ainsi vivre dix à quinze ans au même endroit. Si ses racines sont traçantes, il faudra périodiquement limiter son développement en enlevant les rhizomes qui auraient tendance à pousser trop loin.

Les astuces en plus

◇ **Les buddleias** sont moins appréciés depuis qu'ils se sont montrés invasifs. Ils **peuvent demeurer au jardin**, attirant les papillons et tant d'autres insectes, pour peu qu'on prenne la peine de couper les inflorescences défleuries avant qu'elles ne forment leurs graines.

◇ C'est parce qu'**ils souffrent de la sécheresse** durant l'été que beaucoup d'arbustes à la floraison précoce comme les **hamamélis, les camélias, les rhododendrons et les azalées** ne fleurissent pas au printemps suivant. Par manque d'eau, les boutons floraux en formation avortent ou n'auront pas la capacité de s'ouvrir. Placer un épais paillage au pied des arbustes pour conserver l'humidité du sol. Arroser si nécessaire.

◇ **Tailler le seringa directement après sa floraison**. Pour garder un arbuste compact et dynamique, rabattre les tiges qui ont fleuri au niveau d'une branche inférieure vigoureuse et supprimer 1/5 du vieux bois en coupant au pied. L'arbuste produira cet été de nouvelles pousses pour la floraison de l'année prochaine.

◇ **Envie d'accueillir la digitale au jardin ?** Cette bisannuelle se sème en été. Presser les graines contre la surface du terreau et recouvrir par une fine couche de sable de rivière. Maintenir humide. La levée peut demander un mois.

◇ Si vous souhaitez des **fleurs de dahlias géantes** pour un bouquet, supprimez les boutons floraux sous le bouton terminal avant leur épanouissement.

Attention aux soucoupes

Que d'eau, que d'eau ! Le mois de juillet peut nous gratifier de périodes de pluies régulières et abondantes au point que nos potées sont intensivement arrosées. Si des soucoupes sont disposées sous les pots ou les jardinières, de l'eau y reste en permanence.

Par capillarité, ce volume d'eau maintient le terreau beaucoup trop humide, au point de provoquer des pourritures de racines. Il faut enlever ces soucoupes sans tarder pour permettre au substrat d'évacuer l'excédent d'eau via les trous de drainage.

Si une potée reste gorgée d'eau au point de ressembler à un marais, les trous de drainage peuvent être obstrués. On peut alors coucher le pot ou la jardinière sur le flanc pour permettre à l'eau de s'écouler.

Particulièrement utiles en période de canicule, les soucoupes prodiguent aux potées et jardinières une réserve supplémentaire d'eau qu'elles absorbent par les racines. En revanche, elles seront dangereuses pendant les jours froids et pluvieux, quand les plantes au repos ne peuvent prélever une eau si abondante.

Des trompettes par dizaines

Le *Brugmansia* (souvent appelé *Datura*) colore nos terrasses de ses grandes fleurs en forme de trompette. Pour nous offrir une abondance de corolles au fil de l'été, cette plante a deux exigences : de l'eau en abondance et un engrais riche en potasse à ajouter régulièrement dans l'eau d'arrosage. Actuellement, jusqu'à la mi-septembre, nous pouvons effectuer le bouturage de ces plantes d'orangerie à conserver durant l'hiver à l'abri du gel, dans une pièce claire et fraîche. Il faut prélever une bouture d'environ 15 cm à l'extrémité d'un rameau vigoureux. Les feuilles et boutons floraux sont tous enlevés à l'aide d'une paire de ciseaux en veillant toutefois à préserver les bourgeons à l'aisselle

des feuilles. Ne sont conservés que les petites feuilles en formation qui entourent le bourgeon terminal. La bouture est ensuite réduite d'un tiers à sa base par une belle coupe franche en biseau effectuée sous un nœud avec un cutter. Plantée dans un pot rempli d'un mélange de terreau et de sable du Rhin, la bouture s'enracine en quinze jours, surtout si elle est surmontée d'un sac en plastique qui va maintenir une bonne humidité. Repiquée ensuite dans un terreau bien fertile, elle peut déjà fleurir deux mois plus tard.

Les grandes vacances des plantes vertes

Nos plantes vertes peuvent prendre place à l'extérieur durant les deux mois des grandes vacances. L'emplacement idéal ? Surtout pas la terrasse inondée de lumière. Le soleil brûlant aura vite fait de griller les feuillages. Il faut disposer les plantes vertes à l'ombre, sous un arbre par exemple, où elles trouveront des conditions de lumière similaires à celles vécues à l'intérieur.

Attention aux bourrasques. Les plantes vertes sont souvent hautes et leurs pots ne sont pas lourds. Les grands sujets doivent être attachés pour ne pas être sans cesse renversés.

Ce séjour estival est particulièrement bénéfique. Pas seulement pour un nettoyage de la poussière sous les pluies. Les variations de température entre le jour et la nuit favorisent croissance et floraison. Le *Ficus benjamina* apprécie le vent. Cette plante a besoin de mouvement et bourgeonne allègrement pendant son séjour à l'extérieur.

Toutes les plantes peuvent-elles sortir ? Non, il est préférable de garder à l'intérieur les fines fougères qui seraient abîmées par le vent et les fortes pluies, les violettes africaines (*Saintpaulia*) et les primevères du Cap (*Streptocarpus*), dont le feuillage ne peut être mouillé, ainsi que les crotons, particulièrement sensibles au soleil direct. Quand rentrer les plantes ? En septembre, quand les températures nocturnes deviendront trop fraîches.

Plus haut le gazon

Le gazon à l'anglaise fait rêver. Mais si nous réglons la hauteur de coupe de la tondeuse sur la position la plus basse, les brins d'herbes ne possèdent plus guère de végétation et ne peuvent assurer une photosynthèse efficace. Le gazon manque de vigueur et la mousse peut prendre le dessus. Comme le sol est accessible entre les brins, les semences des herbes indésirables apportées par le vent peuvent facilement germer.

Sous le soleil de l'été, quand la sécheresse s'installe, l'herbe n'ombrage pas suffisamment le sol et l'humidité s'évapore plus facilement. La pelouse sèche rapidement ; l'herbe jaunit. Faute d'arrosage, il faudra attendre le retour des pluies pour voir le gazon émettre de nouveaux brins verts. Pour éviter tous ces inconvénients, ne réglons pas en été la tondeuse sur la position la plus basse. Une minute peut suffire pour relever la hauteur du châssis. Il faut tondre plus haut : 5 à 7 cm. Le gazon sera plus dru et plus vigoureux. Il fera obstacle à la mousse, aux herbes indésirables et séchera moins vite durant l'été.

Croc et râteau

Depuis Tintin et *L'Île noire*, le gag est bien connu. Un râteau oublié dans le pré à l'herbe haute, les dents dressées vers le ciel, et voici le manche qui vous frappe la figure à toute volée. Au mieux, on est quitte de sa négligence avec une belle frayeur et un gros bleu. Au pire, on se retrouve aux urgences avec une fracture au visage ou une commotion. Le râteau n'est pas le plus dangereux des outils à manche. Un croc peut occasionner de terribles blessures à l'enfant qui tombe sur les dents de la fourche courbées à angle droit. Aussi, autant prendre l'habitude de toujours planter profondément le croc dans le sol. Des outils peints avec une couleur vive sont aussi un bon atout pour la sécurité.

Prudence sur les échelles !

Une branche à couper, la haie à tailler, des cerises à récolter ? L'échelle quitte la cabane à outils. Les chutes, aggravées quand on tombe sur un élément dur comme un meuble de jardin, un muret ou une marche d'escalier, se produisent essentiellement dans deux circonstances précises. Tout d'abord, lorsqu'un pied de l'échelle s'enfonce subitement dans la terre. Ensuite, lorsqu'on se penche de manière inconsidérée pour attraper un fruit hors de portée ou tailler une branche éloignée. La chute peut se produire brusquement quand on tend à bout de bras un outil lourd comme une tronçonneuse ou un taille-haie, qui peuvent encore aggraver les blessures. L'échelle idéale pour le jardin : un modèle comportant à sa base non pas deux pieds mais une large barre.

Ombrage

Dans une serre en été, la température peut atteindre des records.
Durant les fortes chaleurs, beaucoup de jardiniers ont la désagréable surprise de découvrir que leurs tomates ont été endommagées par le soleil.
Des bouquets de fleurs ont séché, diminuant ainsi les perspectives de récoltes.
Pire, des tomates ont perdu leur pousse terminale, brûlée par le soleil ardent.

La croissance s'arrête alors jusqu'au développement d'une pousse latérale. Comment éviter ces dégâts ? Une bonne aération n'est pas suffisante. Il faut aussi blanchir les vitres. Un enduit blanc contribue à réduire la température et filtre les rayons du soleil. Autrefois, les jardiniers aspergeaient les vitres avec un mélange de chaux, d'huile de lin et d'eau. Aujourd'hui, des poudres spéciales à mélanger dans de l'eau et à appliquer avec le pulvérisateur sont disponibles dans les jardineries. L'avantage de ces enduits : l'écran blanc s'atténue lorsqu'il pleut.

Des serres sont vendues avec une toile d'ombrage intérieure, mais c'est à l'extérieur, au-dessus des vitres, qu'elle devrait être placée pour être efficace contre la chaleur.

Plus d'engrais après la mi-juillet

Si les engrais pour rosiers sont riches en potasse (élément K) afin de favoriser la floraison, ils contiennent aussi de l'azote (élément N), qui soutient le développement de ces plantes gourmandes. L'azote prolonge fortement la croissance au-delà de la dynamique naturelle de pousse. Mais les parties tendres apparues tardivement sont plus sensibles au gel et risquent d'être détruites pendant l'hiver. Le rosier que l'on espérait bien charpenté est retrouvé chargé de bois mort au printemps suivant. Pour éviter cela, il convient de ne plus apporter d'engrais contenant de l'azote au-delà du 15 juillet.

Les joubarbes (*Sempervivum*), grâce à leur feuillage charnu, figurent parmi les championnes de la résistance à l'aridité. Elles sont capables de prospérer sur un toit de tuiles, sans le moindre contact avec de la terre, se contentant des ressources de l'eau de pluie. On leur prêtait jadis le pouvoir de protéger l'habitation de la foudre.

Des plantes plus économes en eau

Les étés chauds et secs se succèdent ces dernières années. Étant donné le prix actuel du mètre cube d'eau et les interdictions ponctuelles d'arroser les jardins avec l'eau de distribution, seuls les jardiniers qui disposent de citernes d'eau de pluie en suffisance, d'un puits ou d'une rivière en bordure de terrain peuvent envisager la mise en place d'un système d'irrigation. L'eau est un bien précieux. Par conséquent, nous pouvons privilégier désormais des végétaux n'exigeant pas un sol frais tout l'été pour croître et fleurir.

Les besoins en eau d'une plante sont accentués par la transpiration quand il fait chaud et quand le vent est sec. La satisfaction de ces besoins est assurée par l'absorption racinaire. Pour ce faire, les radicelles doivent vaincre une force de retenue de l'eau dans le sol. Plus l'humidité diminue, plus cette force augmente. Au-delà d'une tension d'1 atmosphère, l'absorption n'est plus optimale et des plantes flétrissent déjà, en commençant par celles des zones humides qui exigent de l'eau facile à absorber. Mais des plantes sont capables de vaincre des tensions beaucoup plus importantes, jusqu'à 16 atmosphères, retirant encore de l'eau de sols apparemment secs. À l'opposé des plantes « hygrophiles », toujours assoiffées, ces plantes « xérophiles », adaptées à la sécheresse, sont appelées à occuper davantage d'espace dans les jardins.

Lectures à l'ombre

Si le soleil brûlant nous condamne à passer l'après-midi au frais, profitons de ces moments pour nous plonger dans nos encyclopédies des plantes, à la recherche de végétaux pour sols secs. Nous découvrirons qu'un parterre pouvant se passer d'arrosage ne ressemble pas nécessairement à une garrigue. Des feuillages déclinant des nuances de vert et des floraisons abondantes peuvent parfaitement être présents au fil des saisons. En Angleterre, le pays du jardinage, les magazines consacrent de plus en plus d'articles aux étés secs. À côté des grandes interrogations sur l'avenir des célèbres gazons anglais, il est souvent fait référence à une paysagiste qui a largement contribué à la connaissance des plantes économes en eau.

Beth Chatto (1923-2018) a développé dans son jardin près de Colchester, toujours ouvert aux visiteurs, un espace où les plantes poussent dans un sol pauvre et caillouteux, sec dès que le beau temps s'installe. Les photos illustrant les articles qui lui sont consacrés font rêver. Ces parterres, qui doivent se contenter de quelques millimètres de pluie pendant l'été, sont superbes grâce aux graminées, aux éryngiums, aux lavandes, aux népétas, aux sédums et à tant d'autres plantes. Beth Chatto a partagé son expérience du jardin sec dans plusieurs ouvrages, disponibles uniquement en anglais. Mais les nombreuses illustrations et les noms des plantes peuvent néanmoins nous aider à revoir la composition de nos parterres.

CHATTO (B.), *Drought-resistant planting: Lessons from Beth Chatto's Gravel Garden*, Frances Lincoln Publishers Ltd, 2016, 192 pages.

Ah, les limaces !

Elles ravagent les hostas, abîment les fraises, s'invitent dans les laitues et anéantissent le semis de carottes. Les limaces sont source de grandes déceptions dans les jardins. Pour protéger les plantes, on conseille souvent d'étendre de la sciure ou des cendres de bois. Mais des tests ont révélé que pour être efficace, cette barrière doit avoir au moins 5 à 10 cm d'épaisseur et 80 cm de largeur. De plus, elle perd toute efficacité dès qu'elle est mouillée.

Pour libérer une zone des limaces qui y sévissent, le truc des pièges à bière donne de bons résultats. Il suffit d'enterrer jusqu'au bord des bocaux ou des boîtes de conserve et d'y verser un fond de bière. Les limaces attirées par l'odeur tombent dans le liquide où elles se noient. Attention, le fumet de levure de bière peut interpeller l'odorat des mollusques au-delà des limites du jardin. Si le traitement se prolonge, on peut enregistrer une augmentation sensible de la population de limaces, alors que l'objectif était plutôt de la réduire…

Une mare à l'eau claire

Quel est le problème numéro un d'une mare ? L'eau devient verte. La cause principale : la surpopulation des poissons. Il faut éviter d'introduire plus de cinq poissons de 15 à 20 cm par 20 m^2 de bassin. Plus les poissons sont nombreux, plus la masse d'excréments expulsés dans l'eau est importante. Les algues profitent de ces apports de substances nutritives et se développent allègrement, rendant ainsi l'eau verte. La solution défendue par les vendeurs de matériel est technique : une pompe, un filtre, une lampe à ultraviolets, des produits à introduire dans l'eau… La solution proposée par les naturalistes est toute différente : des plantes aquatiques couvrant au moins un tiers de la surface. Dans la nature, une mare est un écosystème. Faute d'une pyramide écologique basée sur une végétation aquatique abondante capable d'assurer l'oxygénation et la purification de l'eau, la mare ne peut être qu'un grand aquarium artificiel. L'idéal : une mare sans poissons, ce qui permet de préserver le maximum de diversité de faune aquatique sauvage.

Les poissons à la diète

Cet été, n'hésitons pas à réduire la nourriture des poissons de la pièce d'eau. Leur dépendance vis-à-vis d'un apport extérieur est moindre durant toute la belle saison. La vie aquatique qui s'est développée dans la mare fournit aux poissons une part de leur alimentation. Certains sont des prédateurs de larves ou d'insectes. D'autres consomment des plantes.

Une nourriture en excès qui gagne le fond de l'eau ne peut qu'aggraver les déséquilibres biologiques, nous empêchant d'obtenir une eau claire. Sitôt dissoutes, ces matières organiques soutiennent le développement des algues qui rendent l'eau verte et opaque. Le phénomène sera plus important si l'été est chaud et ensoleillé.

Top chrono

Comment savoir si la quantité de nourriture offerte aux poissons de la pièce d'eau n'est pas excessive ? Il suffit tout simplement de chronométrer le temps du repas. Si les poissons n'ont pas consommé la totalité des granulés en moins de trois minutes, il faudra réduire le volume distribué.

Bain de lavande

Après une journée de travail intense au jardin, rien de mieux qu'un bain parfumé à la lavande pour relaxer le jardinier fatigué. Une poignée d'inflorescences de lavande est placée dans un voile, noué avec une ficelle. La boule est suspendue sous le robinet d'eau chaude pendant que coule le bain. La lavande ne parfume pas seulement l'eau. C'est toute la pièce qui est transportée en Provence.

Le jardin, la nuit

Une fois la nuit tombée, on pourrait penser que le jardin est au repos jusqu'au lendemain matin. N'hésitez pas à attendre une nuit noire pour parcourir les allées, une lampe de poche à la main. La nuit, votre jardin mène une seconde vie… Pendant votre sommeil, tout un petit monde qui attendait l'obscurité se met en mouvement. Une chouette effraie survolera peut-être la pelouse dans le plus grand des silences. Le hérisson se déplacera en grognant dans le potager où il aime à croquer les limaces qui ont aussi quitté leurs cachettes. Les mulots et les campagnols parcoureront les environs de leurs terriers à la recherche de fruits secs et de végétaux à débiter en morceaux. Même les fleurs ne sont pas toutes au repos. Si la pâquerette referme ses pétales au crépuscule, certaines fleurs s'ouvrent et répandent leur parfum la nuit.

Un bon coup de fourchette

Une panoplie de jardinier n'est pas complète sans une fourchette. À quoi peut bien servir ce couvert de table ? La fourchette fait merveille pour ameublir la surface du substrat des pots disposés sur la terrasse. Au gré des arrosages, il s'est tassé. Ameubli sur une épaisseur de 2 cm, le terreau permettra aux racines de capter plus d'oxygène. Les géraniums adorent !

Certains jardiniers se munissent aussi d'une fourchette pour retirer dans le gazon les herbes indésirables qui apparaissent entre les graminées.

Enfin, dans un jardin visité par l'émission «Jardins & loisirs», des fourchettes étaient piquées entre les plantes. Entre les dents : les étiquettes signalant les noms des vivaces.

Les astuces en plus

◇ **Les vivaces d'un parterre sont courbées par les pluies abondantes d'un orage ?** Glissez le long manche du râteau ou de la binette sous les tiges et redressez-les délicatement, avec de petites secousses pour faire tomber l'eau qui les alourdit. Si l'on agit sans tarder, les plantes ne garderont pas un port prostré.

◇ **Le potager et les parterres sont envahis par le mouron ?** Autant voir le bon côté des choses : cette plante indésirable est indicatrice de la fertilité d'un sol, car elle se plaît surtout dans les terres meubles, riches en azote et en humus.

Si j'étais goutte de rosée,
Je dormirais au cœur des lys
Et je connaîtrais les pensées
Qui sentent bon dans leur calice.

Si j'étais le soleil d'été,
Je polirais si bien les fruits
Qu'en leur miroir courbe et doré
Chacun pourrait voir ses amis.

SI J'ÉTAIS (EXTRAIT)

8 AOÛT

LES JOURS RACCOURCISSENT DE

01 h 58

DAHLIA
Dahlia
Floraison : juin à novembre

POUR BIEN COMMENCER LE MOIS…

Fleurs séchées

Beaucoup de fleurs du jardin peuvent être séchées pour composer des bouquets secs. Comment procéder ? Il est préférable d'enlever les feuilles trop charnues à la base des tiges florales avant de rassembler celles-ci en de petites gerbes. Le séchage sera ainsi plus efficace. Les gerbes sont entourées de papier journal et suspendues par leur base au plafond d'une pièce sombre, bien aérée et pas trop fraîche où elles sécheront progressivement. Protégées de la poussière par le papier journal, les fleurs séchées pourront patienter au plafond durant de longs mois avant d'être progressivement utilisées dans les montages floraux. Pour entourer les bouquets secs de verdure, il est possible de conserver du feuillage d'arbuste. Une part de glycérine est mélangée dans deux parts d'eau bouillante. Le liquide refroidi est versé dans un vase où prennent place les rameaux. Rafraîchir la section à la base des tiges et y effectuer une incision en croix permet une meilleure pénétration de la glycérine qui va se répandre dans tout le rameau et empêcher le flétrissement des feuilles. Les rameaux pourront également être conservés en bouquets suspendus au plafond.

LE JARDIN gourmand

Des choux sans chenilles

Les choux du potager sont sans cesse survolés par la piéride du chou. Ce papillon blanc, très commun dans nos régions, pond ses œufs sur les feuilles. Les chenilles peuvent rapidement transformer les feuilles en fines dentelles. La solution radicale consiste à cultiver les choux sous une armature portant un filet anti-insectes, disponible dans les jardineries.

En jardinage biologique, on tente de dérouter les papillons, qui repèrent les choux à leur odeur, en piquant des branches de genêt entre les lignes. Les gourmands enlevés à l'aisselle des feuilles des plants de tomate peuvent aussi être déposés sur les choux.

Si la ponte du papillon est observée malgré tout sur les feuilles des choux, ces grappes d'œufs jaune-orange peuvent être écrasés avec le pouce. Le port d'un gant en caoutchouc pour la vaisselle permet de surmonter la réticence à écraser aussi les jeunes chenilles. Les chenilles seront également détruites par une pulvérisation d'eau additionnée à 5 % de savon noir (savon alcalin sans colorant, sans parfum ni ingrédient synthétique ajouté).

N'oublions pas de jeter aussi un œil sur les capucines. La piéride du chou les aime beaucoup…

Surcharge de pommes

C'est souvent au retour des vacances que l'on a la désagréable surprise de constater qu'une branche d'un jeune pommier s'est brisée sous le poids des fruits qui promettaient une récolte abondante. Hélas, une réparation est impossible, même si la branche cassée qui pend au tronc vit toujours, alimentée en sève par le fragment d'écorce resté intact. Il est inutile de relever la branche avec un support pour remettre les tissus en contact : ils ne se ressouderont pas. Il faut couper sans tarder la branche brisée.

Comment éviter que ce petit drame ne se renouvelle ? Il ne faut pas hésiter à cueillir des pommes lorsqu'elles s'annoncent trop nombreuses pour le calibre de la jeune branche. On élimine d'abord les plus petites et celles qui présentent des taches ou des blessures dues aux insectes. Un support pour la branche sera aussi utile. Une perche terminée par deux rameaux en fourche fera l'affaire. Un morceau de chambre à air placé sous la branche évitera de blesser l'écorce à cause des frottements dus au vent.

Le cul noir de la tomate

Zut ! Voici que les tomates présentent une malformation. La base des fruits se creuse, brunit, puis devient dure et sombre. On appelle ce phénomène « le cul noir de la tomate ». Cette nécrose apicale est un problème physiologique qui se produit surtout avec les variétés longues que sont, par exemple, les 'Andine' ou les 'Roma'. Il faut savoir que, contrairement à ce qui est souvent dit,

les tomates ont besoin d'un apport régulier en eau. Si la plante subit des périodes de sécheresse, les fruits souffrent d'un manque d'apport de calcium, ce qui provoque la malformation en question. Cette carence en calcium se produit plus rapidement dans les sols déséquilibrés, quand les tomates sont cultivées dans des bacs potagers surélevés de faible volume ou sous une serre dont la terre a été négligée. Ce problème, qui peut être corrigé par un apport de purin de prêle, riche en calcium, et un arrosage plus régulier, n'est pas dramatique : les tomates abîmées restent comestibles. Il suffit d'enlever la base noire.

Les astuces en plus

◇ Quand leurs feuilles ont jauni, **les oignons peuvent être arrachés**. Pour une bonne conservation, les laisser sécher quelques jours au soleil. Plus ils seront secs, mieux ils se conserveront. Couper le feuillage et les racines avant de les rentrer.

◇ Lors de la **cueillette des haricots**, bien veiller à sectionner le pédoncule, en le pinçant avec les ongles. Prélevés de cette manière, les princesses se conservent bien pour peu que l'on n'ait pas le temps de les cuisiner tout de suite. Si on abîme le sommet du haricot en l'arrachant, il se ramollit rapidement par perte d'eau.

◇ **Pour une conservation optimale**, rentrer les **pommes de terre** le soir de la récolte et les **étaler** pendant quelques jours pour qu'elles finissent de **sécher**. Ensuite, les stocker dans la pièce la plus fraîche possible, à l'abri du gel.

◇ Après le 15 août, les plus fortes chaleurs sont passées. **Reprendre le semis d'épinards** dans un sol finement travaillé et maintenu frais. Éclaircir pour ne laisser qu'un plant tous les 10 cm.

◇ Dans une parcelle qui s'est libérée au potager, **semer de la mâche** pour une première récolte en automne. Choisir une variété à grosses graines, plus hâtive.

◇ Au début du mois, **semer les dernières laitues** en choisissant des variétés convenant pour l'automne telles que 'Grosse Blonde Paresseuse', 'Merveille des 4 Saisons' ou 'Appia'.

Le sédum, la plante qui n'a pas soif

« Il est increvable. » C'est ainsi que beaucoup de pépiniéristes qualifient le *Sedum spectabile*. Les canicules de l'été n'auront pas raison de ce joli orpin parfaitement résistant à la sécheresse. Au fil des ans, il développe des touffes de plus en plus larges de tiges épaisses garnies de feuilles charnues qui s'élèvent à 50 cm. À la fin de l'été, les inflorescences forment des plateaux de petites fleurs roses continuellement visitées par les insectes butineurs, car la plante est mellifère. Les feuilles sont détruites par les premières gelées mais les tiges ne doivent surtout pas être coupées, car elles sèchent et restent dressées, assurant une présence décorative pendant l'hiver, surtout par temps de givre.

Au printemps, lorsque les nouvelles pousses font leur apparition au départ de gros bourgeons au ras du sol, les tiges de l'année précédente peuvent être supprimées. La plante devient trop volumineuse ? Quelques coups de bêche suffiront pour diviser la touffe. Un éclat est replanté au même emplacement et les autres peuvent rejoindre d'autres zones du jardin ou être offerts. Les tiges ont tendance à se coucher sur le sol ? La richesse du substrat favorise la croissance de cette plante des terrains pauvres. Il faut alors raccourcir les tiges durant leur développement. Le sédum se ramifie et reste droit.

Lavandes gratuites

Les lavandes sont surtout introduites dans les jardins sous forme de jeunes plantes en pot achetées dans les pépinières. Mais il est aussi possible d'enraciner des boutures récoltées dans un jardin ami. Voilà une manière économique de produire une belle série de plantes pour former une bordure. Après la floraison, des pousses de l'année, longues de 6 à 8 cm et débarrassées de leurs feuilles à la base, sont piquées dans un substrat composé à parts égales de terreau tamisé et de sable du Rhin. Les pots sont placés à l'ombre avec le substrat maintenu à peine humide, une feuille de plastique par-dessus les boutures évitant le dessèchement. Les jeunes plantes passeront leur premier hiver à l'abri de la pluie et du froid excessif, sous la serre ou dans une couche.

Des tipules dans le gazon

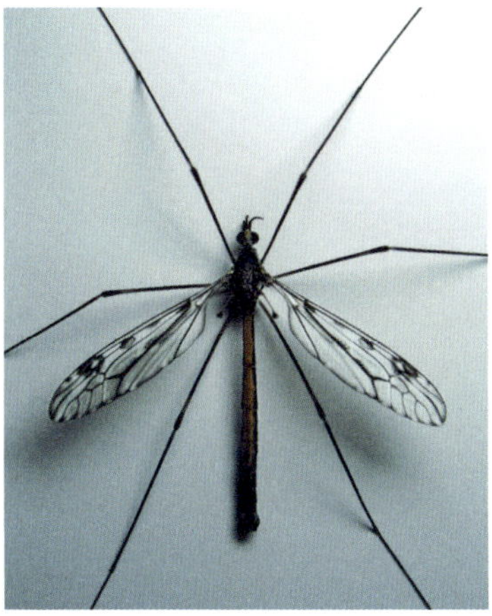

Si des taches desséchées apparaissent brusquement dans le gazon, et si on peut y enlever l'herbe sans la moindre difficulté puisqu'il n'y a plus de racines, nous sommes en présence de larves de tipule. Cet insecte à l'allure de gros moustique pataud est bien présent dans les jardins. Si l'adulte ne cause aucun dégât aux plantes, ses larves sont par contre redoutables. Entre juillet et septembre, chaque tipule pond 300 œufs sur le sol. Ils donnent naissance à des larves de teinte grise, mesurant environ 4 cm de long et ne possédant pas de pattes. Elles se développent sous terre à faible profondeur, rongeant les racines des graminées qui composent les pelouses.

Il est possible de piéger les larves en plaçant le soir un plastique noir (un sac de terreau vide par exemple) sur le sol, après avoir copieusement arrosé la pelouse. Les larves viennent se loger sous ce couvert et on peut les détruire le lendemain.

Un robinet qui embellit le parterre

Pour ne plus devoir transporter les arrosoirs sur une longue distance depuis la maison, la solution consiste à installer un robinet au jardin. Mais qu'ils sont laids, ces tuyaux en plastique noir qui surgissent du sol et que l'on attache à un piquet ! Quelques planches peuvent transformer cet élément disgracieux en une présence verticale qui attirera le regard des visiteurs. Une couverture de plomb, comme celles qu'utilisent les ardoisiers, protège le sommet de la pluie. L'ensemble sera encore plus joli quand le bois sera devenu gris sous l'effet du soleil.

Bien sûr, les arrosoirs, posés sur la pierre, seront remplis à l'avance pour que l'eau acquière la température ambiante. Les plantes détestent les chocs thermiques provoqués par l'eau de distribution glacée.

Une cabane qui n'enlaidit pas le jardin

Lieux de rangement pour les outils, la tondeuse et le barbecue, les remises en bois sont des constructions souvent plus fonctionnelles que belles. Dans les jardins où une esthétique paysagère est recherchée, la cabane est souvent reléguée avec le tas de compost derrière un écran de conifères. Mais il suffit de peindre une cabane pour lui donner un cachet. Couleurs gaies, teintes pastel, lasures bleues, vertes ou rouge-brun peuvent se combiner pour créer une apparence unique.

Un encadrement acheté lors d'une brocante se transforme en un parterre de joubarbes. Un grillage à poules est fixé sur le cadre posé à plat. Il retient les rosettes réparties sur toute la surface, qui sont entourées de mousse récoltée dans le gazon. Une fine couche de terreau est étendue par-dessus. Puis, une plaque de bois est clouée pour constituer le fond de cette jardinière tout en originalité.

Joubarbes en expansion

Sur la table du jardin, les petites terrines de joubarbes ont un charme fou. Durant cet été, les plantes se sont multipliées. De nouvelles rosettes sont apparues au sein des touffes. Pour multiplier nos potées, nous pouvons prélever quelques-unes de ces jeunes joubarbes en essayant d'obtenir un morceau de racine. Pourquoi ne pas aussi insérer ces plantes dans les fissures d'un vieux mur ? Un substrat n'est pas vraiment nécessaire. Les joubarbes sont capables de vivre simplement posées sur la pierre et même sur des tuiles. Elles se multiplient moins vite que dans du terreau, mais composent néanmoins de petits ensembles qui habillent bien les vieilles pierres.

Les astuces en plus

◇ **Les digitales produisent une grande quantité de fines semences.** C'est ainsi que la plante perpétue sa présence au jardin. Envie d'offrir des plants à vos amis jardiniers ? Disposez des pots remplis de terreau autour d'une digitale. Des graines vont y tomber et germer.

◇ Dans la **prairie fleurie** qui est fauchée à cette époque, **conserver une zone avec des hampes florales sèches.** Les graines constitueront une source de nourriture pour les oiseaux durant l'hiver prochain. On pourra ainsi recevoir la visite des chardonnerets.

◇ **Couper les hampes florales des *Alchemilla mollis*** si vous ne souhaitez pas que la plante se sème dans le gravier de l'allée ou dans les joints entre les dalles de la terrasse.

◇ Ne pas oublier de **faire sécher des éléments pour la décoration florale** : capsules de nigelles de Damas, graminées, monnaies du pape, etc.

Le grand entretien des jardinières

Pour redonner belle allure à nos jardinières d'annuelles, un grand entretien s'impose.

Tout d'abord, il faut éliminer les feuilles et fleurs séchées qui sont des points de développement de la pourriture grise ou botrytis. Ensuite, avec une paire de ciseaux, taillons les végétations qui déséquilibrent l'allure générale de la jardinière. Le surfinia, le bidens ou le plectranthus supportent sans problème un raccourcissement qui va d'ailleurs favoriser le développement de nouvelles pousses latérales. Nous pouvons aussi tailler légèrement les lobélias, diascias, bacopas et autres plantes fines qui ne sont plus généreusement fleuries. Après leur première vague de floraison, ces plantes ayant formé des graines ont tendance à déjà terminer leur cycle végétatif. La taille va prolonger la floraison. Un engrais de type «géranium» à forte proportion de potasse (élément K) doit bien sûr être appliqué via l'eau d'arrosage pour stimuler le renouveau floral de la jardinière.

SOS terreau sec

Si l'arrosage n'a pas été effectué à temps, le terreau d'une jardinière ou d'une suspension peut être retrouvé sec au point que l'eau n'y pénètre plus. Elle perle à la surface et s'écoule dans le vide apparu entre la paroi et le substrat qui s'est rétracté. Il faut alors ajouter un peu de savon de vaisselle dans l'eau d'arrosage. Le détergent va fortement accroître le pouvoir mouillant de l'eau. Une autre solution consiste à plonger purement et simplement la jardinière dans l'eau de la mare jusqu'à complète réhumidification du terreau.

Bouturer un fuchsia

C'est lorsqu'ils sont en pleine croissance qu'il faut bouturer les fuchsias. Le sommet d'une tige est prélevé. On enlève les feuilles à la base de cette bouture ainsi que les boutons floraux. Pour éviter que la bouture ne se dessèche par transpiration, la surface des deux à quatre feuilles laissées en place peut être réduite avec une paire de ciseaux. La bouture est ensuite piquée dans un substrat à la fois humide et aéré. Placée à la chaleur et à l'ombre, elle s'enracine rapidement. Trois semaines après le bouturage, le jeune fuchsia se met à pousser. La tige verticale est rabattue pour favoriser le développement de tiges latérales et ainsi obtenir un buisson dense. Le moment est alors venu de rempoter le jeune fuchsia dans un pot plus large. Il faut un terreau de type «géranium» contenant de l'argile et de la tourbe pour une bonne rétention de l'eau. Six à huit semaines plus tard, le nouveau fuchsia est déjà en fleurs.

Former un fuchsia sur tronc

Le port naturel d'un fuchsia est érigé ou retombant. Mais la plante peut se prêter à un travail de formation. On rencontre parfois, lors d'événements ou d'expositions, de splendides fuchsias en boule portés par un tronc. Certaines plantes ont ainsi plus d'un mètre cinquante de haut. Nous pouvons parfaitement créer un tel arbuste au jardin. Il faut effectuer une bouture en prélevant le bout d'une branche et en la piquant dans du terreau jusqu'à apparition des racines. Dès que la nouvelle plante grandit grâce au bourgeon terminal, les pousses latérales sont progressivement supprimées de manière à favoriser la croissance verticale du tronc. Au fur et à mesure de son allongement, ce travail de taille est poursuivi. Arrivée à la hauteur souhaitée, la pousse verticale est sectionnée et l'arbuste développe alors une ramure latérale. Cette boule fleurie constituera un pôle majeur de la terrasse en été et de la véranda froide en l'hiver.

Une astuce en plus

◇ **Pour une profusion de fleurs sur les fuchsias, pincer les nouvelles pousses** après le développement de deux paires de feuilles. On favorise ainsi le développement de branches latérales. Un engrais riche en potasse dans l'eau d'arrosage soutient la formation des boutons floraux.

Des bordures en bois

Au rang des améliorations pouvant être apportées au jardin, la pose de bordures confère davantage de netteté et réduit le temps d'entretien. Le gazon a toujours tendance à s'étendre dans la plate-bande voisine. Régulièrement, il faut rectifier la linéarité de la frontière. Une bordure sépare chaque zone et l'entretien se limite alors à couper, avec une cisaille à main ou une débroussailleuse à fil, le gazon que la tondeuse n'aura pas pu tondre le long de la paroi. Des bordures en matière synthétique sont disponibles dans les jardineries mais, dans les jardins anglais, on préfère utiliser de simples planches. Si l'on choisit du bois de classe 4, traité en autoclave avec des ions métalliques, il résistera très longtemps à la pourriture. Le bois s'harmonise bien à la végétation et devient très discret. Comment courber une planche afin que la bordure suive l'arrondi d'un parterre ? De petits traits de scie à intervalles réguliers permettent d'obtenir un galbe.

Une roue de brouette sans fuites

Au jardin, nous utilisons sans cesse la brouette pour transporter du terreau, les tontes de gazon, le compost, les déchets verts… De temps à autre survient un petit accident : le pneu est crevé. Il faut alors démonter la roue et placer une chambre à air si le pneu est simplement collé sur la jante. Si une chambre à air est présente, nous devons utiliser les rustines du vélo. Pour éviter ces désagréments, des pneus pleins sont maintenant disponibles dans les jardineries. Ils sont increvables, mais il faut savoir que le confort de conduite est moindre. Un pneu plein amortit moins bien les chocs. Mais dans un jardin où l'on taille beaucoup d'aubépines et de berbéris, voilà certainement la solution définitive.

Gare aux aleurodes

Les aleurodes peuvent nous donner beaucoup de fil à retordre dans la serre. Ces petites mouchettes blanches qui s'envolent lorsqu'on frôle les plantes peuvent commettre beaucoup de dégâts. La femelle pond ses œufs à l'intérieur des feuilles. La larve consomme le feuillage tout en sécrétant une substance cireuse pour se protéger des prédateurs. Les insectes adultes sucent la sève des plantes avec leur rostre. En cas d'attaque sévère, les feuilles se décolorent, se flétrissent et tombent. Le miellat excrété par les aleurodes recouvre les plantes, qui deviennent collantes. Ce miellat favorise par ailleurs le développement d'une moisissure, la fumagine. Le dépôt de miellat devient une couche noire, entravant la photosynthèse et la respiration des plantes.

Deux astuces pour éliminer les mouchettes blanches

Pour réduire la présence des aleurodes, des plaques en plastique jaune à suspendre sont disponibles en jardinerie. Elles sont recouvertes de glu. La couleur jaune et les mouvements au gré des courants d'air attirent les aleurodes qui viennent se coller dans la glu.

Des horticulteurs emploient un aspirateur pour capturer les aleurodes qui se concentrent au revers des feuilles. Cette méthode est très efficace pour éliminer rapidement une bonne proportion des individus adultes. Attention à la puissance de l'aspiration pour ne pas abîmer les plantes.

La lutte biologique est efficace

Il est possible d'introduire dans la serre une guêpe parasite des aleurodes, l'*Encarsia formosa*, à commander en jardinerie. Ces insectes sont disponibles sous forme de pupes collées sur un carton à suspendre dans la serre. Après leur naissance, les minuscules guêpes adultes, pour la plupart femelles, vont pondre dans les nymphes d'aleurodes. La larve de l'*Encarsia* se développe en rongeant l'aleurode de l'intérieur. Dix jours après la ponte naît une nouvelle guêpe adulte qui va pondre à son tour dans des nymphes d'aleurodes tout en consommant des insectes adultes pour se nourrir. Pendant sa vie, une seule *Encarsia* parasite 250 à 450 aleurodes et en consomme 30 à 70.

Le bac à sable

Pour que la bêche ou la fourche-bêche soient toujours nettes, sans boue ni rouille, il faudrait nettoyer leur fer après chaque usage. Alors que tant de travaux les attendent au jardin, beaucoup de jardiniers ne prennent pas le temps de bichonner à ce point leurs outils. Un moyen tout simple nous permet néanmoins de les débarrasser de la terre qui y reste accrochée. Il suffit de placer dans la cabane à outils un grand récipient rempli de sable du Rhin. Une poubelle en plastique convient bien, car son couvercle permettra de garder le sable humide. Chaque fois que nous revenons du jardin, il suffit de plonger l'outil de manière répétée dans le sable. Cette masse compacte a un effet abrasif intense et l'outil ressort bien vite net et luisant.

Dans cette remise d'une belle propriété en Angleterre, les outils sont non seulement parfaitement propres, mais aussi rangés par couleurs, une par jardinier.

Bien se pencher

Dans le monde du jardinage, on dit souvent que la terre est basse. Effectivement, beaucoup de personnes terminent une journée de travail au jardin en ayant mal au dos. Cela est notamment dû au fait que nous nous penchons très mal. Nous avons tendance à nous rapprocher des plantes ou d'un objet à ramasser en courbant le dos. De cette manière, nous faisons jouer un rôle de charnière à quelques vertèbres au bas de notre colonne vertébrale, une fonction à laquelle elles ne sont pas du tout destinées. Pour bien nous pencher, nous devons en fait faire jouer trois articulations : les hanches, les genoux et les chevilles. En nous penchant ainsi et en gardant le dos bien droit, nous épargnons notre colonne vertébrale. C'est surtout lorsqu'il faut soulever un objet lourd, comme un sac de terreau ou une plante en pot, que le lumbago survient. Chaque fois qu'un tel geste doit être accompli, il faut veiller à plier les jambes pour garder le dos bien droit. Dans un premier temps, cette attitude demande un peu de discipline. Par la suite, elle devient naturelle.

Un binage vaut deux arrosages

Durant l'été, entre les pluies, les racines des plantes prélèvent l'humidité du sol, mais l'eau disparaît également par évaporation. Aussi, n'oublions pas le vieux dicton : « Un binage vaut deux arrosages ». La binette enlève les herbes indésirables qui sont des consommatrices inutiles d'eau, mais son travail brise surtout les microfissures du sol. Ces petits canaux facilitent les remontées d'eau par capillarité depuis les couches plus profondes. Une fois binée, non seulement la terre sèche moins vite, mais l'ameublissement de la surface permet une meilleure pénétration de la rosée ou d'une éventuelle pluie.

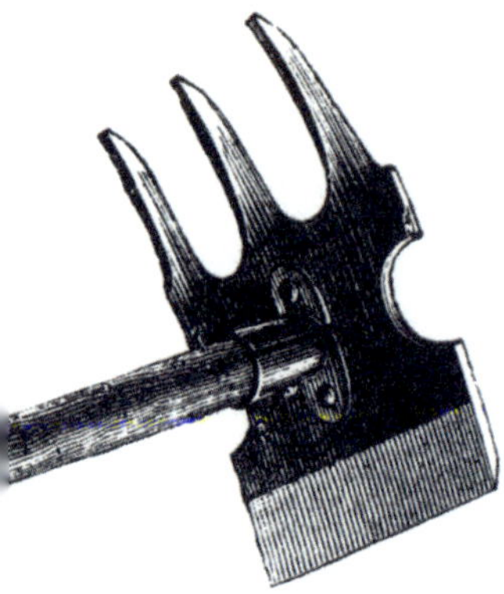

Le temps des aoûtats

Quelle frustration ! En août, des jardiniers sont interdits de jardin. Il suffit qu'ils sortent sur la pelouse ou, pire, qu'ils approchent le potager, où la récolte des haricots doit pourtant être effectuée, pour qu'ils soient victimes des aoûtats. Dans les heures qui suivent, les démangeaisons apparaissent. Leur ampleur peut être telle qu'il est alors presque impossible de dormir. Des milliers de personnes sont incommodées par cette minuscule bestiole pouvant aussi nous surprendre au détour d'un sentier, lors d'une promenade campagnarde.

Un acarien

Le nom complet de l'aoûtat est *Trombicula autumnalis*. Cet acarien de petite taille vit à la surface du sol, dans les pelouses et les potagers. Dès que le printemps revient, les femelles pondent leurs œufs qui donnent naissance à des larves de couleur rouge, mesurant 0,2 mm et portant trois paires de pattes. Elles deviennent des nymphes, puis des adultes se reproduisant à leur tour. Les générations se succèdent au fil de l'été et, le mois d'août arrivé, les populations sont devenues importantes avec un grand nombre de larves naissant jour après jour. C'est alors que la présence des aoûtats dans un jardin devient perceptible.

Morsure

Une jeune larve d'aoûtat doit rapidement se nourrir. De manière très particulière puisqu'elle s'attaque aux vertébrés à sang chaud, dont… les jardiniers. La larve d'aoûtat qui grimpe sur notre corps est souvent arrêtée dans sa progression là où les vêtements nous serrent : la manche du t-shirt, la ceinture du pantalon… Elle peut malgré tout parvenir dans les replis de la peau : sous les genoux, les aisselles… C'est dans toutes ces zones qu'elle nous mord sans provoquer la moindre douleur. Mais c'est alors que l'aoûtat nous injecte un suc salivaire liquéfiant nos tissus, qui sont alors aspirés. La peau durcit par réaction autour de cette petite zone, et c'est en profondeur que la blessure s'étend, formant un puits étroit appelé « stylostone ». Quelques heures après la morsure apparaît sur la peau une papule rougeâtre accompagnée de fortes démangeaisons. La larve d'aoûtat, contrairement à ce qui est souvent pensé, ne pénètre pas dans la peau, ce qui ne l'empêche pas de se nourrir pendant au moins une vingtaine d'heures avant de se laisser tomber.
Les démangeaisons se poursuivent durant une semaine. Si l'on gratte, les plaies qui peuvent s'infecter forment alors de vilaines blessures restant longtemps visibles.

Un bain chaud

Que faire si l'on a été attaqué par des aoûtats ? Dès l'apparition des papules, il faut prendre un long bain bien chaud et se savonner pour faire tomber les larves et limiter l'ampleur de la réaction. Le pharmacien pourra conseiller une pommade pour calmer les démangeaisons. Quant aux vêtements qui peuvent toujours porter des larves, il faut les mettre au lavage. Pour circuler dans un jardin à aoûtats, le mieux est de porter des bottes, un pantalon et un vêtement avec des manches serrant aux poignets. Un bain chaud terminera la journée.

Une astuce en plus

◇ Si la canicule et la sécheresse sévissent à nouveau cet été, **prévoir un point d'eau pour les oiseaux**. Une grande soucoupe pour pot dont l'eau est changée chaque jour convient déjà pour leur permettre de s'abreuver et de se baigner. Si l'on dispose d'une pièce d'eau, aménager un accès en pente douce.

Il faut plus d'une pomme
Pour remplir un panier.
Il faut plus d'un pommier
Pour que chante un verger.
Mais il ne faut qu'un homme
Pour qu'un peu de bonté
Luise comme une pomme
Que l'on va partager.

BONTÉ

9 SEPTEMBRE

LES JOURS RACCOURCISSENT DE

01 h 57

◇ ANÉMONE DU JAPON
Anemone hupehensis
Floraison : août à octobre

POUR BIEN COMMENCER LE MOIS…

Une analyse de sol

Les légumes sont maigrichons ? Les tomates de la serre vous désespèrent ? Des semis ne se développent pas ? Le sol du potager peut être déséquilibré. Comme le médecin qui effectue une prise de sang, le jardinier peut faire analyser son sol pour identifier les carences ou les excès de fumure. L'échantillon à préparer doit être représentatif de l'ensemble de la parcelle. Avec une bêche, on prélève une fine tranche de sol sur toute la hauteur du fer de l'outil. Au moins cinq à six prélèvements répartis sur toute la surface sont intimement mélangés dans un seau.

Cinq cents grammes de ce sol, placés dans un sac en plastique, sont déposés ou envoyés à un laboratoire d'analyse de terres agricoles. En Belgique, ce service public est une compétence provinciale, avec un laboratoire par province. En France, il faut d'abord rechercher si un laboratoire départemental peut effectuer l'analyse. À défaut, il faudra s'adresser à un laboratoire privé. Le laboratoire mesure l'acidité du sol, dose les principaux éléments fertilisants et quantifie le pourcentage d'humus. Le bulletin d'analyse indique les types d'engrais et les quantités précises à appliquer selon un calendrier. Ces correctifs permettront de retrouver un sol de bonne qualité.

Récolter les graines de tomates

Si la serre produit de délicieuses tomates, est-il possible de récolter les graines pour les ressemer l'année prochaine ? S'il ne s'agit pas d'une tomate hybride, la réponse est oui. Les variétés simples, la 'Cœur de bœuf' par exemple, sont fidèles par semis. Mais pour que les graines germent, il y a un petit truc. Il faut couper les tomates et récolter la pulpe dans un bocal qui sera placé à l'intérieur de la maison pendant trois à quatre jours. Une fermentation va se produire : on verra apparaître des bulles, de la moisissure va se développer en surface, l'odeur va devenir plus acide et les graines, qui étaient maintenues dans un gel, vont se libérer et se déposer sur le fond. Pour les récupérer, il faut utiliser un tamis dans lequel on vide le coulis. Les graines sont rincées à l'eau claire dans le tamis puis étalées sur du papier absorbant. Quand elles sont bien sèches, elles sont conservées dans une enveloppe en papier jusqu'au semis du printemps prochain.

De l'ail pour l'été prochain

N'abandonnons surtout pas le potager. Septembre est propice à la plantation de l'ail. La culture automnale a l'avantage de produire des têtes deux fois plus volumineuses que celles obtenues à partir d'une plantation au printemps. Le gel ? Pas de problème : les variétés pour cette époque résistent au froid. Un bon choix est l'ail 'Germidour', une obtention française aux gros bulbes violets. L'ail rose, vendu pour la culture printanière, ne convient pas.

L'atout pour un bon résultat : un sol drainant. Les terres argileuses lourdes, gorgées d'eau en hiver, provoquent le pourrissement. Le bulbe est ouvert avec les doigts et les caïeux extérieurs, les plus gros, sont enfoncés dans la terre, leur sommet affleurant à la surface. Espacement : 20 cm. La végétation aura 15 cm de haut avant les froids. Les plantes atteindront 50 cm au printemps. L'ail sera récolté en juillet, quand le feuillage jaunit et sèche. Juste à temps pour un aïoli aux parfums des vacances.

Est-il possible de cultiver l'ail dans les sols lourds qui se gorgent d'eau durant l'hiver ? Oui, à condition de le planter au sommet de buttes façonnées en lignes. Elles permettront un drainage de l'humidité excédentaire.

Épinards d’automne

Plutôt que de la moutarde, nous pouvons semer, avec les mêmes avantages, de l’épinard en tant qu’engrais vert pour occuper durant la morte saison les espaces libres au potager. Les graines sont répandues à la volée (30 g/10 m²) sur un sol simplement griffé au râteau, puis plombé. S’il est suffisamment développé, l’épinard résistera aux gelées jusqu’à −10 °C. Il pourra être progressivement consommé ou rester en place. Fauché au sortir de l’hiver, il se décomposera à la surface du sol, lui restituant de l’azote par le biais de l’humus qu’il formera.

Semons le trèfle incarnat

L’emploi des engrais verts demeure trop peu connu. La gamme végétale pouvant être semée comprend également le trèfle incarnat. On le sème à la volée sur une terre simplement griffée en surface par le croc (25 g de graines pour 10 m²). Il faut ensuite veiller à ce que le sol reste humide pour une bonne levée. Comme la moutarde, le trèfle va utiliser l’azote présent dans le sol pour sa croissance. Cet élément est ainsi valorisé avant que les pluies hivernales ne l’entraînent en profondeur, au-delà de la zone de développement des racines des légumes. Au sortir de l’hiver, ce trèfle qui, en bonne légumineuse, enrichit le sol en azote, sera recouvert par un plastique noir pour assurer sa destruction par manque de lumière et sa décomposition à la surface du sol. Il sera ainsi source d’humus. Si on le laisse en place dans une partie qui sera plantée ou semée plus tardivement, il formera en mai ses magnifiques fleurs rouges. Elles attireront les insectes butineurs.

Moutarde à volonté

Chaque fois qu’une parcelle du potager est libérée d’une culture de légumes, nous pouvons y semer de la moutarde. Il suffit de griffer superficiellement le sol à l’aide du croc. Les graines de moutarde sont petites, mais leur teinte claire permet de les distinguer sur la terre. Il est donc aisé de réaliser un semis homogène. Pour une bonne germination, il faut que les graines soient bien en contact avec le sol. On plombe donc la surface par un passage du rouleau ou d’une planchette fixée à un manche de bois (jadis, les jardiniers clouaient des planchettes à une paire de sabots usagés pour damer le sol).

Les graines de moutarde germent dans la semaine et les plants occupent vite le sol, faisant obstacle aux herbes indésirables. Autre avantage : les racines de la moutarde prélèvent de l’azote qui ne pourra donc pas percoler en profondeur durant l’hiver. Quand la moutarde amorcera sa floraison cet automne, elle pourra être fauchée et laissée sur la parcelle. Le plus simple est d’attendre que la moutarde soit détruite par une forte gelée. Cette masse végétale sera une source d’humus pour le sol du potager, lui restituant de l’azote qui sera disponible pour les cultures du printemps.

Taches orange

Les poiriers sont largement touchés par la rouille grillagée, une maladie cryptogamique devenue très courante. Sur la face supérieure des feuilles, on remarque des taches orange tandis que, sur la face inférieure, apparaissent des sortes de verrues brunes assez proéminentes.

La rouille grillagée est peu dangereuse lorsqu'il n'y a que quelques feuilles atteintes. Par contre, en cas de forte attaque, elle peut se révéler affaiblissante pour les arbres, surtout quand la maladie réapparaît année après année.

Quand elles tombent, les feuilles malades sont récoltées et détruites.

Il faut savoir que le champignon responsable de la rouille grillagée hiverne sur certains genévriers avant de réinfecter les poiriers au début de la saison suivante. Les perspectives d'amélioration sont donc réduites si les genévriers suivants sont présents dans le voisinage : *Jupinerus* × *pfitzeriana* et ses cultivars, *Juniperus sabina* 'Blue Danube', *Juniperus scopulorum* 'Blue Heaven', pour ne citer que les plus sensibles. Éliminer ces conifères autour des vergers permet d'améliorer sensiblement la situation.

Carpocapse

Les pommes sont véreuses ? Elles ont été attaquées par la chenille du carpocapse, un petit papillon de nuit gris-brun. Cette chenille, rose avec une tête brune, se développe dans les pommes. De mai à juin, la femelle du carpocapse dépose ses œufs sur les feuilles, les jeunes pousses et les fruits. La chenille gagne alors le cœur des pommes via un petit orifice pratiqué dans l'épiderme. On peut remarquer qu'il est en partie obstrué par des déchets brunâtres. Nombre de fruits attaqués tombent précocement au sol où ils se décomposent.

Première précaution : ramasser les fruits véreux et les éliminer via la poubelle. Il faut être attentif et éviter de placer une pomme véreuse avec les fruits de conservation, car les dommages causés au cœur du fruit par la larve du carpocapse provoqueront un pourrissement rapide.

Dès la fin du mois d'avril, on placera un ou plusieurs pièges à plaques engluées dans les arbres à protéger. On y adjoindra une capsule libérant une phéromone. Ces pièges attireront les mâles des carpocapses qui viendront se coller sur une plaque et ne pourront donc plus féconder les femelles. Et sans fécondation, pas de pontes, et donc pas de chenilles !

Gare au feutrage gris

Alors qu'on espérait une bonne récolte, voici que les grappes de la vigne cultivée en serre se couvrent d'un feutrage gris. Le botrytis ou pourriture grise sévit. Les spores de ce champignon très commun sont présentes dans l'air. Pourquoi se développe-t-il entre les grains des grappes ? À partir du mois d'août, les nuit sont plus fraîches et la serre se refroidit. Le jour venu, dès que le soleil apparaît, la température remonte rapidement dans la serre. Mais comme les grappes constituent des masses froides qui ne se réchauffent pas rapidement, l'humidité de l'air s'y condense en une abondante rosée. Cette humidité qui reste longtemps présente entre les grains favorise le développement du champignon.

La solution : aérer fortement la serre dès l'aube. Plus on tardera à l'ouvrir, plus la condensation sera importante.

De la lumière pour le raisin

En ce moment, dans les serres, le raisin de table finit de mûrir. Deux facteurs sont importants pour un bon résultat : de la lumière et de la chaleur. Il est donc utile d'effeuiller quelque peu la vigne. On enlève de-ci de-là des feuilles pour favoriser l'ensoleillement des grappes. Les vignes produisent en effet souvent beaucoup de feuillage qui ombrage fortement la serre. Il faut pouvoir distinguer à nouveau le ciel.

Le seigle, un engrais vert peu connu

À tous les engrais qui peuvent se développer actuellement au potager, ajoutons encore le seigle. Rarement disponibles dans les grandes surfaces de jardinage, ses semences sont surtout vendues dans les graineteries de tradition. Le plus simple consiste toutefois à s'adresser à un comptoir de semences agricoles. Le seigle est semé conjointement avec de la vesce d'hiver à qui il servira de tuteur. La vesce est une légumineuse qui fixe l'azote atmosphérique grâce aux nodosités de ses racines. Ces deux plantes, qui se développeront conjointement au fil des prochains mois, offriront les avantages habituels des engrais verts : ils limitent la percolation de l'azote, ils empêchent le développement des herbes indésirables et ils constituent une source d'humus. Après la destruction de cette couverture verte au printemps sous une bâche noire qui la prive de lumière, l'azote issu de l'humus et renforcé par l'apport de la vesce sera disponible pour la culture suivante.

Jeunes fraisiers

Jusque fin septembre, les jeunes fraisiers peuvent être plantés au potager. Des plants sont disponibles au marché et dans les jardineries, mais nous pouvons aussi utiliser les nouveaux sujets formés par les stolons des anciens fraisiers. Il suffit de les maintenir avec un cavalier en fil de fer sur la surface d'un pot rempli de terreau pour que les racines se développent rapidement.

La zone de plantation au potager ne peut pas avoir accueilli de fraisiers durant les trois années précédentes. Une rotation est indispensable pour éviter les maladies virales. Les fraisiers aiment les sols humifères, frais et fertiles. Une bonne dose de compost ou de fumier bien décomposé est donc répandue sur la parcelle. L'écartement entre les plantes est de 40 cm afin de favoriser une bonne production. Trop serrés, les fraisiers, qui sont des plantes gourmandes, se concurrencent. Il est enfin indispensable de couvrir le sol entre les fraisiers avec de la paille pour éviter l'envahissement par les herbes indésirables.

Le jus de nos pommes

La récolte des pommes approche à grands pas. Dans la cuisine, il est possible de transformer facilement nos fruits en jus grâce à un extracteur à la vapeur. Il est composé de trois éléments. La partie basse est une casserole où de l'eau est mise à bouillir. Via une cheminée traversant l'élément du centre, la vapeur arrive dans la partie du haut. C'est là, sur un fond muni de petits trous, que sont déposées les pommes en quartiers.

Comme pour la préparation d'une compote, les fruits ont été pelés et débarrassés de leur cœur. Sous le couvercle, la vapeur s'accumule. Elle fait éclater les cellules des pommes, libérant le jus qui s'écoule via les petits trous dans l'élément du centre. Il est muni d'une sortie avec un tuyau de caoutchouc fermé par une pince. C'est par ce tuyau que le jus sera mis en bouteille. Non seulement le jus est extrait sans presse, mais il est aussi pasteurisé. Il se conservera durant plusieurs mois.

Au frais

Les dernières pommes de terre qui se trouvaient encore enfouies au potager sont maintenant récoltées. Pour conserver nos tubercules dans de bonnes conditions, il faut les entreposer à l'abri de la lumière et du gel. Mais les pommes de terre ne doivent surtout pas être placées à la température des pièces habitées. Dans cette douceur, elles transpirent leur humidité, leur épiderme se flétrit, la chair se ratatine et nous n'aurons pas le bonheur de conserver jusqu'à la Saint-Valentin le clin d'œil des pommes de terre aux amoureux. Dans une récolte, il arrive en effet souvent que l'on trouve deux tubercules qui, ayant fusionné, constituent un ensemble en forme de cœur…

Semer les pêches des vacances

Si vous dégustez de bonnes pêches cet été, gardez leurs noyaux pour les semer au jardin. Il faut d'abord les laisser sécher quelques jours au soleil. On procède ensuite à la stratification qui prépare la germination. Les noyaux sont placés dans un pot de terre cuite rempli de sable grossier humide. Coiffé d'un grillage pour éviter la visite des rongeurs, le pot est simplement enterré au jardin, à ras du sol.

Durant une belle journée de l'hiver prochain, nous pourrons procéder au semis des noyaux, directement en pleine terre. Le sol est ameubli jusqu'à 50 cm de profondeur. On enterre une bouteille en plastique dont le fond et le goulot ont été découpés. Ce tube reçoit du terreau mélangé à du sable en parts égales. Trois noyaux sont déposés sur ce substrat et recouverts ensuite d'une couche de 2 cm de sable. Le goulot peut être déposé sur le corps de la bouteille et ainsi former une mini-serre. Au printemps prochain, nous devrions obtenir au moins un plant. Si plusieurs noyaux germent, seule la plus belle pousse est conservée. Libérée de sa bouteille protectrice, elle ne devra pas subir la sécheresse durant son premier été pour une bonne installation des racines.

De la mâche parmi les vivaces

Chacun de nos légumes nous vient avec sa propre histoire de temps lointains. C'est l'agriculture qui a permis à la mâche, originaire de Sicile et de Sardaigne, de se répandre dans toute l'Europe en tant que… mauvaise herbe. Elle a accompagné les céréales, se développant parmi les chaumes après les moissons (d'où son nom commun de « salade de blé »). Le jardin ne comporte pas de potager pour la semer début septembre ? La mâche peut aussi être cultivée dans les parterres fleuris. Il suffit de la semer ici ou là, dans les zones de terre nue entre les vivaces. Quel plaisir, au cœur de l'hiver, de s'en aller à la recherche de quelques rosettes pour garnir le saladier ! Les salades de blé qui auront été oubliées formeront des graines qui ne manqueront pas de germer l'automne suivant. La mâche peut ainsi devenir une plante récurrente au jardin, comme dans les champs de blé de jadis. Les botanistes ont un mot pour désigner cette générosité : la mâche est une espèce « subspontanée ».

Un thé de vitamines C

Cet été, les rosiers nous ont offert leur superbe floraison. En automne, les cynorhodons, ces fruits rouges que les enfants appellent «poil à gratter», assurent une présence de couleur. Les cynorhodons peuvent être récoltés et mis à sécher. Après quoi, il faut les ouvrir avec les doigts avant de les faire macérer avec des tranches d'orange dans de l'eau bouillante pendant un quart d'heure. Un délicieux thé d'hiver, bourré de vitamines C…

Récolte de fayots

Au potager, les dernières gousses des haricots qui n'ont pas été récoltées ont formé leurs grains. Pour obtenir des haricots secs pour la cuisine ou les semis de l'année prochaine, il faut maintenant couper les plants au ras du sol et les lier en bouquets. Ils sont mis à sécher à l'abri, pendus dans un endroit bien ventilé. Écossage des gousses pour la récolte des haricots secs: durant les longues soirées de l'hiver.

Mûres sans épines

Attention aux taches! Les gourmands seront vite démasqués. Les mûres charnues offertes par les ronces cultivées sont si juteuses qu'elles laissent vite des traces sur les vêtements. En pratiquant des hybridations, des horticulteurs américains ont obtenu des ronces aux tiges sans épines et couvertes de fruits début septembre. Une bonne variété pour nos régions: 'Thornless Evergreen', à planter durant l'arrière-saison.

Bien rustique, la plante, qui peut offrir plusieurs kilos de mûres par pied, occupe vite beaucoup d'espace, ses tiges s'allongeant jusque dans des zones où on ne pensait pas les voir arriver. Le mieux est de pouvoir palisser les tiges le long de fils de fer tendus entre des piquets. Elles seront facilement taillées chaque hiver. Espacées de 2,5 m, plusieurs ronces peuvent être plantées en rang, formant une haie fruitière. Voilà une bonne idée pour créer une séparation entre le potager et le jardin ornemental.

Les astuces en plus

◇ **Au potager, quand récolter les maïs sucrés ?** Soulever les spathes qui recouvrent un épi. Enfoncer l'ongle dans un grain. Il sort un liquide laiteux ? On peut récolter. Le liquide est clair ? Il faut encore attendre.

◇ **Un petit truc pour savoir si les pommes peuvent être récoltées.** Soulever doucement un beau fruit coloré avec la paume de la main. S'il se détache avec son pédoncule intact, il est mûr. Le goûter : il doit être croquant et sucré.

◇ Si l'utilisation de fleurs de capucines dans les salades est bien connue, il faut **découvrir la soupe de feuilles de capucine**, au goût rappelant le potage au cresson. Couper quelques poignées de jeunes feuilles, les cuire dans de l'eau avec deux pommes de terre. Mixer et servir avec une noix de beurre.

◇ Les graines de l'**angélique** ont une courte durée de vie et germent difficilement après l'hiver. **Semer sans tarder les semences récoltées cet été.** Il est aussi possible de trouver de jeunes semis au pied d'une plante.

◇ **Pour une bonne conservation des potirons**, placer les fruits récoltés au chaud, dans une pièce offrant une température entre 15 et 20 °C. On peut ainsi espérer garder ces légumes joyeux durant 3 à 6 mois.

◇ **Semer au plus vite en pleine terre les derniers épinards, la mâche, les navets d'hiver et les radis d'automne.** Semer aussi en terrine les laitues d'hiver à repiquer dans la serre.

◇ **Ne pas arracher les plants de haricots.** Les couper pour laisser se décomposer dans le sol les racines pourvues de nodules riches en azote.

◇ Ne pas s'inquiéter si le **feuillage des plants de courgettes et de potirons est attaqué par l'oïdium.** La maladie n'affecte pas les derniers fruits encore à récolter. Les plantes qui terminent leur vie ne doivent pas être traitées.

◇ Dans la couche, avant la mi-septembre, **semer de la roquette** bien espacée pour accompagner les salades d'automne. Maintenir le sol humide pour que les feuilles gardent leur goût de noisette.

◇ **Les pommes récoltées au verger se conservent mal au garage ?** Les emballer dans des sacs en plastique pour congélation. De fins trous doivent permettre aux gaz de s'échapper. Les pommes resteront fermes plus longtemps.

◇ **Ne pas négliger les poivrons dans la serre.** Bien nourris et arrosés régulièrement, ils peuvent poursuivre leur floraison et développer des fruits jusqu'en novembre, bien après les tomates et les concombres.

◇ Dans la couche, **semer de petits oignons blancs**, à repiquer dans un mois. Récolte à partir d'avril pour agrémenter les premières salades.

Le raisin d'Amérique

Quelle est cette plante apparue toute seule au jardin? À la fin de l'été, les fortes tiges rougeâtres aux larges feuilles portent des fructifications en grappes. Leurs baies, qui deviennent noires, font penser à des grains de raisin, d'où le nom commun «raisin d'Amérique» donné à cette envahissante considérée maintenant comme une peste végétale. *Phytolacca americana* est originaire de l'est des États-Unis. Importé en Europe pour la teinturerie, propagé pour ses qualités ornementales (il existe des variétés à feuillage panaché), le phytolaque américain s'est répandu partout et densifie sa présence. On pourrait être heureux de le voir apparaître au jardin, propagé par les oiseaux qui consomment ses baies. Mais il faut savoir que la plante est toxique pour l'homme. Attention à ses fruits luisants qui pourraient attirer les enfants. Gare aussi à la sève, qui peut provoquer des irritations de la peau. Éliminer le phytolaque du jardin peut demander de la persévérance. Si des graines ont été répandues, elles peuvent germer par dizaines.

La plante charnière

Incroyable, mais vrai! Les fleurs de la «plante charnière» (*Physostegia virginiana*) conservent une dizaine de minutes durant la position dans laquelle on les a orientées sur la tige. Ensuite, les fleurs reprennent insensiblement leur emplacement initial. Voilà une plante qui fait le bonheur des jardiniers: elle s'accommode aussi bien du soleil que de la mi-ombre. Elle n'a pas besoin de tuteur et fleurit d'août à fin septembre. Une seule petite exigence: un sol frais.

Bleu généreux

Une idée de plantation à noter sur notre liste d'achat pour cet automne. Le *Ceratostigma willmottianum* est de plus en plus présent dans les jardineries et chez les pépiniéristes. Cet arbuste originaire d'Asie, qui ne dépasse pas un mètre de haut, peut être choisi sans crainte: il est rustique dans nos régions. Si des froids sévères détruisent la végétation, de nouvelles pousses apparaissent de la souche au printemps. L'intérêt de cette plante: une belle floraison bleue qui apparaît en septembre et perdure jusqu'aux premières gelées. Le *Ceratostigma* peut aussi être cultivé en pot sur la terrasse ou le balcon.

Seconde taille des haies

La taille des haies est souvent réalisée en juin lorsque les arbustes qui les composent ont développé de nouvelles pousses. Une deuxième taille peut être pratiquée au début du mois de septembre. Pourquoi une seconde intervention de la cisaille? En ce moment, la croissance effectuée depuis la première taille est terminée. En éliminant déjà la production végétale de l'été, nous redonnons une silhouette précise à la haie qu'elle conservera jusqu'au printemps prochain.

Début septembre, la sève est toujours active. Par rapport à une taille en automne ou en hiver, la cicatrisation sera rapide, limitant ainsi les risques d'infection par les maladies cryptogamiques. Un autre avantage : cette taille réveille déjà des bourgeons latéraux pour la croissance du printemps. Année après année, les branches se ramifient et densifient la haie. Les arbustes s'épaississent plutôt que d'allonger fortement leurs branches principales.

Du rhinanthe dans le pré fleuri

Il est pratiquement inconnu des jardiniers. Le rhinanthe, une plante annuelle de notre flore indigène (*Rhinanthus minor*), peut être semé en septembre dans les prairies fleuries. L'herbe aura été fauchée au préalable et le sol superficiellement griffé avec le croc. Une condition essentielle pour une bonne réussite : les graines doivent être fraîchement récoltées (une bonne adresse pour les commander : ecosem.be). Les plantules qui vont se développer ont la particularité de parasiter les racines des graminées, qui seront affaiblies. Parmi l'herbe moins haute et moins vigoureuse, davantage de plantes à fleurs sauvages pourront se développer, offrir nectar et pollen aux insectes butineurs et composer un beau décor estival au jardin. Le rhinanthe qui se ressème maintiendra sa présence d'année en année dans le pré fleuri. Ses fleurs jaunes contribuent à la luxuriance générale.

Le *Liatris*, pour les parterres et les bouquets

Figurant parmi les fleurs coupées chez les fleuristes, la plume du Kansas (*Liatris spicata*) se plaît facilement au jardin. Peu de plantes peuvent rivaliser avec cette vivace quant à l'originalité et la longueur de la floraison toujours présente en septembre. Les fleurs se développent progressivement le long d'un épi, du haut vers le bas. Au lieu de se flétrir, les fleurs fanées conservent leurs fins pétales plumeux et se teintent d'un violet un peu plus pourpré que les fleurs plus fraîches du bas de l'épi. La plante reste ainsi très belle jusqu'à la fin de la floraison. Les *Liatris* apprécient le soleil et un sol humide, mais pas détrempé durant l'hiver.

Les marguerites de l'automne

En ce moment, des floraisons jaunes sont bien visibles dans les parcs et les jardins. Ces corolles qui rappellent les marguerites nous offrent une note de gaieté. Originaires du nord de l'Amérique, les rudbeckias seront en fleurs jusqu'à la Toussaint. Côté couleurs, ces vivaces n'offrent que des nuances de jaune et d'orange. Les différentes variétés se ressemblent beaucoup. C'est avant tout la hauteur des tiges florales qui les différencie. Les variétés plus courtes sont les plus indiquées pour les petits jardins. Dans les espaces plus étendus, le *Rudbeckia triloba* fera merveille. La plante pousse en un buisson progressif pouvant dépasser deux mètres de haut. Les corolles, plus petites et plus nombreuses que celles du rudbeckia commun, ne culminent pas toutes au même étage.

Les cyclamens coum, aussi disponibles sous forme de bulbes

Dès qu'ils apparaissent dans les jardineries, faisons notre choix parmi les tubercules de cyclamens coum, à mettre en terre sans tarder. Ils coloreront un parterre de sous-bois en janvier et en février. Le cyclamen coum ne nous offre pas seulement le bonheur de contempler des fleurs quand le jardin semble désespérément nu : les feuillages sont aussi décoratifs du fait de jolies marbrures argentées. Il faut préférer aux tubercules complètement secs des exemplaires montrant des signes d'activité, avec de premières pousses.

Où installer nos cyclamens ? Au pied d'un arbre. Ces plantes se plaisent dans les zones envahies par les racines. C'est la face bombée des tubercules qui produit les racines et qui doit donc être placée en dessous. Les tubercules sont simplement recouverts d'une couche de 1 à 2 cm de terreau mêlé d'un peu de sable grossier.

Des fleurs jusqu'aux gelées

En ce moment dans les jardineries, les *Hebe* ou véroniques arbustives attirent de loin notre regard. Voilà des arbustes au feuillage persistant dont les belles floraisons bleues ou blanches colorent l'automne. Cependant, alors qu'elles sont largement disponibles à des prix abordables, produites en grand volume par l'industrie horticole, ces plantes risquent de provoquer bien des déceptions. Originaires de Nouvelle-Zélande, elles ne résistent guère aux gelées. Comme tant de potées de chrysanthèmes, des véroniques arbustives aboutiront sur le tas de compost, entrant ainsi dans la catégorie des plantes à usage unique.

Mais la véronique arbustive se cultive aisément en pot et il suffira de la protéger du gel dans une serre froide pour la conserver. Chaque automne, nous pourrons ainsi la mettre en valeur sur la terrasse ou devant la maison.

Une fougère qui ne craint pas la sécheresse

Beaucoup de jardiniers n'osent pas acheter de fougères. Ils ont peur de les perdre si elles ne rencontrent pas leurs exigences en matière d'ombre et de fraîcheur. Des espèces sont heureusement très résistantes. La langue de cerf (*Asplenium scolopendrium*) est un bon choix, à noter sur la liste des achats pour les prochaines foires aux plantes. Son feuillage coriace, luisant et persistant en hiver est de toute beauté. Mais surtout, la plante s'accommode des sols drainants, même calcaires. Pour peu qu'elle bénéficie d'un peu d'ombre, elle est capable de proliférer entre les marches d'un escalier ou dans un muret.

Ressemer du gazon

Durant l'été, les pelouses souffrent. Surtout dans les jardins au sol sec, les zones les plus exposées au soleil peuvent être véritablement rôties. Dans les zones dégarnies par la canicule, nous pouvons étendre une couche de 1 cm de compost sur l'herbe, après une tonte. Les graminées se redévelopperont sans souci au travers de cet apport d'humus qui leur redonnera vigueur. Si le gazon manque à l'appel dans les lieux de passage, ainsi que sous la piscine en plastique des bambins qui est restée en place pendant des semaines en bordure de la terrasse, nous pouvons effectuer en ces endroits ce qu'on appelle un « regarnissage ». Les zones dénudées sont ressemées après une scarification. Quelles semences utiliser ? Il faut choisir un mélange pour regarnissage. Ces gazons sont à base de ray-grass anglais. Cette graminée pousse vite et présente une résistance au piétinement. C'est elle qui constitue la base des mélanges de type « Sport ».

Les astuces en plus

◇ **Le phlox rampant,** *Phlox subulata*, **peut facilement être multiplié en septembre.** Découper avec un couteau une portion de tapis. La soulever avec une petite pelle en prélevant le maximum de racines. Séparer en petites touffes de 3-4 cm qui deviendront chacune une nouvelle plante.

◇ **Des mini-mottes de pensées sont en vente en ligne** auprès de producteurs spécialisés. Repiquées en pots, ces jeunes plantes se développeront vigoureusement dans la tiédeur de la serre. Une source d'économie, et la possibilité de commander des variétés plus originales par rapport au choix habituel des jardineries.

L'anthemis, une plante à conserver

Partout, dans les jardineries, dans les pépinières et même dans les grands magasins, les anthemis sont disponibles. Ils nous offrent durant toute la belle saison leurs corolles qui nous rappellent celles des marguerites. Il existe des anthemis blancs, jaunes et des hybrides à fleurs doubles, à fleurs roses ou à nuance de saumon. Pour obtenir une floraison continue, il faut enlever les fleurs fanées et ajouter un engrais pour géraniums dans l'eau d'arrosage.

Beaucoup de personnes pensent que les anthemis sont des plantes annuelles alors que nous pouvons les garder durant plusieurs années. Bouturons l'anthemis, qui est une des plantes dont le bouturage est le plus aisé.
La potée et sa descendance passeront l'hiver dans la véranda, à un endroit pas trop chaud. Au printemps suivant, la plante taillée court se redéveloppera pour une nouvelle saison de floraison.

Des potées de chrysanthèmes dès le mois de septembre

Le chrysanthème figure parmi les floraisons naturelles de l'automne. Cette plante a la particularité de ne fleurir que lorsque les jours sont courts, à l'opposé de la majorité des plantes à fleurs qui sont des végétaux de jours longs. Alors que les potées ne fleurissaient jadis qu'à l'approche de la Toussaint, comment les horticulteurs parviennent-ils aujourd'hui à fournir des plantes parfaitement épanouies dès le début du mois de septembre? L'étude des phénomènes photopériodiques chez les plantes a montré que c'est seulement à la durée de l'obscurité qu'elles réagissent. Il est donc aisé de réguler la floraison du chrysanthème. Il suffit d'occulter une serre par des tentures noires prématurément le soir et tardivement le matin pour obtenir des potées de chrysanthèmes en fleurs beaucoup plus précocement. Disposées près de la porte d'entrée, sur la terrasse, le long d'une allée, ces chrysanthèmes sont autant de sources de teintes gaies.

Attention aux acariens

Des feuilles de plantes pâlissent, se dessèchent et tombent. On aperçoit de fines toiles d'araignée tendues entre les feuilles et les tiges. À l'aide d'une loupe, on peut discerner des animaux mesurant moins d'un millimètre. Ce sont des acariens, les redoutables tétranyques tisserands, aussi appelés «araignées rouges». Le développement de ces acariens piqueurs et suceurs est favorisé par la chaleur et le manque d'humidité de l'air. Les plantes en pot sur les terrasses ainsi que les végétaux en serre ou en véranda peuvent être particulièrement touchés.

Comment sauver les plantes atteintes? Il faut tout d'abord enlever les feuilles les plus touchées, puis les jeter à la poubelle. Ensuite, comme les acariens craignent l'humidité, les plantes sont mouillées avec le tuyau d'arrosage. On insiste sous le revers des feuilles pour faire tomber les sujets. Afin d'éliminer aussi les acariens naissant des œufs restés accrochés à la plante, la pulvérisation est répétée après quelques jours. Bien des plantes touchées pourront ainsi être sauvées, même si elles ont perdu beaucoup de feuilles. De nouvelles pousses pourront déjà apparaître en fin de saison.

Le bananier nous offre des petits

Au cours de la belle saison, un bananier en pot peut former de nouvelles pousses à la base de son tronc. Pouvons-nous les prélever? Bien sûr. La division est une des manières de multiplier les bananiers. Avec un grand couteau, on sépare le drageon en coupant de haut en bas. Il faut ensuite déterrer la nouvelle pousse avec prudence, car les racines du bananier sont très cassantes, et nous devons préserver le plus de racines possible. Le drageon est mis en pot. Le point essentiel pour sa reprise: de la chaleur. Il faut placer les nouvelles pousses à au moins 20 °C.

Couper les racines aériennes des philodendrons ?

Faut-il couper les longues racines qui pendent le long des tiges des philodendrons ? La réponse est non. Ces racines aériennes jouent un grand rôle dans l'assimilation de l'humidité atmosphérique. Les éliminer pour des raisons esthétiques ne peut que handicaper ces plantes des forêts tropicales humides, qui souffrent déjà beaucoup de la sécheresse de nos intérieurs durant l'hiver.

Multiplier les géraniums

En ce moment, nous pouvons effectuer des boutures de géraniums (*Pelargonium*) à partir des plantes qui ont fleuri nos fenêtres et balcons tout l'été. Nous devons prélever des tiges avec des entre-nœuds courts. Les boutures sont débarrassées des tiges florales et des feuilles à la base. Combien de feuilles faut-il laisser à la bouture ? Deux suffisent.

Les stipules, ces petites membranes qui enserrent la tige, sont une source potentielle de pourriture. On les enlève avec les doigts en les écartant vers le côté. N'oublions pas d'enlever le bourgeon floral au sommet de la bouture. Une taille bien nette à la base, idéalement réalisée avec un cutter à lame neuve, évite les risques de pourriture. Pour s'enraciner dans du terreau pour bouturage, les boutures ont besoin de la chaleur d'une serre ou d'une véranda. Elles seront ensuite repiquées en pot dans du terreau pour jardinières et passeront l'hiver dans un local frais, à l'abri du gel, et bien éclairé afin que les plantes ne filent pas.

Bouturer le surfinia

Le surfinia est une amélioration hybride du pétunia. Elle ne peut être multipliée que par bouturage, une opération pouvant être effectuée en septembre. C'est la base des tiges qui convient le mieux, l'extrémité des rameaux étant trop fine et trop ramifiée. Il faut prélever des tronçons

d'environ 10 cm qui, c'est essentiel, ne portent de ramifications à aucun nœud. Avec une lame bien tranchante, les feuilles sont incisées à leur base pour être enlevées. Attention, les petits bourgeons à l'aisselle des feuilles ne peuvent pas être abîmés. C'est eux qui vont former les racines et les nouvelles tiges. Les boutures gardent deux feuilles. Elles sont piquées dans du terreau allégé par du sable du Rhin et placées au chaud pour un enracinement rapide. Elles passeront l'hiver à l'abri du gel dans une pièce fraîche et bien éclairée.

Dépoussiérer les cactus

Les cactus de nos maisons prennent la poussière. Leurs piquants retiennent aussi des débris. Ces éléments favorisent l'apparition de parasites. La solution : le bassinage. De temps à autre, les cactus prennent une douche d'eau tempérée à l'extérieur ou dans la baignoire de la salle de bains. Comme dans la nature, la pluie nettoie efficacement les plantes.

Les astuces en plus

- ◇ **Continuer à enlever les fleurs fanées et à apporter de l'engrais liquide riche** en potasse dilué dans l'eau d'arrosage aux potées et jardinières d'annuelles. La floraison pourra ainsi se poursuivre généreusement jusqu'aux premières gelées.

- ◇ Les boutons floraux des arbustes en pots qui colorent le printemps se forment. **Attention à la sécheresse**. Après les chaleurs de l'été, il arrive qu'on soit moins attentif à l'arrosage des potées, surtout s'il pleut régulièrement. Un manque d'humidité au niveau des racines peut favoriser la chute des boutons, voire des fleurs lorsqu'elles s'ouvriront au printemps.

- ◇ **Une potée de pensées pour la terrasse ou l'entrée de la maison** offrira une abondance de fleurs. Hormis durant les périodes de gel sévère, les corolles seront présentes jusqu'en mai prochain, quand elles pourront être remplacées par les floraisons des annuelles.

LE JARDIN **en pratique**

Semer une pelouse

Le mois de septembre constitue une période idéale pour le semis d'une nouvelle pelouse. Le sol est chaud, la rosée matinale produit quotidiennement de l'humidité, les graines d'herbes indésirables sont moins nombreuses à être apportées par le vent… On obtient une levée rapide et énergique qui forme une surface bien dense.

Quelles sont les différentes étapes de la création d'un gazon ? La parcelle doit être parfaitement propre. La terre est travaillée au motoculteur pour être décompactée et surtout pour augmenter la teneur du sol en humus. Une bonne couche de fumier bien décomposé ou d'humus de plantation est répandue sur le sol afin d'être incorporée par les fraises.

La surface est ensuite nivelée au râteau ou, mieux, avec une échelle ou une poutre de bois lestée de blocs de béton que l'on tire sur la surface. C'est de cette opération que dépend la qualité visuelle de la future pelouse. Après quoi, la terre est roulée.

Avant le semis, toujours retourner plusieurs fois le sac ou la boîte de semences. Pendant le stockage, les graines les plus lourdes s'accumulent au fond et les plus légères restent au sommet. Ce secouage permettra d'obtenir un mélange homogène de toutes les variétés composant le mélange.

Pour une bonne régularité du semis, effectué à la volée ou à l'aide d'un petit semoir sur roues à tirer derrière soi, il est conseillé de passer deux fois. Dans un sens, puis selon sa perpendiculaire. Après le semis, le sol doit obligatoirement être roulé pour permettre un bon contact des graines avec la terre. Après la levée des semences, un nouveau passage du rouleau assurera une bonne implantation des plantules.

Des brûlures au jardin

Les médecins généralistes peuvent avoir bien de la peine à identifier le problème. Les bras d'un patient sont couverts de cloques, comme si la peau avait été brûlée sur de petites surfaces. Il s'agit bien de brûlures au second degré. Elles ont été provoquées par les panais du potager qui viennent d'être récoltés. Quand la peau transpire, il suffit de manipuler le feuillage du panais pour être gravement brûlé. La plante contient une substance qui rend la peau photosensible : les rayons ultraviolets du soleil peuvent alors provoquer des cloques. Ces blessures guérissent lentement et les bras peuvent garder longtemps les traces des brûlures. Le conseil est simple : il faut porter des manches longues pour récolter les panais, surtout s'il fait chaud.

Des blessures similaires peuvent être provoquées par la berce du Caucase, la rue (*Ruta graveolens*) et le céleri.

Si la texture du bois est préférée à la pierre pour la création d'un muret, des billes neuves peuvent être commandées auprès d'une scierie. Il faut bien sûr privilégier une essence locale par rapport à un bois exotique. Le chêne convient bien, mais n'est pas éternel... Ne pas utiliser de billes de bois pour les marches d'un escalier au jardin : elles deviennent particulièrement glissantes durant la période hivernale. Risque de chutes douloureuses !

Billes goudronnées

Des traverses de chemin de fer de récupération sont disponibles dans les jardineries. Elles sont largement utilisées pour construire des murets et des palissades dans les jardins. Pour éviter qu'elles ne pourrissent, ces billes de bois ont été imprégnées de créosote, une substance obtenue par distillation de goudrons; mais dont on s'est aperçu qu'il possède un pouvoir cancérigène. Aussi, une directive européenne limite-elle maintenant son utilisation au secteur industriel. L'utilisation de bois imprégné de créosote est aussi interdite dans les lieux publics et les plaines de jeux. Même si les traverses de chemin de fer usagées ont perdu une part du créosote qu'elles contenaient, voilà une information importante pour tous les jardiniers soucieux de la qualité de l'environnement et de la santé.

Fin des fumures

Au potager, dans les parterres, l'engrais, c'est terminé ! Pour deux raisons. Tout d'abord, l'engrais va induire une poursuite de la croissance alors que les plantes doivent plutôt se mettre au repos. Les pousses tendres et vertes des arbustes résisteront bien mal au gel tandis que les plantes seront fragilisées face aux maladies. Ensuite, il faut savoir que l'engrais qui ne sera pas utilisé par les plantes sera perdu. Les pluies hivernales vont l'entraîner par percolation en dessous de la zone d'absorption des racines. L'azote ne sera plus disponible lorsque les plantes reprendront leur croissance au printemps.

Le jardin sous la loupe

Saison après saison, nous transformons le jardin. Une pièce d'eau, des haies basses de buis, une clématite sur une pyramide de fer forgé, un rosier grimpant sur le tronc d'un vieux pommier... Chaque plantation, chaque nouvel aménagement améliore la vision globale des différentes parcelles. Mais le jardin peut aussi se révéler merveilleux à petite échelle. Une simple loupe compte-fils permet d'observer les tiges, les bourgeons, les épines, la pilosité d'une feuille, la structure d'une fleur. N'hésitons pas à nous lancer dans cette petite folie qui rime avec poésie. Découvrons les plantes telles qu'on ne les regarde jamais.

Le charme de la rouille

Quand le jardin s'endort, des structures contribuent à maintenir des verticalités. Dans les jardineries ou au fil des travées des foires de jardinage, des éléments de décoration réalisés en fer forgé retiennent le regard.
Des artisans renouent avec une grande tradition. Jadis, les ferronniers créaient à la forge une large diversité d'articles pour les jardins bourgeois : des portails, des grilles, des palissades, des galeries. En s'inspirant des modèles produits autrefois, les ferronniers d'aujourd'hui proposent un beau choix de créations : portiques, supports pour plantes grimpantes, belles tonnelles.

À l'instar des constructions en bois, les structures en fer meublent le jardin, qui est aménagé et décoré comme le salon de l'habitation : il doit être possible de s'asseoir ici et là. Elles s'intègrent dans la végétation en accueillant des plantes grimpantes. C'est une grande mode depuis des années : on laisse le métal rouiller. Il peut ainsi former une harmonie avec les baies et les écorces des arbustes.

Un arrosoir qui dure longtemps

Une fine pomme d'arrosoir est précieuse au jardin. Elle permet de créer une pluie douce qui n'abîme pas les plantules tout en assurant une bonne humidification. Mais les trous d'une telle pomme risquent d'être vite bouchés. Aussi, après chaque usage, il faut retourner son arrosoir pour qu'il se vide complètement. On évite ainsi le développement d'algues dans l'eau stagnante. Du terreau ou de la terre ne risquent pas tomber à l'intérieur. Cette petite attention, particulièrement importante durant l'automne et l'hiver quand l'arrosoir ne sert plus durant des mois, permet également de prolonger la vie des modèles en métal.

Les astuces en plus

◇ **Poursuivre la chasse aux limaces** avant les accouplements et les pontes de l'automne. Moindre sera la population, moindres seront les œufs qui donneront naissance à la nouvelle génération.

◇ L'**oïdium attaque une nouvelle fois les asters** dont le feuillage devient tout gris ? Remplacez ces plantes sensibles par des variétés d'*Aster novae-angliae*, à choisir en fleurs en ce moment dans les pépinières. Elles résistent à cette attaque cryptogamique.

L'automne, au coin du bois,
Joue de l'harmonica.

Quelle joie chez les feuilles!

Elles valsent au bras
Du vent qui les emporte.

On dit qu'elles sont mortes,
Mais personne n'y croit.

L'automne, au coin du bois,
Joue de l'harmonica.

L'AUTOMNE

10 OCTOBRE

LES JOURS RACCOURCISSENT DE

01 h 51

COLCHIQUE
Colchicum
Floraison : septembre à octobre

POUR BIEN COMMENCER LE MOIS…

Une potée colorée pour l'automne

Les jardinières qui ont coloré les fenêtres durant l'été sont maintenant à bout de souffle. Leur terreau peut être étendu sur le potager. Il est en effet inutile de vouloir le réutiliser l'année prochaine. Auparavant, les bacs vidés de leur contenu prenaient la direction de la remise. Désormais, les abords de la maison sont décorés toute l'année. Les jardineries proposent en ce moment un large choix de plantes pour la réalisation de jardinières d'hiver. La tendance : les graminées. Elles apportent une note de légèreté, une touche de sauvagerie et du mouvement quand elles ondulent sous le vent. Elles sont mariées à de petits arbustes au feuillage persistant : un fusain panaché, un buis, un conifère, un leucothoe au feuillage rougissant… Des vivaces gardant leur feuillage constituent la base : des sedums, des heuchères au feuillage pourpre, des joubarbes… Quelques pensées à petites fleurs apportent une note de gaieté. Les jardinières d'hiver sont économiques : hormis les pensées, toutes ces plantes pourront gagner les parterres en mai prochain quand reviendra la saison des annuelles explosant de couleurs.

De l'eau, de l'eau dans la serre

La grande majorité des serres sont utilisées pour la culture des tomates. Après la dernière récolte, ces serres sont laissées au repos jusqu'au mois de mai de l'année suivante. Pendant des mois, la terre ne reçoit plus la moindre eau. Le sol se dessèche complètement alors que le jardin à l'extérieur reçoit mois après mois des dizaines et des dizaines de litres de pluie au mètre carré. Les vers de terre disparaissent, de même que les nématodes, les acariens, les bactéries, les champignons… Des sels qui ne sont pas suffisamment lessivés par l'arrosage se concentrent. Bref, le sol se dégrade et meurt.

Pour qu'elle puisse conserver sa vie biologique, la terre sous la serre doit être maintenue humide en permanence. Il faut donc l'arroser régulièrement. Mais le plus simple est de poursuivre les cultures. Après les plants de tomates, la serre peut accueillir des épinards, de la mâche, des laitues d'hiver, des choux-fleurs pour une récolte précoce, des radis dès le mois de février, des salades précoces… Puis les tomates seront de retour dans un sol dynamique qui aura été préalablement enrichi de compost.

Le panais, un légume à redécouvrir

En ce moment, nous pouvons récolter les premiers panais au potager. Cette racine blanche est un légume oublié qui mérite d'être redécouvert. Supplanté par la carotte au Moyen Âge, le panais a la particularité de résister au gel. Les plantes peuvent rester en place durant l'hiver et les racines sont plus sucrées dès l'apparition des premières gelées. Comment cuisiner le panais ? Il s'intègre aux potages, ragoûts, pot-au-feu, potées. On peut le râper comme un céleri. De fines rondelles passées à la friture feront de délicieux chips pour l'apéritif.

Persil séché

Il est possible de conserver le persil du potager plutôt que de le laisser détruire par le gel. Cueillis durant une belle journée chaude et sèche, les brins sont assemblés en petits bouquets mis à sécher la tête en bas au-dessus d'une source de chaleur. En séchant, le persil garde sa couleur mais devient cassant. On peut alors le réduire en fragments à conserver dans un bocal. Ce persil sec possède un pouvoir de réhydratation remarquable. Dans un plat, au contact de l'humidité et de la chaleur, il reprendra une consistance de persil frais et déploiera toute sa saveur.

Une autre solution pour conserver le persil du jardin durant l'hiver consiste à le cultiver dans un grand pot à rentrer en automne dans un lieu clair et tempéré.

L'ail éléphant

À commander via internet auprès des collectionneurs de légumes peu connus, l'ail éléphant (*Allium ampeloprasum*) peut constituer une belle découverte au potager. Plantés début octobre, les caïeux sont enfoncés à 10 cm de profondeur, avec un espacement de 15 cm. Si le sol argileux reste gorgé d'eau durant l'hiver, il faut confectionner une butte pour favoriser l'écoulement de l'humidité. La végétation qui va se développer atteindra 1,5 m de haut au printemps suivant. Fin mai, les hampes florales se forment et peuvent être récoltées, car elles sont comestibles. Il est aussi possible de prélever des feuilles, qui repousseront rapidement. Populaire aux États-Unis et au Canada, cet ail est en fait proche du poireau perpétuel. Il formera néanmoins un volumineux bulbe de 10 cm de diamètre, comprenant plusieurs gousses de la taille d'une tête d'ail ordinaire. Les caïeux se consomment crus ou accompagnent les viandes rôties et autres recettes.

À planter cet automne, l'actinidia, la plante à kiwis

L'emplacement idéal : un mur bien exposé au sud. Comme la plante reprend sa croissance tôt au printemps, les jeunes pousses encore tendres peuvent être détruites par un gel nocturne si elles se trouvent en plein vent.

Avec des tiges atteignant 5 m de long, l'arbuste a besoin d'espace pour se développer harmonieusement. L'écartement entre chaque pied est de 3 m.

Il y a des plantes mâles et des plantes femelles. Il faut donc planter un pied mâle pour que le pied femelle porte, après quatre à six ans, une belle récolte de fruits particulièrement riches en vitamine C. Un pied mâle peut féconder jusqu'à six pieds femelles de différentes variétés, car la production de pollen est généreuse. Dans les pépinières, des actinidias autofertiles sont disponibles. L'arbuste porte des fleurs des deux sexes, mais la production n'est pas aussi généreuse.

De la potion magique pour les poireaux

L'idée n'est plus taboue. En jardinage biologique, on parle de plus en plus de l'intérêt de l'urine pour favoriser le développement des légumes ayant besoin d'azote pour nous offrir des récoltes plantureuses. Un point essentiel : il ne faut pas prendre de médicaments. Un demi-litre d'urine est dilué dans un arrosoir de 10 litres d'eau. Les poireaux sont arrosés avec ce mélange toutes les deux semaines. L'activité biologique du sol transforme l'urée en ammoniac puis en nitrates assimilables par les racines. Quatre arrosages sont suffisants pour un effet spectaculaire. L'urine contient plus d'azote que le purin d'ortie et agit bien plus efficacement. Avec le développement de la permaculture, de nouveaux concepts viennent enrichir le travail au potager.

Moniliose

Sur des pommes et des poires au jardin, on remarque l'apparition d'une tache brune et molle qui se développe sur l'épiderme. Elle s'étend dans la chair qui commence à pourrir. Des pustules blanches proéminentes, blanc crème, apparaissent en anneaux sur les parties contaminées. Les fruits touchés sont tombés ou bien se momifient et restent accrochés à l'arbre. Il s'agit de la moniliose, une maladie cryptogamique fréquente sur les arbres fruitiers de nos jardins. Elle est due à un champignon du genre *Monilia*. Il pénètre par une lésion de l'épiderme : un coup de bec d'oiseau, les crevasses de la tavelure, l'orifice de sortie du carpocapse…

Il est impératif d'éliminer sans tarder les fruits malades tombés au sol ainsi que ceux qui restent présents sur l'arbre. Ils sont cueillis avec une petite portion du rameau qui les porte. Ces parties malades ne doivent pas être placées sur le compost, mais éliminées via la poubelle.

Les aromatiques en pots

Plus les journées sont courtes et moins nous avons envie, le soir venu, d'aller cueillir des herbes aromatiques au jardin. Aussi, pourquoi ne pas rapprocher ces plantes de la maison ? Les touffes de thym ou de romarin peuvent parfaitement prendre place dans de grands pots. Ce séjour en pot peut d'ailleurs permettre de sauver les plantes. Dans les terrains lourds et détrempés, les plantes aromatiques d'origine méditerranéenne survivent difficilement à l'humidité excessive du sol. Si nous plaçons nos potées à l'abri de la pluie, avec un arrosage limité, les plantes seront en pleine forme pour reprendre leur place dans le parterre au retour du printemps. Attention à la pénombre ou à la chaleur excessive d'une pièce habitée. Pour conserver la vitalité de la plante, il faut un lieu frais et éclairé. Les potées peuvent parfaitement hiverner à l'extérieur sous un simple auvent.

Régénérer une touffe de thym

Quelques années après sa plantation, une touffe de thym ne présente plus l'aspect compact de sa jeunesse. Les branches se sont allongées et le cœur de la plante se trouve bien dépourvu. Un tel thym peut être rajeuni par marcottage. Nous avons besoin d'arceaux en fil de fer. Grâce à ces petits ponts, le bout des branches est appliqué contre le sol, juste à hauteur de la base de la végétation. Au fil des mois suivants, les branchettes vont ainsi émettre des racines. Au printemps prochain, nous vérifierons prudemment l'enracinement. Les jeunes plantules de thym pourront alors être sectionnées et replantées pour former de nouvelles touffes.

Les astuces en plus

◇ **Dans la serre, semer une ligne de fèves des marais.** La culture automnale permet une récolte printanière précoce tout en évitant l'invasion des pucerons que les tiges attirent en masse. Gare au gel qui détruit les plantes à partir de -5 °C. Si du froid est annoncé, placer un tunnel avec du voile blanc de type P17, à doubler si nécessaire.

◇ Dans une zone du potager au sol bien drainé, **planter des échalotes 'Grisette'** à culture d'automne. En France, on les appelle aussi les « échalotes de vigne ». Si le sol est lourd, on peut les planter sur une butte. On pourra les récolter début juillet.

◇ Nous pouvons **tailler les framboisiers et les mûres.** Les tiges qui ont porté du fruit cet été sont maintenant sèches et peuvent être supprimées à leur base. Attention : les framboisiers remontants fructifient à la fin de l'été au sommet des nouvelles tiges. Il faut les conserver pour la production de l'été prochain.

◇ **Ne pas ratisser toutes les pommes tombées sous les arbres fruitiers.** Elles font le régal des merles. Elles peuvent même attirer des grives de passage.

◇ **Récolter les dernières tomates encore vertes.** Placées dans une boîte en carton à l'intérieur de la maison, elles rougiront progressivement. Autre possibilité : les inclure dans un chutney.

◇ **Pour bénéficier de ciboulette fraîche durant l'hiver**, déplanter une touffe de bulbes, recouper le feuillage, planter dans un pot avec du terreau à maintenir humide. La végétation va se reformer et pourra être prélevée progressivement.

◇ **Laisser en place quelques pieds de choux** cabus après la coupe de la pomme. Avec un couteau, faire deux entailles en croix au sommet de la large tige. De nouvelles feuilles vont apparaître. Elles pourront être cuisinées ou hachées finement dans une salade.

◇ **Comment conserver les betteraves rouges ?** Les récolter sans abîmer leur épiderme, couper le feuillage 5 cm au-dessus du collet. Dans un lieu frais, sec et à l'abri de la lumière, stocker les racines dans une grande boîte en les recouvrant de sable sec. Les betteraves pourront être prélevées jusqu'à la fin de l'hiver, au fur et à mesure des besoins.

◇ **Les artichauts craignent les hivers froids.** Butter légèrement (20 cm environ) et étendre ensuite une couche de feuilles mortes autour des plantes. Des feuilles mortes peuvent aussi être déposées au cœur du feuillage.

◇ C'est en automne qu'il faut aller **goûter les pommes et les poires chez les pépiniéristes spécialistes des anciennes variétés de nos régions.** On peut ainsi choisir les arbres fruitiers à planter cet hiver en fonction des saveurs qui nous ont séduits.

◇ **Au marché, récupérer les cagots en bois** abandonnés par les marchands de fruits et légumes. Ils seront bien utiles pour la conservation des pommes et des poires du verger, dans une pièce fraîche, à l'abri de la lumière. Bien espacer les fruits.

◇ **Couper des tiges de thym, de romarin et de sauge.** Les nouer en petits bouquets suspendus dans une pièce sèche. Ces aromatiques du jardin seront disponibles lorsque nous n'aurons pas envie de braver l'hiver pour en récolter au potager.

◇ **La dernière culture de roquette est montée en graines au potager ?** Récolter les siliques sèches. Elles libèrent une abondance de graines pour les semis de l'année prochaine.

◇ **Attention au mouron** qui se développe au potager. Alors que la nature entre progressivement en repos, il poursuit vigoureusement sa croissance, sa floraison et sa production de graines, qui maintiendront sa présence durant des années.

◇ Il est préférable de **planter le thym au printemps** plutôt qu'à cette époque. Pourquoi ? Parce qu'en automne, les plantes sont en période de repos, ce qui signifie qu'elles ne forment quasiment plus de radicelles, très importantes pour la reprise.

Les bulbes servis sur un plateau

Dans un jardin où des campagnols sont présents, gare à ces redoutables rongeurs qui peuvent décimer les bulbes de tulipes peu après leur plantation. La solution est simple : il suffit de cultiver les bulbes dans ces paniers en plastique ronds ou carrés vendus en jardinerie. Les bulbes y sont plantés dans du terreau. Les plateaux sont déposés sur la terrasse, où les campagnols, qui mènent leurs attaques par le sous-sol, ne s'aventurent pas. Juste avant la floraison, les paniers seront enterrés dans les parterres. Les tulipes apporteront leur note printanière comme si elles avaient poussé en pleine terre.

À planter cet automne : une constellation d'étoiles

Ils sont magnifiques ! Des magnolias de petite taille fleurissant en avril sont constellés de corolles à six pétales qui font penser à des étoiles. Ce sont des sélections de *Magnolia stellata*. Après vingt ans, ces magnolias n'occupent qu'une superficie au sol de 2 x 2 m. Ils sont donc particulièrement adaptés aux jardins de ville, d'autant que leurs fleurs redoutent les gelées tardives. Un de ces petits magnolias porte des fleurs avec beaucoup plus de pétales ? Des formes à fleurs « doubles » ont été obtenues, certaines comportant jusqu'à trente-deux pétales par corolle.

Les magnolias préfèrent les terres acides, mais sont moins exigeants que les rhododendrons pour peu que le sol reste frais. Encore un avantage : leurs racines qui restent charnues n'abîment pas les murs et les fondations. Un magnolia stellata peut donc être planté tout près de la maison pour que l'on puisse mieux profiter de ses étoiles au printemps.

Un érable à belle écorce

Les érables japonais sont à la mode. Avec des ors et des rouges éclatants, leurs feuillages sont superbes quand arrive l'automne. Mais le monde des érables nous réserve encore d'autres surprises. Certains arbres présentent aussi de belles écorces. Peu connus, ils méritent une place de choix dans nos jardins pour nous offrir des touches de couleur au cœur de la morte-saison. À dénicher lors des foires aux plantes de l'arrière-saison : l'*Acer griseum* possède une écorce brun cuivré qui se détache par bandes horizontales, un peu à la manière des bouleaux. Ces lambeaux sont superbes lorsque le soleil hivernal les éclaire à contre-jour. L'*Acer davidii* présente aussi une écorce étonnante. Elle est striée de longues rayures blanches verticales. On dirait une peau de serpent. En été, elle est verte et terne. En hiver, elle est claire et brillante. Une fois le beau feuillage d'automne tombé, l'écorce devient une source de clarté au jardin, formant un contraste avec les autres arbres ou avec la verdure des alentours.

Des floraisons pour l'automne

Depuis la mi-septembre, les asters font merveille pour garder de la gaieté au jardin. Voilà la bonne période pour en planter dans nos parterres. Les petites fleurs étoiles, qui sont des capitules, mellifères au point de se couvrir de papillons dès que le soleil est au rendez-vous, se succéderont jusqu'à la Toussaint. Après quelques années, la plante devient imposante. Les longues tiges permettent de composer des bouquets, mais la hauteur de la plante la rend particulièrement sensible aux éléments. Un lien est donc indispensable pour éviter que les tiges ne soient couchées par les vents ou les pluies. Les variétés modernes forment des boules basses qui ne doivent pas être soutenues, mais une grande exigence reste de mise. Tous les trois ou quatre ans, en automne ou au printemps, il faut diviser la souche et replanter les éclats ailleurs au jardin. En effet, au fil des saisons, les asters se dégarnissent au centre de la touffe et épuisent les ressources nutritives du sol.

Jurassic plante

Quoi de neuf dans les jardineries ? Le *Ginkgo biloba*. Ce fossile vivant, qui a côtoyé les dinosaures il y a 200 millions d'années, est disponible sous différentes variétés décoratives. Les couleurs automnales ne passent pas inaperçues. En octobre, les feuilles en éventail du ginkgo sont dorées comme des écus. Mais si les jardiniers sont séduits par les ports adaptés aux petits espaces ou les nouvelles panachures des feuilles, ils aiment aussi planter cet arbre parce qu'il figure parmi les plus anciens sur terre. Un événement a largement contribué à le populariser : un ginkgo situé à 1 100 m du point d'impact maximal de la bombe atomique larguée le 9 août 1945 sur Nagasaki a survécu à l'explosion. Après avoir bravé durant des millions d'années des éruptions volcaniques et autres perturbations dues à des météorites, le ginkgo se montre particulièrement bien armé pour affronter la pollution quotidienne de l'air comme les pires cataclysmes.

Quartiers d'hiver pour le gunnera

Le gunnera figure parmi les plantes géantes du jardin. À une vitesse stupéfiante, il a déployé ses immenses feuilles au mois de mai. Cet été, de drôles de fleurs en forme de gros épis sont apparues. Il est temps maintenant de protéger le gunnera contre le gel. Le feuillage de la plante, puis de grandes brassées de paille sont placées sur la souche. Pour éviter que la petite meule de paille ne se mouille et ne s'affaisse, il suffit de la recouvrir avec une feuille en plastique retenue par de lourdes pierres posées sur son pourtour. Ce plastique n'est pas esthétique ? Il peut être remplacé par des feuilles mortes qui, en se recouvrant comme des tuiles, forment une couche faisant obstacle à la pluie.

Des crocus dans la pelouse

Pour que le printemps soit vraiment de retour au jardin, il nous faut les couleurs des crocus. Dès que le soleil nous offre une belle journée chaude, leurs corolles s'ouvrent largement, laissant apparaître les étamines chargées de pollen. C'est en ce moment que nous pouvons accueillir de nouveaux crocus au jardin.

Si les crocus peuvent être plantés dans un parterre, ils peuvent aussi se développer dans une zone de la pelouse bien visible depuis la maison, quitte à ne la tondre qu'un peu plus tard dans la saison. Pour planter des crocus dans le gazon, le plus simple est de soulever le tapis d'herbe avec le tranchant de la bêche. La terre sous le gazon est alors ameublie avant de déposer les bulbes qui ne doivent surtout pas être plantés de manière symétrique.

À moins qu'il ne pleuve généreusement durant les jours suivant la plantation, il faudra arroser régulièrement la zone de gazon pour que l'herbe redéveloppe ses racines et que les bulbes puissent disposer de l'humidité nécessaire pour s'installer.

Le lierre commun, que nous voyons partout autour de nous, risque de ne pas retenir notre regard. On peut lui préférer ce lierre *Hedera helix* 'Goldheart'. Son feuillage panaché est décoratif, source de couleur durant la période hivernale. Un autre bon choix : *Hedera colchica* 'Dentata Variegata' à la croissance vigoureuse et aux larges feuilles. La panachure y est inversée : c'est le vert qui se trouve au centre de la feuille.

Planter un lierre

Plante grimpante par excellence, un lierre peut masquer un élément vertical disgracieux ou apporter une présence de verdure sur de larges surfaces homogènes. La plante est rustique, reste verte toute l'année et offre une végétation dense mais peu de jardiniers osent l'installer contre un mur par crainte de voir la maçonnerie se dégrader. Un mur en bon état, sans fentes ni joints profonds, ne risque rien. Il faut simplement veiller à ce que les tiges ne s'immiscent pas sous des structures comme les gouttières qu'elles pourraient soulever au fur et à mesure de leur transformation en branches.
Il est aussi reproché au lierre d'apporter de l'humidité. C'est tout le contraire. Le feuillage abrite le mur de la pluie et les racines prélèvent de l'eau au niveau des fondations. Enfin, le lierre est accusé d'attirer et d'abriter une multitude d'animaux dont des oiseaux qui y nichent ou y dorment. C'est vrai, mais il faut considérer cet accueil avec un regard positif : le lierre est un petit milieu de vie qui peut nous aider à maintenir l'équilibre biologique au jardin.

Narcisses et tulipes

On oublie si facilement de planter en octobre des bulbes pour avoir le plaisir de bénéficier dès le mois d'avril des couleurs vives des tulipes, narcisses et crocus ! Ces bulbes contiennent les réserves nutritives pour le développement de la floraison. Afin qu'ils puissent se nourrir durant le printemps prochain pour bien refleurir l'année suivante, la fertilité du sol est renforcée en y ajoutant du compost. Les bulbes préfèrent les terres légères et drainantes. Dans les terrains lourds, la percolation de l'eau est améliorée en incorporant deux seaux de sable de rivière par mètre carré de plate-bande. Pour la mise en place, le plantoir utilisé pour les poireaux ne convient pas, car il crée un trou conique. Les bulbes, suspendus dans le vide, n'ont pas leur base en contact avec le sol. Il faut plutôt utiliser un plantoir à bulbes qui forme un large trou en enlevant une carotte de terre. L'idéal est d'y déposer une poignée de sable qui évitera l'excès d'humidité autour du bulbe.

Incliner les fritillaires

Parmi les différents bulbes du printemps que nous pouvons planter en ce moment au jardin, les fritillaires (*Fritillaria imperialis*) au beau port militaire méritent un peu d'attention, car ces plantes sont coûteuses. Le sol doit absolument être drainant, car l'humidité stagnante des sols lourds fait périr les bulbes. Ils sont disposés sur une couche de sable, à 30 cm de profondeur, et sont inclinés de manière à ce que l'eau ne puisse pas stagner dans le creux du bulbe.

Muscaris à la volée

Pour planter de-ci de-là des bulbes de muscaris dans la pelouse, un petit truc permet d'obtenir une répartition à l'allure naturelle. Il faut lancer les bulbes par-dessus son épaule. Ils seront plantés là où ils tombent. Pour la plantation, pas besoin de creuser un trou. On enfonce la bêche, on écarte le sol et on glisse le bulbe dans la fente. Il ne reste plus qu'à refermer celle-ci avec le pied.

Accueillir de nouvelles vivaces

Lors des foires aux plantes d'octobre, il n'est pas simple de résister aux tentations que constituent de nouvelles vivaces. Pour une plantation à cette époque, il faut que les sujets se soient développés en pot. Elles disposent ainsi d'une masse racinaire intacte. Une plante divisée à cette époque, avec ses racines sectionnées, risque de ne pas être au rendez-vous du printemps. Si les racines tapissent les parois du pot, il faut délicatement défaire la motte avec les doigts. Nous pourrons ainsi bien étaler les racines dans le trou de plantation. Le dynamisme des plantes sera ainsi favorisé.

Prudence : les plantes ont besoin de beaucoup de temps pour développer leurs racines. Elles ne seront pas encore suffisamment installées pour bien affronter l'humidité hivernale. De manière générale, dans les terrains lourds et argileux, il est préférable de planter les vivaces au printemps. Il est aussi préférable d'attendre le retour des beaux jours pour installer dans tout type de terrain les graminées, les fuchsias rustiques et les lavatères arbustives.

Ces plantes figurent parmi les plus lentes à s'enraciner. Les planter en automne reviendrait à condamner la grande majorité de ces végétaux.

Comme au Japon

Les atmosphères asiatiques sont à la mode dans nos jardins. Un érable japonais au superbe feuillage pourpre, une lanterne en pierre au bord de la pièce d'eau, une touffe de bambou bruissant sous le vent et le décor est planté. Il sera bien plus réaliste si la palissade à l'arrière-plan est construite en cannes de bambou. Disponibles dans un large assortiment de diamètres dans les jardineries, elles permettent de constituer une structure originale qu'on ne pourra découvrir dans aucun autre jardin.

Les astuces en plus

◇ **Planter les narcisses** par groupes d'au moins sept bulbes pour obtenir une belle touffe bien visible. Comme cette plante se naturalise et restera au jardin, choisir un emplacement où elle ne gênera pas de futurs aménagements.

◇ **Si deux bulbes de narcisses sont attachés par la base**, ils peuvent être plantés comme tels. Ce double bulbe offrira deux fleurs.

◇ Parcourir à cette époque les jardineries, pépinières et foires aux plantes pour **choisir des arbustes aux jolis fruits** qui déploieront leurs couleurs parmi les beaux feuillages. Quelques pistes : *Hypericum*, *Pyracantha* (avec l'inconvénient des épines), *Callicarpa*, *Skimmia japonica* 'Fructu Albo' (fruits blancs), *Aronia*...

◇ Visiter des jardins ouverts pour **faire la connaissance de vivaces à la présence tardive**. Outre les floraisons, les feuillages peuvent être de toute beauté avec du rouge, du jaune, du pourpre... Une championne : *Ceratostigma plumbaginoides*. Les fleurs bleues sont accompagnées par des feuilles rouge vif.

◇ **Pour une longue présence de tulipes dans les parterres**, choisir des variétés dont l'époque de maturité diffère. Des tulipes botaniques fleurissent dès la fin mars. Les tulipes hâtives s'épanouissent en avril. Des tulipes tardives se rencontrent en mai.

◇ Les **pivoines herbacées** sont déjà en sommeil. **C'est le moment de les diviser** pour obtenir de nouvelles plantes pour le jardin ou pour les amis.

◇ Dans un massif de vivaces, **planter un eremurus**. Ce bulbe vivace, avec de longues racines charnues faisant penser à des pattes d'araignée, donne naissance à une hampe florale s'élevant à plus de deux mètres.

Un avocatier en pot

Bien que l'avocatier soit un arbre originaire d'Amérique centrale et du Sud, pouvant atteindre vingt mètres de haut et former une couronne de dix mètres de large, on peut le cultiver dans nos intérieurs. Le semis est un véritable défi à la patience : la germination des gros noyaux ne se produit qu'après de longues semaines d'attente. On peut piquer des cure-dents de manière à pouvoir déposer le noyau au-dessus d'un verre d'eau. Quand la racine apparaît, elle s'étire dans le liquide. Une bonne reprise de cette forte racine ayant longtemps trempé n'est pas garantie. De meilleurs résultats sont obtenus si on plante le noyau dans du terreau, sa pointe affleurant à la surface. Le terreau sera maintenu humide. Il faudra patienter au moins deux mois et persévérer si rien ne se produit. Il peut arriver que la plantule n'apparaisse qu'après six mois. Curieusement, le noyau reste en place durant plusieurs années au pied de l'avocatier. Le tronc s'élance de manière volontaire, se dégarnissant à la base. Voilà pourquoi il est conseillé de pincer les pousses afin de former un buisson. Aurons-nous le plaisir de voir notre avocatier porter des fruits ? Hélas, non. Les fleurs n'apparaissent pas sur les plantes en pot.

Une serre d'hivernage ?

La serre du jardin peut-elle accueillir toutes les plantes d'orangerie à protéger du gel durant l'hiver ? Difficilement, car les écarts de température y sont très importants durant la mauvaise saison. Si du gel survient, il gèle la nuit dans la serre aussi intensément qu'au-dehors. Un chauffage électrique avec un thermostat est donc indispensable pour maintenir la température à 5 °C. Il doit être muni d'un ventilateur pour bien répartir la chaleur. Pour éviter que le compteur électrique ne s'emballe, il faut installer une isolation sur les parois intérieures avec du plastique translucide contenant des bulles d'air.

Dès qu'une journée est ensoleillée, le petit volume de la serre se réchauffe très vite, le mercure du thermomètre pouvant grimper au-delà de 20 °C. Les plantes supportent mal ces écarts importants. Le mieux est de les placer dans une pièce bien fraîche et claire où la température, idéalement 10 °C, est stable. À défaut, il est possible de confier les plantes gélives à un horticulteur qui prend les oliviers, agrumes et lauriers en pension hivernale. Ses immenses serres permettent une bonne climatisation.

Planter le *lucky bamboo*

Ces dernières années, les *lucky bamboos* ont connu un beau succès, vendus sous forme de longues tiges droites ou spiralées qui promettent de nous porter chance. Ils sont aussi proposés liés en une courte botte serrée par un fil cuivré. Au bout des troncs, des racines trempent dans de l'eau. Commercialement, le subterfuge est habile : ces plantes ne sont pas des bambous mais de simples tiges d'un dracaena originaire d'Afrique : le *Dracaena sanderiana*, cousin de la plante verte nos intérieurs.

Les feuilles et les bourgeons axillaires de tiges vertes ont été enlevés, sauf le dernier bourgeon au sommet qui a donné naissance à une pousse. Par trempage dans de l'eau, des racines sont apparues à la base des tiges. Grâce aux réserves nutritives contenues dans le tronc d'un *lucky bamboo*, ce qui n'est qu'une simple bouture pourra survivre plusieurs mois, davantage si un engrais liquide est ajouté dans l'eau. Mais le dracaena finira par s'étioler et mourir. Cette bouture n'attend qu'une seule chose : être plantée et pouvoir ainsi poursuivre sa vie durant de longues années dans nos intérieurs.

Des plantes qui ne meurent plus

Les fittonias (*Fittonia albinervis* groupe Verschaffeltii) sont de belles plantes d'appartement au feuillage décoratif, mais il est quasiment impossible de les garder dans nos intérieurs trop secs en hiver. Ce sont en effet des plantes de moiteur qui ont besoin d'une atmosphère particulièrement humide. L'idéal est donc de les cultiver dans un volume confiné. Nous pouvons les placer dans une bonbonne de verre à dénicher dans un magasin de décoration intérieure. Du terreau est placé au fond de ce large vase. Les fittonias y sont installés en compagnie d'autres plantes des ambiances moites : une adiantum, une petite fougère, et de la sélaginelle (*Selaginella kraussiana*). Le fin feuillage de cette rampante se flétrit dès que le degré d'humidité descend en dessous de 60 %. Dans la bonbonne, il va s'étendre sur toute la surface de terreau. Autant ces végétaux auraient souffert parmi les autres plantes vertes de la maison, autant ils vont maintenant s'épanouir.

Les sauges arbustives sont encore peu connues. Originaires du Mexique, elles cumulent les qualités. Elles sont particulièrement florifères, colorées durant l'été et l'automne, avec une large gamme de coloris, du blanc au pourpre en passant par tous les tons de rose, sans oublier le bleu. Leur feuillage est aromatique. Elles sont peu exigeantes en eau et s'accommodent des sols secs. Le grand inconvénient : elles sont peu rustiques et doivent être protégées durant l'hiver. D'où l'intérêt de les bouturer pour mieux les conserver.

Des plantes de jardinières gratuites pour l'année prochaine

Les plantes vivaces gélives de nos jardinières et potées comme les verveines, les bidens, les gazanias, les sauges arbustives, les anthemis (*Argyranthemum*), sans oublier les pélargoniums, peuvent être rempotées pour passer l'hiver à l'abri du gel et être réutilisées au printemps suivant, après les dernières gelées du mois de mai. Mais comme ces plantes forment une souche et deviennent moins florifères en vieillissant, nous pouvons aussi les multiplier par bouturage. Des pousses latérales qui n'ont pas encore fleuri sont prélevées en coupant sous un nœud. Les feuilles sont enlevées à la base. On supprime également les boutons floraux et le bourgeon terminal. Ces boutures de 10-15 cm sont piquées dans du terreau tamisé et allégé par du sable de rivière. Dans ce substrat drainant, à la chaleur et sous un sac en plastique translucide qui maintient l'humidité, les boutures s'enracinent rapidement.

Narcisses à forcer

Il faut le dénicher en ce moment dans les catalogues et dans les jardineries. Grâce à son origine méditerranéenne, un narcisse peut être forcé sans difficulté pendant l'hiver. Son nom : *Narcissus papyraeus* 'Paperwhite'. Simplement installés sur un lit de gravier sur lequel de l'eau est versée, les bulbes émettent leurs racines en quelques jours, développant en parallèle leur végétation. Après six à huit semaines, la floraison est là, chaque hampe florale portant une série de petites fleurs d'un blanc tout en fraîcheur. Le narcisse 'Paperwhite' est vraiment le bulbe le plus facile à forcer. De la beauté concentrée qui ne demande qu'à s'exprimer.

Une potée de bulbes

Les bulbes à floraison printanière peuvent colorer des potées pour la terrasse ou le balcon. Ce sont surtout les narcisses qui s'accommodent de la culture en pot. On pourra aussi obtenir de bons résultats avec des variétés de tulipes courtes (30 cm), qui ne sont pas aussi gourmandes que les variétés à grand développement culminant à 50 cm. Le point essentiel : il faut un bon drainage. Le trou au fond du pot est recouvert par un éclat d'un petit pot de terre cuite. Vient ensuite une bonne couche de graviers, puis du terreau de qualité. À quelle profondeur placer les bulbes de narcisses et de tulipes ? Ils doivent être recouverts par une couche de terreau équivalente à deux fois leur hauteur. Pour que la potée soit jolie, il suffit d'y repiquer des pensées. Fleuries cet automne, elles perdront leurs corolles pendant les périodes de gel, mais elles seront généreusement de retour au printemps pour accompagner la floraison des bulbes.

Les astuces en plus

- ◇ Le bidens qui a formé des cascades de fleurs jaunes dans les jardinières cet été est une plante vivace. Pour la conserver, réduire le feuillage, prélever une belle motte de racines et **replanter le bidens en pot dans du terreau neuf** allégé de sable de rivière. Hiverner à l'abri du gel en gardant le terreau légèrement humide.
- ◇ Des **bulbes de jacinthe peuvent être plantés dans du terreau** ou posés au sommet d'un vase de forçage rempli d'eau. Placer les récipients au frais et au noir pour le développement des racines. Quand la végétation pointe, les bulbes gagnent l'intérieur de la maison pour une floraison hivernale parfumée.
- ◇ **Les pélargoniums de nos jardinières peuvent être récupérés pour une seconde culture** l'année prochaine. Rabattre les tiges à 20 cm, ne conserver que les plus fortes (trois à cinq), raccourcir les racines à 15 cm et rempoter dans un pot individuel. Conservation dans un local lumineux et hors gel. Arrosage réduit.
- ◇ **Rentrer les bégonias tubéreux** et ne plus les arroser. Quand les plantes sont sèches, prélever les tubercules pour les conserver à l'abri du gel et de l'humidité. Plantation au début du printemps prochain.

Arbres fruitiers en cage

Sévissant surtout dans les jardins proches de prairies, les campagnols découragent bien des jardiniers. Faut-il subir leurs ravages sans possibilité de réaction ? Une technique a fait ses preuves pour la plantation des arbres fruitiers, qui sont des cibles privilégiées des campagnols. Elle convient aussi pour les arbustes ornementaux. Un grand sac de treillis galvanisé à mailles fines est déposé dans le trou de plantation. Ce sac enfermant les racines est serré autour du tronc afin que les rongeurs ne puissent pas pénétrer via la surface dans la fosse de plantation. Ainsi protégées, les racines peuvent se développer. Après quelques années, le treillis rouille, se désagrège et les racines s'étendent plus loin dans le sol. À ce stade, les dégâts des campagnols peuvent être supportés. Les racines sont suffisamment nombreuses. La vie de l'arbre n'est plus en péril.

Une clôture en châtaignier

Au même titre que les parterres, la pièce d'eau, les sentiers ou les murets, les portails et clôtures font partie du jardin et contribuent à l'ambiance générale. Voilà pourquoi les éléments en châtaignier sont de plus en plus choisis. Ils se fondent bien dans la végétation et n'ont pas leur pareil pour apporter une touche campagnarde. Leur intérêt écologique est de plus en plus mis en avant. Les perches de châtaignier utilisées pour la fabrication des clôtures et des piquets proviennent du recépage de taillis. Il s'agit donc d'une gestion traditionnelle de la forêt. Comme le châtaignier contient beaucoup de tannins, il possède une résistance naturelle à la pourriture. Il est donc inutile de le badigeonner régulièrement avec des produits de protection du bois. D'où viennent les clôtures en châtaignier ? Elles sont produites par de petits ateliers, soit dans le Kent en Angleterre, soit dans le Limousin en France, deux régions où cet arbre est bien implanté.

Un gazon sans bosses ni fosses

Au fur et à mesure de l'effondrement de leurs galeries souterraines, les taupes transforment une belle pelouse en une surface si irrégulière qu'on s'y tord les chevilles. Ce relief accidenté peut être réparé durant l'arrière-saison. L'herbe forme un tapis dense. Après une pluie, on peut facilement soulever avec le tranchant de la bêche une petite surface de gazon qui est placée sur le côté. Il faut alors ameublir le sol accidenté en le travaillant à l'aide d'une fourche-bêche. Le niveau est ensuite rectifié, par ajout ou enlèvement de terre. Puis le gazon est remis en place. Un arrosage régulier durant la semaine suivante facilitera la reprise de l'herbe. Comment faire si les irrégularités couvrent une surface plus large ? Le gazon est enlevé en plusieurs dalles contiguës. Après les avoir reposées sur le sol nivelé, on tasse en marchant sur une planche afin de bien replacer toutes les dalles au même niveau.

Feuilles mortes

Les premières feuilles mortes ont fait leur apparition sur la pelouse ? Sans attendre, nous pouvons les ratisser. Pourquoi faut-il enlever les feuilles ? Parce qu'elles constituent un obstacle pour la lumière et empêchent la croissance homogène du gazon pendant l'arrière-saison. Mouillées par la pluie, les feuilles peuvent former de larges galettes. Sous ces amas, le gazon meurt rapidement et des vides apparaissent dans la pelouse. Si elles sont amassées en un vaste tas, les feuilles mortes ne se décomposeront pas rapidement. Pour un compostage efficace, une aération est indispensable. Il faut donc retourner le tas à la fourche tous les deux mois et mouiller sous le jet du tuyau d'arrosage les zones de feuilles trop sèches.

Lorsque de grands arbres sont présents près de la mare, des feuilles mortes tombent dans l'eau. Si elles sont peu nombreuses, ce n'est pas très grave

puisqu'elles se décomposeront progressivement pour finalement se transformer en vase. Par contre, une quantité importante de feuilles peut gravement perturber l'équilibre biologique et mener à un comblement de la mare en quelques années seulement. Il suffit de tendre un filet à fines mailles au-dessus de l'étang durant la période de chute des feuilles afin d'en récolter un maximum. Ce dispositif devra être régulièrement inspecté, car un hérisson ou un oiseau peut se prendre dans les mailles et mourir d'épuisement s'il n'est pas libéré rapidement.

Feuilles mortes en gros

Pour ramasser rapidement les feuilles mortes sur le gazon, le plus simple est d'utiliser la tondeuse, surtout si nous avons de grandes surfaces de pelouses. Il faut bien sûr que le bac de ramassage soit de belle taille pour ne pas devoir arrêter trop souvent la machine. Les feuilles sont hachées par le couteau permettront une décomposition plus rapide sur le tas de compost ou à la surface des parterres.

La chute des feuilles, un mécanisme hormonal

À l'approche de l'hiver, la plupart des arbres de nos régions se dénudent, car c'est la meilleure réaction qu'ils peuvent opposer au froid qui détruirait leurs feuilles, bien trop tendres pour résister au gel. Le processus de la chute des feuilles découle de l'action d'une hormone présente toute l'année dans les tissus de l'arbre. Durant la bonne saison, l'action de cette hormone est contrecarrée par celle d'une seconde hormone, produite au niveau de la feuille. Une hormone stimulant et l'autre retardant la chute des feuilles, rien ne se produit. Mais voilà que l'automne arrive. Les jours sont de plus en plus courts, et les températures plus fraîches. Liée intimement à la présence de lumière et à la chaleur, la production dans les feuilles de la seconde hormone se réduit jusqu'au jour où le fragile équilibre est rompu. La première hormone a alors le champ libre.

Petit à petit, sous l'influence de cette fameuse hormone, se forme à la base de la queue de la feuille, le «pétiole» des botanistes, une couche de cellules aux parois fragiles, zone de séparation où se produira la future cassure.

Les cellules de la couche de séparation secrètent du liège, le même que celui des bouchons, qui entre en relation avec l'écorce, préparant ainsi la cicatrisation de la future blessure. Cicatrisation définitive, car les feuilles ne repoussent jamais au même endroit. Ensuite, les conduits qui permettent le passage de la sève se bouchent et il n'y a plus d'échanges entre la feuille et l'arbre. Sous l'action du vent ou du gel nocturne, les feuilles se détachent et tombent en masse.

Des parterres prêts pour l'hiver

Quand l'automne s'installe au jardin, nombre de jardiniers ont l'habitude de bêcher leurs parterres. Le sol est retourné entre les plantes et les arbustes. Une autre manière de procéder, bien moins fatigante, rencontre de plus en plus d'adeptes. Un paillage d'au moins 10 cm d'épaisseur est étendu sur le sol. Voilà l'occasion d'utiliser le compost, à condition qu'une montée en température du tas ait bien permis la destruction des semences d'herbes indésirables. Ce compost est mélangé à des feuilles mortes récoltées au jardin. Ce tapis va protéger le sol des lourdes pluies hivernales, empêchant son tassement. Les vers de terre qui circulent intensément sous ce matelas vont ameublir la terre en profondeur. Ils vont venir chercher l'humus du paillage en décomposition pour l'incorporer dans les couches plus profondes, au plus près des racines. Le paillage empêche enfin la germination des herbes indésirables. Au printemps, le parterre est meuble et propre, comme s'il avait été bêché.

Accueillir le hérisson

Une caisse en bois ayant contenu des bouteilles de vin est retournée, une entrée est découpée à la scie, un nid de paille est placé à l'intérieur, une feuille de plastique étendue par-dessus assure l'étanchéité. Disposé au pied d'une haie indigène ou dans un parterre, ce dispositif est camouflé par des branchages. Voilà un gîte qui offrira de bonnes conditions d'hibernation au hérisson, notre allié grand consommateur de limaces. Chut ! Ne pas déranger !

Un compostage parfait

Au fond du jardin, le tas de compost qui a accueilli durant toute la belle saison les déchets verts peut maintenant former un beau volume. Mais quantité ne rime pas toujours avec qualité. Le problème numéro un : la formation de zones pourrissantes et nauséabondes à cause de l'apport de grandes quantités de tontes de gazon. La solution est simple. Le sec doit alterner avec l'humide. Les apports d'herbe tondue doivent être effectués en couches minces, saupoudrées d'éléments secs comme de la paille, des feuilles mortes ou des branches hachées.

Si ce dépôt en alternance n'a pas été effectué pendant l'été, le tas de compost peut actuellement être reformé. Avec une fourche, un nouveau tas est créé à côté du tas actuel. Si les matières ont été accumulées dans un silo, elles sont transférées dans un silo vide. Les déchets trop humides sont soigneusement mélangés à des matières sèches. Grâce à cet équilibrage et à l'apport d'air, une fermentation va se produire rapidement dans le nouveau tas.
La température va s'élever, tuant les germes de maladies et les semences des herbes indésirables. La décomposition en humus sera ensuite rapide.

Gare aux premières gelées !

En automne, quand les gelées nocturnes surviennent-elles ? Si elles ne sont pas encore apparues, les premières températures négatives seront peut-être enregistrées cette nuit. Il ne faut pas attendre le mois de novembre pour voir le mercure dégringoler sous zéro. Le record de précocité à l'observatoire d'Uccle a été enregistré le 6 octobre 1936 : −0,6 °C. Où les premières gelées nocturnes surviennent-elles le plus souvent ? L'Ardenne n'est pas la région la plus touchée, mais plutôt la région de Rochefort, qui collectionne quelques gelées historiques. Le 4 octobre 1947, il faisait là-bas −4,5 °C. En 1972, il a gelé à Rochefort toutes les nuits entre le 14 et le 21 octobre, avec notamment −7,2 °C le 20 octobre. N'attendons pas la surprise d'un premier gel précoce pour rentrer les plantes d'orangerie qui ont créé une atmosphère de vacances méditerranéennes sur la terrasse cet été.

Une bâche en guise de désherbant

C'est décidé. Dès le printemps, la plate-bande sera agrandie. Faudra-t-il enlever tout le gazon à la houe ? Non, il existe un moyen tout simple de libérer le sol de toute végétation. Il suffit d'étendre une bâche ou une vieille moquette. Quelques pierres empêcheront le vent de soulever le tapis. Dans quelques mois, le sol sera net, ultra-net. Ce truc tout simple permet aussi de désherber une zone pour un potager.

Des baies pour les visiteurs ailés

Nous entrons maintenant dans la grande période de plantations des arbustes au jardin. De nombreuses plantes peuvent favoriser la présence des oiseaux, surtout durant l'hiver. Les graines de l'érable sycomore sont de véritables délices pour les mésanges, les pinsons et les geais. Les fruits de l'aubépine sont dévorés par les étourneaux, les corneilles, les mésanges bleues et bien d'autres espèces. Les faines, fruits du hêtre, sont appréciées par les sittelles, les mésanges, les pics épeiches. Les bouvreuils, les grives, les rouges-gorges et les ramiers se délectent des baies rouges du houx. Les baies du sureau noir constituent un régal pour de nombreux oiseaux. Il en est de même pour celles de l'amélanchier, du cornouiller sanguin, du chèvrefeuille des bois ou de la vigne vierge…

L'épine-vinette (*Berberis thunbergii*), disponible dans une large gamme de variétés, se couvre de baies rouges allongées consommées par les oiseaux.

Nettoyage d'automne

Durant les prochaines semaines, n'oublions pas d'inspecter les nichoirs placés au jardin, car ils doivent être nettoyés. Nous y découvrirons le plus souvent le nid caractéristique des mésanges. Il a été tassé par les oisillons et réduit à un tapis dense de mousses, de plumes et de crins qu'il faut enlever. Le nichoir est immédiatement remis en place. Les mésanges inspectent déjà les sites potentiels pour leur nidification durant l'hiver et plus un nichoir est placé tôt, plus il aura des chances d'être à nouveau occupé.

Moisson au jardin

Actuellement, de nombreuses fleurs fanées ont déjà formé leurs graines. Nous pouvons donc récolter des semences pour nos semis, en choisissant des plantes vigoureuses et en pleine santé. Si le feuillage présente des signes de maladies, les graines peuvent en véhiculer les germes. De même, des pucerons présents sur la plante peuvent être les vecteurs de maladies virales.

Comment effectuer notre moisson ? La récolte est réalisée par temps sec, car l'humidité n'est pas favorable à une bonne conservation des graines. Si celles-ci se détachent facilement de la plante, le plus simple est de les faire tomber dans un grand sac en papier. Pour une récolte moins fastidieuse sur certaines plantes, il peut être plus efficace de prélever les fructifications, de les faire sécher sur du papier absorbant, puis de les décortiquer pour en extraire les graines. Nos semences sont ensuite placées dans des sachets en papier, à conserver dans un local frais et sec jusqu'au jour du semis.

Une petite flamme au jardin

La nuit survient chaque jour un peu plus tôt. Pour profiter encore du jardin durant nos soirées d'automne, nous pouvons attacher à une branche une de ces lanternes décoratives contenant une bougie. Une lampe-tempête a aussi un charme fou. Il faut choisir un emplacement bien visible depuis la maison. La flamme ne manquera pas d'attirer notre regard. Le crépuscule venu, le jardin restera ainsi proche de nous.

Graines à l'abri

Nous n'aurons plus besoin de semences avant le printemps. Certains sachets sont périmés et doivent être éliminés. Pour bien conserver toutes les semences qui restent valables, il suffit de les placer dans une boîte en plastique fermant hermétiquement. Les graines seront ainsi à l'abri de l'humidité et des dents des souris. Si nous ne pouvons placer la boîte dans un local où la température reste fraîche et assez constante, le mieux est de trouver une place pour nos graines dans le réfrigérateur.

Les astuces en plus

◇ Un petit truc pour **ramasser facilement les feuilles mortes tombées dans la mare** : une fourche peut être entourée d'un morceau de treillis. La voici transformée en une large écumoire à feuilles.

◇ Durant la morte-saison, **les ponts de bois deviennent dangereusement glissants**. Pour éviter les chutes, il suffit de couvrir la surface avec du grillage à poules à fines mailles, à fixer avec des cavaliers. La surface devenue rugueuse sera plus sûre.

◇ **Les tuteurs des haricots grimpants** sont débarrassés de la végétation qui les enserre toujours. Nettoyer aussi la terre qui colle à leur pied. **Remisés durant l'hiver** à l'abri de la pluie, ils ne se dégradent pas et serviront durant des années.

◇ Les températures sont plus fraîches et **le gazon réduit sa croissance. Remonter la hauteur de coupe de la tondeuse** pour obtenir une herbe plus longue durant l'automne et l'hiver.

◇ Une nouvelle idée à la mode pour une **présence minérale au jardin** : des grandes dalles d'ardoise sont dressées. Elles prennent place dans une haie en alternance avec les arbustes, elles cloisonnent un espace, elles forment l'arrière-plan d'un parterre. Cette présence minérale forme un beau contraste avec les plantes.

Un brin de soleil sur ma porte
Et déjà mon cœur rit tout seul.
« Ouvrons, dit-il, ouvrons les portes,
Courons vite sous les tilleuls
Danser avec les feuilles mortes. »

Du soleil sur les feuilles mortes
Et déjà mon cœur va plus loin.
« Laissons, dit-il, les feuilles mortes,
Courons vite avec les tarins
Chanter à l'ombre des sapins. »

SOLEIL (EXTRAIT)

11 NOVEMBRE

LES JOURS RACCOURCISSENT DE

01 h 20

◇ CAMÉLIA D'AUTOMNE
Camellia sasanqua
Floraison : octobre à janvier

POUR BIEN COMMENCER LE MOIS…

Forcer ses propres endives

Les chicorées *witloof* semées ce printemps au potager sont arrivées au terme de leur développement. Les plantes sont arrachées et les racines sont récoltées pour être conservées à la cave comme les carottes ou les betteraves rouges. Au fil de l'hiver, ces racines vont être utilisées pour produire des endives, cette seconde pousse qu'on appelle « chicon » en Belgique.

Une simple boîte en plastique pas trop basse convient bien pour forcer une série de racines, qui doivent toutes avoir la même longueur. Les racines sont dressées dans la boîte, les unes contre les autres. Les vides entre les racines sont comblés avec du terreau qui sera maintenu humide. Il ne restera plus qu'à placer la boîte à la cave, dans le noir, pour que les chicons se développent au fil des jours à venir. Si la température est trop élevée, les feuilles s'écartent. Si de la lumière est trop souvent présente, elles verdissent.

Pour forcer une plus grande quantité d'endives, une poubelle ou un cageot de rangement en plastique font l'affaire. Mais on ne placera pas le couvercle. Faute d'aération, les racines et les chicons risqueraient de pourrir.

Planter une vigne

Cet automne constitue la saison idéale pour accueillir une vigne contre un mur exposé au sud. La vigne n'est pas une plante exigeante. Elle peut parfaitement se développer côté rue, une petite ouverture dans le trottoir étant suffisante pour la plantation. Les racines s'en vont, même dans des déblais caillouteux, rechercher en profondeur de l'eau et des éléments minéraux. Pour soutenir la vigne, nous ne pouvons utiliser ni treillis ni croisillons de bois. Les sarments s'y entremêleraient au point de rendre la taille bien difficile. Il faut simplement des fils de fer tendus horizontalement. Ils sont espacés de 40 cm et soutenus par des pitons. Il ne faut pas lésiner sur le diamètre du fil et des pitons, car ils vont devoir porter le poids des sarments, des feuilles mouillées par la pluie et surtout des grappes.

Quelles vignes choisir ?

Dans les jardineries, le choix de vignes à planter à l'extérieur se limite souvent à l'une ou l'autre variété comme 'Chasselas de Fontainebleau', 'Vroege Van der Laan' ou 'Boskoop Glory'.

Quel raisin blanc faut-il préférer pour une culture à l'extérieur ? La variété 'Vroege van der Laan' est toujours largement proposée dans les jardineries, alors qu'elle est sensible au mildiou et à l'oïdium. Outre 'Phoenix' (notre photo), d'autres vignes sont résistantes aux maladies : 'Palatina', 'Perdin', 'Garant', 'Perle de Zala'...

Mais de nouvelles variétés cumulent qualités gustatives et résistances aux maladies. Grâce à ces obtentions, une vigne bien exposée peut être simplement protégée de l'oïdium et du mildiou par des traitements biologiques au soufre et au cuivre.

Des exemples ? Raisin pour la table ou pour le vin, le 'Sieger' est une variété proche du 'Gewurztraminer'. Les grappes rosées offrent un jus délicieusement doux et parfumé. 'Phoenix' est une variété récente de raisin blanc. D'origine allemande, elle présente un léger goût de muscat et elle est conseillée pour la table comme pour le vin. Le 'Rondo', lui aussi sélectionné en Allemagne, produit un raisin bleu à jus blanc, sucré et parfumé, pour le pressage ou la coupe de fruits.

Un silo à carottes

Pour conserver jusqu'au printemps les carottes du potager, nous pouvons creuser un trou près de la cabane du jardin et y enterrer un récipient dont le sommet doit se trouver 30 cm sous le niveau du sol. Ainsi à l'abri du gel, ce volume adapté à l'ampleur des récoltes fait office de frigo. Un couvercle empêche la venue de rongeurs. Les carottes doivent garder leur collet, seule la verdure a été enlevée. Elles doivent aussi être sèches. Humides ou boueuses, elles pourraient moisir. Un sac de plastique rempli de feuilles mortes constitue un coussin isolant à placer sur le couvercle. Il ne reste plus qu'à couvrir l'ensemble avec un panneau de bois ou une tôle. Quelques minutes suffisent pour venir prélever les carottes selon les besoins.

Attention ! Dans les terrains argileux au sol lourd détrempé en hiver, l'idéal est d'enterrer le tonnelet à carottes sous un auvent. Il est en effet possible que l'eau qui gorge la terre s'engouffre dans le silo et le remplisse complètement.

Une liqueur de prunelles

Le prunellier (*Prunus spinosa*) est un arbuste de notre flore formant des buissons denses et épineux. Au jardin, il peut figurer parmi les arbustes constituant une haie indigène. L'automne venu, les branches du prunellier se couvrent de baies bleues qui font penser à de petites prunes. Ce sont des prunelles, particulièrement dures. Après une forte gelée, les prunelles se ramollissent et elles deviennent une source de nourriture pour les oiseaux. C'est à cette période que nous pouvons les récolter pour confectionner une liqueur.
La recette est simple. Une tasse de prunelles et une tasse de sucre sont mises à macérer dans un litre d'eau-de-vie pour fruits. Après deux mois, l'ensemble est filtré dans une étamine puis mis en bouteille. Pour la décoration, quelques prunelles peuvent être insérées dans le flacon. Voilà un digestif maison aux saveurs du jardin.

Les troncs prennent un bain d'argile

Nous pouvons déjà prendre soin de nos arbres fruitiers. Des traitements hivernaux permettent de réduire l'impact des parasites et des ravageurs durant la belle saison. Nous avons besoin d'un seau avec un fond d'eau et de bentonite, une argile en poudre disponible en jardinerie. Elle est normalement destinée à être incorporée dans les sols légers pour accroître leur pouvoir de rétention de l'eau. L'argile est progressivement diluée dans le seau. Un peu de patience est nécessaire pour obtenir la consistance d'une pâte à crêpes. Cette boue est étendue avec une brosse sur l'écorce des arbres fruitiers, jusqu'à la base des branches charpentières. Il faut bien insister sur toutes les parties du tronc où l'écorce est craquelée, car c'est dans ces fentes que sont surtout cachés les parasites et leurs larves. En séchant, l'argile va emprisonner ces parasites et les asphyxier. Le traitement pourra être renouvelé plusieurs fois, car les pluies hivernales ne manqueront pas d'emporter la couche de bentonite.

Quarantaine de pommier

Peut-on planter un jeune pommier à la place d'un vieux pommier qui vient d'être abattu ? Pas avant cinq ans, car l'arbre qui poussait à cet emplacement a secrété dans le sol des toxines le protégeant de la venue d'un congénère germant à son pied. Il faut attendre que ces substances, qui sont aussi hostiles aux autres arbres à pépins, comme le poirier, disparaissent. On peut par contre planter sans problème un arbre à noyau comme un cerisier ou un prunier.

Une autre idée de plantation : un cognassier

Un cognassier au jardin permet de récolter des poires de coing. Jaunes, recouvertes d'un fin duvet, très dures, elles embaument toute la pièce quand on les dépose dans un plat. Traditionnellement, les poires de coing sont utilisées pour préparer de la gelée. Mais ces poires peuvent aussi être cuisinées. Découpées en dés, elles peuvent accompagner la dinde de Noël. Le coing est aussi un des ingrédients du tajine d'agneau, un plat nord-africain en vogue actuellement.

Les astuces en plus

◇ « À la Sainte-Catherine, tout bois prend racine ». Nous réussirons à coup sûr **des boutures de la vigne**. Des tronçons de sarments de l'année comportant plusieurs bourgeons sont enfoncés dans un pot rempli de terreau tamisé et allégé par du sable de rivière. Un bourgeon doit être à l'air libre. Conserver les pots dans la serre et maintenir le terreau humide.

◇ Ne pas attendre que **la terre du potager** refroidisse pour **la couvrir d'un matelas protecteur** : dernières tontes de gazon, feuilles mortes hachées avec la tondeuse ou, à défaut, de la paille. Les vers de terre resteront actifs, enrichissant le sol en matières organiques et l'émiettant.

◇ Pour **éviter de répandre des spores de mildiou dans la serre**, retirer sans tarder les plants de tomate avec leurs racines, les couper en petits morceaux et les mettre au compost. Un compostage bien mené permet de détruire les germes de maladies, dont le mildiou.

◇ Les **framboisiers s'étendent en formant des drageons**. Tendre une ficelle le long de la surface qui leur est attribuée. Enfoncer la bêche tout le long de cette limite pour couper les racines. Avec une bêche à dents, retirer ensuite les rhizomes, qui peuvent être utilisés pour renouveler ou étendre la présence des framboisiers au jardin.

◇ **Les potirons vendus pour décorer la fête d'Halloween peuvent être consommés**. Les producteurs sèment simplement des variétés formant des fruits ronds qui se prêtent bien à la confection de lanternes. Il existe d'ailleurs une variété américaine, 'Jack O' Lantern', dont les fruits plus hauts que larges permettent la sculpture de luminaires très expressifs.

◇ Au potager, **les choux de Bruxelles portent déjà de belles pommes** et nous serions tentés d'en récolter en choisissant les plus grosses. Mais côté goût, nous risquons d'être déçus. Pour nous offrir toute leur saveur, les choux de Bruxelles ont besoin d'une gelée. Il faudra peut-être patienter jusqu'en janvier.

◇ **Inspecter les fraisiers**. Avec une paire de ciseaux, couper les fruits pourris, les feuilles sèches et les tiges brunies. Les plantes formeront de nouvelles feuilles au printemps. Ce nettoyage permet de réduire le risque de dégénérescence des plants par maladie.

Dépoter pour vérifier la qualité

Dans un pot, les racines d'un arbuste sont rapidement contraintes de former un enchevêtrement trop dense, un « chignon » comme disent les horticulteurs. Ces racines enroulées sur elles-mêmes ne peuvent assurer un bon déploiement dans le sol. L'arbre est non seulement mal ancré, mais il pourra aussi manquer de ressources et résister moins bien à la sécheresse. Un bon pépiniériste détruit les plantes invendues à la fin de la saison ou les rempote sans tarder dans un pot plus grand pour suivre le rythme de la croissance. Mais ce principe est loin d'être une généralité.

N'hésitons pas à contrôler l'état des racines en dépotant partiellement l'arbuste. Si la paroi de la motte est entièrement tapissée de racines très denses ou, pire, si elles s'évadent à l'extérieur du conteneur via les trous de drainage, voilà un achat à éviter. Même refus pour les arbustes dont la motte est correcte, mais dont le tronc bouge dans tous les sens. Cette mobilité est due au fait que l'arbuste a déjà formé un ou plusieurs chignons successifs au fil des pots dans lesquels il a été progressivement rempoté.

Si le substrat est maintenu par un réseau lâche de racines, pas de problème. Elles pourront être dégagées et étalées lors de la plantation. L'arbuste pourra alors développer un bon enracinement avec un véritable ancrage.

L'idéal est de privilégier les arbres et les arbustes vendus à cette époque à racines nues.

Splendides plumets

On pourrait penser qu'à force de trôner en touffe isolée au sein de tant de gazons depuis les années 1970, l'herbe de la pampa (*Cortaderia* en latin) aurait cédé sa place à d'autres espèces de graminées apparues depuis dans les jardineries. Elle garde visiblement beaucoup de supporters. Il est vrai que les inflorescences en plumets sont de toute beauté en automne.

Pourquoi tardent-elles souvent à apparaître ? Si une herbe de la pampa ne fleurit toujours pas, trois raisons peuvent être avancées. Premièrement, la plante est encore trop jeune, elle doit s'installer à son emplacement et former une souche compacte, ce qui demande plusieurs années.

Ensuite, elle peut souffrir d'un manque d'entretien : il faut toujours couper l'ancienne végétation au début du printemps.

Enfin, l'utilisation d'engrais azoté pour le gazon peut favoriser le développement du feuillage au détriment des inflorescences. Il faut éviter de répandre de l'engrais autour de l'herbe de la pampa.

Pourquoi un hamamélis fleurit-il en automne ?

Les différentes variétés d'hamamélis sont multipliées par greffage. Le porte-greffe utilisé est une espèce américaine, *Hamamelis virginiana*, qui peut produire des gourmands. Si on ne les remarque pas, ils se développent vigoureusement, profitant en première ligne de la montée de la sève. Les branches du porte-greffe se mêlent alors à celles de l'hamamélis greffé. Mais comme l'*Hamamelis virginiana* fleurit en automne, alors que les feuilles viennent de prendre leurs belles teintes, sa présence finit par être remarquée. Sans tarder, les gourmands doivent être sectionnés le plus bas possible.

Comment éviter cet inconvénient ? Lors de la plantation, il ne faut pas enterrer le point de greffe. Le maintien de la fraîcheur pendant l'été par une couche de matière organique autour du pied, voire un arrosage si nécessaire, permettra une bonne croissance de la variété greffée, freinant les velléités d'apparition de gourmands sur le porte-greffe.

L'arbre à message

Un arbuste au beau feuillage argenté persistant, le *Viburnum cylindricum*, possède une particularité étonnante. Comme avec la touche d'un écolier sur une ardoise, il est possible d'écrire sur le limbe des feuilles avec une baguette. On peut laisser un petit mot doux. Lorsque la personne à qui il est destiné l'a lu, le message peut être effacé avec les doigts. Comment cela est-il possible ? Les feuilles sont couvertes d'une importante couche de cutine, une cire végétale produite par la plante. Comme ce viburnum vit en altitude, cette cire protège les feuilles persistantes du froid.

Semer le cabaret des oiseaux

Pour accueillir la cardère (*Dipsacus fullonum*), cette magnifique plante sauvage, au jardin, il suffit de récolter en ce moment des graines dans la nature. Simplement semées sur le sol nu, elles donneront naissance au printemps à des rosettes reconnaissables aux petites pointes piquantes qui ornent le dessus des feuilles.

L'été venu, les rosettes restent telles quelles, sans tige ni fleurs, car la cardère est une plante bisannuelle. Avant de fleurir, elle accumule des vivres dans sa racine et brave un hiver. Dès le mois de mai suivant, chaque rosette forme une tige centrale, puis des tiges latérales portant les floraisons rose-mauve. L'hiver venu, des chardonnerets visiteront le jardin. Nous les verrons perchés sur les fleurs séchées des cardères dont ils extraient les graines. Observer l'un des plus beaux oiseaux de notre faune n'est pas la seule joie offerte par cette plante indigène. Durant l'été, nous pourrons remarquer l'eau de pluie retenue dans le petit bassin formé par les feuilles qui enserrent la tige. Même durant les journées chaudes, de l'eau reste présente. D'où le surnom de la cardère : le cabaret des oiseaux.

Plantons un marronnier nain

Grâce aux pépiniéristes spécialisés proposant des arbres et arbustes peu connus, nos jardins se transforment en arboretums. Lors des foires aux plantes ou dans les pépinières, nous pouvons dénicher des marronniers nains, cousins de l'immense marronnier des parcs. Ces arbustes conviennent bien aux petits jardins. Ils se développent soit en buisson dans un massif, soit sous forme d'arbre miniature, car ils poussent lentement. Le feuillage est superbe en automne quand les feuilles deviennent jaune-orange. Les petits marronniers offrent d'ailleurs des teintes de feuillages très variées au fil des saisons. Un exemple ? Les feuilles de l'*Aesculus* × *neglecta* 'Erythroblastos', originaire du nord de l'Amérique, sont rouge-rose au printemps, puis jaune verdâtre en été et dorées en automne. Les floraisons des nouveaux marronniers sont également très jolies. Les fleurs peuvent être roses, jaunes, bicolores, orangées et même rouge foncé.

Des plantes sèches pour le givre

Dans les parterres de vivaces, il était de bon ton de couper dès l'automne toute la végétation morte. Les parterres étaient alors propres, mais singulièrement nus. Jusqu'à l'arrivée des perce-neige, on n'avait plus sous les yeux que cette terre dénudée. Mais le jardin a pris une place plus importante dans nos vies, et nombre de jardiniers ne veulent plus de ce vide hivernal. Les parterres sont laissés en l'état, avec les tiges séchées des vivaces qui restent dressées. Elles deviennent des silhouettes visibles dans le brouillard. Elles se couvrent joliment de givre brillant sous le soleil. Il suffit de regarder un massif à contre-jour pour distinguer par transparence une large gamme de bruns, d'ors et de textures. Ce jardinage qui ne fait plus rimer propreté avec beauté propose aussi une nouvelle relation à la vie sauvage : des insectes hivernent dans les tiges creuses tandis que les graines que recèlent les hampes florales sèches nourrissent les oiseaux. Et voici que les jardiniers guettent par la fenêtre le passage des chardonnerets…

Un arbre pleureur a formé une branche verticale ?

Les arbres de type « pendula » sont greffés. Les pépiniéristes installent sur un tronc un petit rameau prélevé sur un sujet présentant cette particularité issue d'une mutation. Les bourgeons présents sur ce rameau donnent ensuite naissance à une ramure perpétuant cette anomalie génétique. Mais il se peut qu'une mutation se produise dans un bourgeon et que les tissus retrouvent à cet endroit leur normalité. D'où l'apparition d'une branche verticale particulièrement vigoureuse, puisqu'elle canalise l'énergie de la sève montante. Il faut scier sans tarder cette branche qui va se ramifier et dominer l'ancienne ramure retombante.

Attention au poids de la branche sciée qui peut déchirer l'écorce en tombant. L'idéal est de couper la branche en laissant 30 cm. On peut ensuite couper ce chicot sans subir un porte-à-faux.

Pommes miniatures

Parallèlement aux pommiers pour les vergers, des pommiers décoratifs (*Malus*) sont également disponibles dans les pépinières. Ils peuvent être plantés de manière isolée ou au sein d'une haie libre. Comme les cerisiers du Japon, ils se couvrent de fleurs au printemps, formant des ramures étincelantes de blancheur sous le soleil d'avril ou de mai. La plupart des pommiers ornementaux offrent aussi de beaux feuillages d'automne tout en se couvrant de véritables pommes.

Toutes petites, rouges, orange ou jaunes avec bien des nuances, elles sont de plus en plus utilisées pour la décoration florale. Elles sont comestibles et ont un goût de pomme. Une fois bien mûres, les mini-pommes peuvent même être cuisinées. Comme les fruits, particulièrement abondants, restent en place sur les branches jusqu'en décembre, ces pommiers sont aussi source de beauté au jardin durant l'arrière-saison. Les oiseaux sont bien sûr à la fête, car les petites pommes constituent une source de nourriture pour beaucoup d'espèces.

Un bambou en bac

Pendant l'été, nos terrasses accueillent de plus en plus souvent des plantes d'orangerie en pots. L'hiver venu, elles se retrouvent vides de végétation. Pour garder une présence verte près de la maison durant toute l'année, pourquoi ne pas planter un bambou dans un bac en bois ou un gros pot ? Le *Fargesia* 'Rufa' est un petit bambou qui pousse sans problème en conteneur. Il forme une touffe dense aux fines feuilles vert clair. Contrairement à un conifère, plus rigide, un tel bambou anime la terrasse. Les tiges se balancent en effet sous le moindre vent, produisant un fin bruissement.

Les variétés de bambous adaptées à notre climat sont capables de résister aux gels intenses de nos hivers. Une température de −20 °C pendant plusieurs nuits consécutives n'est pas un problème. Mais si le bambou en pot ne risque pas de mourir de froid, il peut par contre manquer d'eau si la motte est gelée. Le feuillage transpirant sous le vent, le bambou peut donc périr de sécheresse. En cas de gel prolongé, il faudra placer la potée sous abri pour que la motte ne soit pas complètement durcie.

Un fusain au feuillage panaché

Contrairement à notre fusain indigène, les fusains japonais gardent leur feuillage en hiver. Ces plantes qui résistent bien au froid et acceptent tous les types de sols sont donc particulièrement indiquées pour habiller des constructions en toute saison. Il est même possible de palisser les branches contre un mur, car des racines crampons apparaissent le long des tiges qui longent un support.

Avec son feuillage panaché de jaune, *Euonymus fortunei* 'Emerald'n' Gold' forme un superbe buisson doré. Moins connu, *Euonymus fortunei* 'Emerald Gaiety' présente des feuilles d'un beau vert sombre bordé de blanc, les faces inférieures virant au pourpre. *Euonymus fortunei* 'Harlequin' développe des feuilles où le blanc domine, le vert n'étant plus présent qu'en fines taches.

Le rosier Bukavu

Vous n'avez pas beaucoup de temps à consacrer à votre jardin ? Vous désirez des roses pendant tout l'été ? Le rosier 'Bukavu' est un des meilleurs choix. Il a été créé par le regretté Louis Lens, le grand rosiériste belge qui a produit tant de plantes de qualité. Au départ, Louis Lens avait créé la rose 'Rush' à la corolle rose pâle tout en simplicité, à la manière d'un rosier sauvage. De ce rosier est issu 'Bukavu', en tous points semblable à son parent, sauf en ce qui concerne la couleur : un rouge cramoisi, presque framboise, autour d'un cœur blanc. De juin à octobre, ces fleurs tout en gaieté sont présentes avec abondance. Pour la taille annuelle, rien de compliqué. On utilise la cisaille à mains, comme pour la haie. Une cisaille électrique aura tendance à déchiqueter les tiges, favorisant les maladies. Si vous préférez laisser monter le rosier 'Bukavu' le plus haut possible pour former un écran, il faut le tailler à 1 m de haut et laisser faire la nature. Il se développera jusqu'à environ 2 m. Dans un petit jardin, le rosier sera taillé à environ 50 cm du sol et il arrivera à 1,5 m de haut.

Planter où rien ne pousse

À l'ombre d'un grand arbre, l'endroit est trop sombre et trop sec pour offrir de bonnes conditions de vie à la plupart des plantes. Mais il existe des végétaux de l'extrême qui sont à l'aise là où tant d'autres dépérissent. Le mahonia à feuilles de houx (*Mahonia aquifolium*) est du nombre. Au printemps, il nous offre une belle et lumineuse floraison jaune en épis. En automne, il porte des grappes de fruits bleus comme des prunes. Durant l'hiver, il reste présent grâce à son beau feuillage persistant.

La proximité d'une fenêtre constitue aussi un emplacement privilégié pour la plantation d'un mahonia. La floraison, que des variétés déploient déjà en hiver, sera bien visible depuis l'intérieur de la maison, de même que les élégantes baies bleues.

Des pépinières fournissent des arbres âgés qui créent directement une belle présence, formant une verticalité et offrant de l'ombre. Eux aussi doivent être disposés avec discernement. Comme leur ramure est destinée à s'élargir, il faut veiller à ce qu'elle ne finisse pas par entrer en compétition avec d'autres feuillages.

Le choc des titans

Beaucoup de problèmes au jardin sont dus à l'absence d'un plan de plantation des arbres et des arbustes. Quand ils sont achetés en pépinière, ils ne sont pas bien encombrants. Ils sont donc souvent plantés de manière trop rapprochée, car le jardinier souhaite obtenir un effet décoratif immédiat. Après quelques années, arbustes et arbres ont pris une grande ampleur et finissent par s'étouffer l'un l'autre. Il devient alors urgent de supprimer les sujets les plus chétifs ou les plus envahissants pour laisser aux autres la possibilité de croître.

Les plantes ont besoin d'un espace vital pour se développer et se fortifier. Avant de commencer les plantations dans un jardin, il faut impérativement tenir compte de la superficie disponible. Un châtaignier ou un hêtre n'a pas sa place dans un espace d'un are ! Les livres et les catalogues des pépiniéristes indiquent les hauteurs et diamètres des espèces à taille adulte. Comme le font les architectes de jardin, nous pouvons dessiner les volumes des arbres et arbustes à l'échelle sur le plan du jardin pour obtenir à terme un résultat harmonieux.

Plus blanc que blanc

Les bouleaux n'ont plus la cote. Dans les quartiers où ils sont bien présents, le verdict est catégorique : « Ils produisent trop de graines. » Outre les gouttières encombrées, les terrasses à balayer sans cesse, les jardiniers déplorent aussi ce port si élancé. Dans les jardins plus petits d'aujourd'hui, Les bouleaux sont rapidement étêtés, ce qui n'est pas une réussite esthétique.

Mais si on dispose d'un peu d'espace, un bouleau originaire de l'Himalaya mérite d'être planté. Le *Betula utilis* var. *jacquemontii* possède une écorce d'un blanc éclatant. Le tronc et les branches, même les plus fines, sont d'un blanc si pur que l'arbre semble éclairer le jardin pendant les journées tristes de l'hiver.

Planter un houx femelle

Le houx est une plante mise à l'honneur à l'occasion de la fête de Noël, car son feuillage vert persistant associé aux belles baies rouges est symbole du renouveau fertile de la nature, tant espéré au cœur de l'hiver. Pour obtenir ces baies rouges au jardin, il faut remplir deux conditions. Tout d'abord, il faut planter un houx femelle car, chez le houx, il existe des pieds mâles et des pieds femelles. Et il ne suffit pas de posséder un houx femelle, il faut encore qu'un pied mâle soit disponible à proximité pour assurer la fécondation.

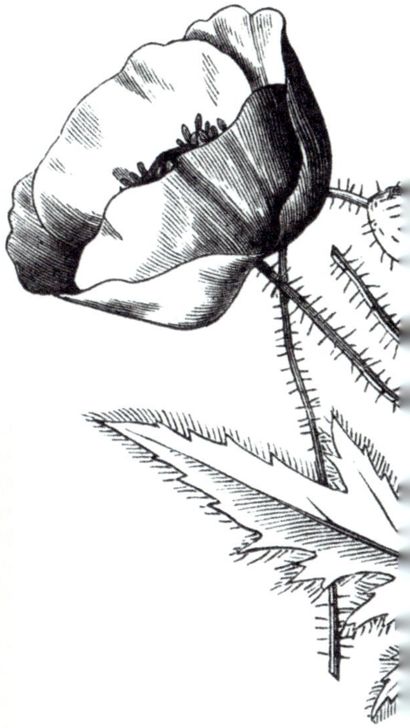

Les astuces en plus

◇ C'est avant les grands froids qu'il faut **semer le coquelicot** sur de la terre nue. Dans un pré fleuri, on peut profiter des taupinières pour créer des taches de couleur. Les graines étant très fines, les mélanger à du sable pour réussir un semis clair qui permettra d'obtenir des plantes vigoureuses.

◇ **Les érables japonais** (*Acer palmatum*) **ne sont pas tous des arbustes de petit calibre**. Parmi les quatre cents variétés connues, beaucoup peuvent s'élever jusqu'à cinq mètres. Il faut donc bien s'informer avant d'acheter un érable japonais, car la taille devra être évitée. Ces arbres délicats sont sensibles aux blessures.

◇ Avant de **planter les anémones et les renoncules**, dont les tubercules sont vendus en sachets dans les jardineries, faire tremper ces petites masses racinaires déshydratées dans de l'eau tiède durant douze heures.

◇ **Les rosiers à racines nues sont plantés, le point de greffe étant enterré** sous au moins 10 cm de terre. De cette façon, cette zone sensible est protégée du gel et du soleil hivernal qui peut fendre l'écorce. Le rosier pourra aussi produire de nouvelles racines au-dessus du point de greffe et s'affranchir en partie de son porte-greffe.

◇ Début novembre, **cueillir de belles inflorescences d'hydrangeas**. Les faire sécher en les pendant la tête en bas. Elles décoreront la maison durant l'hiver.

◇ **Un coup d'éponge sur les troncs des arbres à belle écorce** les débarrasse des algues qui les salissent. Ils seront étincelants durant la période hivernale.

Conserver longtemps les chrysanthèmes

Pour que les potées de « pomponettes » puissent offrir leurs couleurs durant de longues semaines, quelques précautions sont importantes.

Tout d'abord, il faut savoir que les plantes en pot sont cultivées pendant l'été dans des champs. Lorsqu'on reprend les pots à moitié enterrés, les racines du chrysanthème qui s'étaient développées en pleine terre au travers des trous de drainage sont arrachées. La plante est ainsi privée de racines actives pour le prélèvement de l'eau. La potée doit donc être régulièrement arrosée pour ne pas sécher prématurément. Elle pourra ainsi épanouir les nombreux boutons floraux qui sont présents.

Ensuite, attention au vent qui a vite fait de culbuter les volumineuses boules fleuries et de briser des tiges. L'idéal est d'utiliser des cache-pots qui assureront un meilleur maintien des plantes.

Gare aux températures négatives : le gel abîme les fleurs. Quand le mercure du thermomètre est sous zéro, la potée séjourne à l'intérieur de la maison, dans une pièce fraîche et à l'écart d'une source de chaleur. En enlevant régulièrement les fleurs fanées, nous prolongerons la floraison et inciterons le développement des boutons floraux qui sont encore fermés.

Comment arroser les cactus ?

L'arrosage des cactus est toujours un casse-tête pour les débutants. Un peu, beaucoup ou pas du tout d'eau ? Le rythme des arrosages est la clé du succès. Un cactus meurt rarement des suites d'une longue période de sécheresse, mais un excès d'humidité le fera pourrir rapidement. Aussi, durant la période de repos hivernal des plantes, les apports d'eau sont-ils suspendus jusqu'au début du printemps. Les cactus vont se rider, mais c'est cet assèchement qui déterminera le dynamisme de la croissance et la beauté de la floraison.

Durant la période de croissance, on peut déterminer le besoin en eau en enfonçant une fine baguette dans le pot. Si elle ressort complètement sèche, le cactus peut être arrosé. Avec quelle eau ? Il est préférable d'utiliser de l'eau de pluie, car l'eau de distribution est souvent trop calcaire. Second point important : la température de l'eau d'arrosage doit être légèrement supérieure à la température ambiante. Recevoir subitement de l'eau glacée est un gros choc pour une plante qui aime tant la chaleur.

Les couleurs des skimmias

Pour que l'automne et l'hiver nous semblent moins longs, multiplions autour de la maison des potées de couleur. Les jardineries proposent un large choix de petits arbustes jolis en hiver. Les pieds femelles du *Skimmia japonica* portent de nombreuses baies serrées les unes contre les autres en petites grappes.

Leur couleur rouge intense contribue beaucoup à l'ambiance des fêtes de fin d'année. Le *Skimmia japonica* 'Rubella' est particulièrement présent dans les jardineries. Les fleurs des pieds mâles, à la belle couleur rouge bronze, restent en boutons durant l'automne et l'hiver, colorant la plante comme si elle était chargée de fruits.

Des corolles pour Noël

Des bulbes de jacinthe peuvent être forcés afin de fleurir nos intérieurs durant la morte-saison. Pour un bon résultat, il faut imiter le cycle naturel. Les bulbes sont d'abord placés durant quelques jours au frigo : voici les rigueurs de l'hiver. Ensuite, les bulbes sont simplement enfoncés dans un pot rempli de sable de rivière humide à placer au noir et au frais. L'hiver se poursuit, le bulbe se réveille. Lentement mais sûrement, les racines se développent dans le sable maintenu humide. L'apport d'eau via les racines provoque le départ de la végétation. Une pointe verte apparaît au sommet du bulbe. Au jardin, elle ne s'allonge que lorsque les températures s'adoucissent. À nous de simuler le printemps en plaçant nos pots à la lumière, dans la chaleur de nos intérieurs. Grâce aux racines abondantes, la végétation se développe pleinement et le bouton floral s'épanouit. La table du réveillon est embaumée par le parfum des jacinthes.

Les astuces en plus

◇ **Laissez-vous tenter par un bulbe d'amaryllis.** Planté dans un pot avec du terreau, il est d'abord placé dans une pièce fraîche pour le développement de la végétation. Lorsque le bouton floral est renflé, le pot peut rejoindre le salon.

◇ **Choisir des choux ornementaux** à la jardinerie ou au marché pour une belle touche de couleur dans une jardinière d'hiver.

◇ Gare aux températures négatives ! **Toutes les plantes gélives doivent maintenant être rentrées** dans leur abri hivernal.

Du mulch

En parcourant le Vasterival, le jardin normand créé par la princesse Sturdza, les visiteurs sont toujours surpris par l'épaisse couche de déchets végétaux présente dans les plates-bandes. Ce mulch est un des points les plus importants du savoir-faire de la princesse, décédée en 2009. Étalée avant l'hiver, cette couverture, composée des feuilles mortes ratissées en automne, de fumier bien décomposé et de compost formé par les déchets verts du jardin, cumule les avantages. Tout d'abord, le gel pénètre moins profondément et provoque peu de dégâts parmi les plantes. Ensuite, les vers de terre sont particulièrement actifs sous le mulch, incorporant progressivement cette matière organique dans le sol. La terre est meuble sans que les racines des arbustes n'aient été abîmées par un bêchage hivernal. Non seulement la couverture organique constitue la seule fumure répandue au jardin, permettant des croissances remarquables des arbustes (des pousses de deux mètres en un seul été sont courantes), mais l'humus retient aussi l'humidité durant les étés secs.

Placer un tuteur ?

Début novembre, nous entrons dans la grande période de plantation d'arbres au jardin. Faut-il placer un tuteur à chaque sujet nouvellement planté ? Si nous avons choisi un jeune baliveau, la masse racinaire est en harmonie par rapport au tronc et l'arbuste s'enracine rapidement. S'il n'y a pas de tuteur, les mouvements du tronc au gré du vent vont inciter l'arbre à s'enraciner fermement. Par contre, les arbres plus âgés ne disposent que d'un volume de racines réduit. Le grand déséquilibre entre la motte placée dans le sol et l'ampleur de la ramure fera en sorte que, sans tuteur, l'arbre sera renversé par la moindre bise. Mais plutôt que de placer un ou plusieurs grands tuteurs, nous pouvons préférer des tuteurs plus bas pour simplement stabiliser la motte. Les mouvements de la cime au gré du vent inciteront l'arbre à renforcer son enracinement.

Les feuilles mortes en cylindre

Si elles sont simplement amassées en un tas, les feuilles mortes patiemment ratissées au jardin ne se décomposeront pas rapidement. Sous le poids de l'ensemble, elles se tassent, formant des blocs compacts. Dans un an, on risque de retrouver le cœur du tas pratiquement intact. Une aération est indispensable pour un compostage efficace. Il faudra donc retourner le tas à la fourche tous les deux mois et mouiller sous le jet du tuyau d'arrosage les zones de feuilles trop sèches. Pour nous épargner tout ce travail, nous pouvons constituer des cylindres à compostage. Cinq mètres de treillis métallique pour clôture permettent de former un cercle d'un mètre cinquante de diamètre. Ce cylindre de treillis pourra accueillir plus de deux mètres cubes de feuilles. L'aération largement disponible via la grande surface de treillis permet une bonne décomposition. À terme, on obtiendra un terreau de feuilles à réserver à nos semis et à nos substrats de rempotage.

Semer ses propres roses

En ce moment, nous pouvons récolter des cynorhodons sur nos rosiers. À l'intérieur se trouvent des graines qu'il ne faut pas faire sécher ni placer au froid. Nous allons directement les semer dans un pot, garni à la base d'une couche de graviers pour le drainage de l'humidité excessive. Le pot est rempli de simple terreau. Les graines de rosier sont déposées à sa surface, en respectant un écartement de 2 cm. On verse ensuite sur les graines une couche de 1 cm d'un mélange de sable du Rhin et de fins graviers. Le pot est laissé à l'extérieur. Il va recevoir les pluies hivernales et la neige. Il va geler et dégeler. Ces conditions aideront les graines à germer. Si tout se passe bien, au mois d'avril, nous verrons apparaître les jeunes rosiers. Il faudra alors placer le pot à l'ombre, où les rosiers poursuivront leur croissance. Au mois de juillet, nous pourrons les repiquer en pleine terre. Nous découvrirons par la suite ce que l'hybridation naturelle au jardin a produit. Nous pourrons obtenir des roses parfaitement banales comme une nouvelle variété intéressante. Une chose est sûre : ces roses seront uniques. Elles n'existeront que dans notre jardin.

Boutures de saule

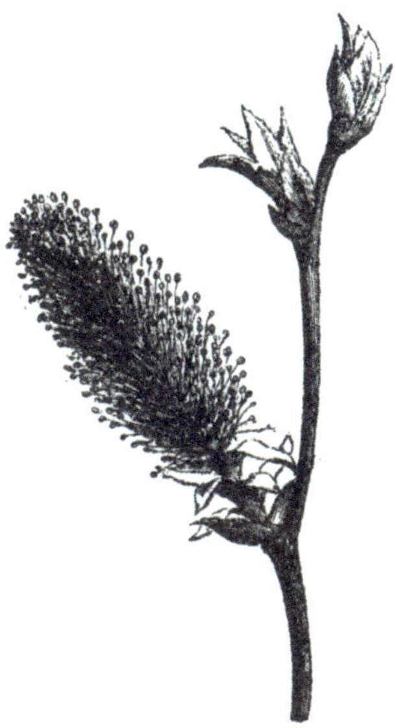

Il suffit d'enfoncer une baguette de saule dans le sol pour donner naissance à un arbre. Cette facilité de bouturage, même avec des branches de quelques centimètres de diamètre, permet une foule de réalisations originales. Avec des tiges se croisant en oblique, nous formons une haie. En plantant les deux bouts d'une branche pliée en arc, on obtient un pont. En juxtaposant une série de ces ponts les uns aux autres, voici un tunnel vivant dans lequel les enfants prendront plaisir à se cacher. Dociles, les pousses de saule peuvent se transformer en arcade, cabane, tipi, palissade… D'année en année, le visage des constructions évoluera au gré des arbustes qu'il faudra tailler. Atout majeur : toutes ces constructions ne coûtent que le temps de les aménager et de les tailler. Une idée en or pour les jardins familiaux.

Du gui au verger

Après la chute des feuilles, du gui (*Viscum album*) peut apparaître sur une branche d'un pommier planté au jardin. Cette plante se propage par le biais des oiseaux. Ils consomment les baies blanches qui contiennent une substance visqueuse. Celle-ci transite dans l'intestin, entraînant avec elle les graines. Les fientes qui parviennent sur une branche de pommier ou de peuplier, les deux hôtes de prédilection du gui dans nos régions, collent à l'écorce et permettent ainsi la germination du gui.

Le gui est une plante semi-parasite : elle réalise la photosynthèse, mais prélève ses substances nutritives dans la sève de l'arbre qui l'accueille. Le gui affaiblissant la branche, il faut l'éliminer, surtout s'il s'agit d'un jeune pommier. On coupe le gui en creusant le bois de la branche pour éliminer les racines suçoirs. Si ces racines restent en place, elles peuvent reformer le buisson de gui. La plaie est recouverte par un mastic afin que la blessure ne soit pas une porte d'entrée pour les maladies cryptogamiques.

Le repos des batteries

À moins que nous ne l'utilisions encore pour ramasser les feuilles mortes, la tondeuse est maintenant au repos pour de longues semaines. Si elle est rangée dans un local non chauffé et qu'elle comporte un démarreur électrique, il est utile de démonter la batterie pour la placer dans une pièce tempérée. Une batterie inactive supporte mal les gelées successives et nous risquons de devoir la remplacer au printemps prochain. Autant éviter une surprise aussi désagréable.

La mémoire des couleurs

Dès que les premières gelées ont détruit les tiges et le feuillage des dahlias, il faut enlever les tubercules à l'aide d'une fourche-bêche. Avant de rentrer les souches à l'abri du gel, on laisse sécher la terre qui entoure les tubercules. Il ne faut pas oublier de placer une étiquette qui permettra de reconnaître les différentes variétés. Nous pourrons ainsi bien associer les couleurs des floraisons lorsque nous replanterons les tubercules au mois de mai prochain.

Prélever un rejet

Si certains arbustes se développent en hauteur, d'autres s'épanouissent en largeur grâce à des rejets qui élargissent et densifient progressivement le buisson.

Pour prélever un de ces rejets, il suffit de le dégager à la base pour faire apparaître la racine horizontale qui l'a produit. Elle est coupée avec le sécateur. Il ne reste plus qu'à déterrer à la bêche la masse racinaire du jeune arbuste, qui pourra prendre place dans une autre partie du jardin ou être offert à un ami jardinier.

Les astuces en plus

◇ **Faut-il acheter un souffleur à feuilles mortes ?** Qu'il soit électrique ou actionné par un moteur à essence, cet engin est particulièrement bruyant. Il constitue une nuisance sonore qui risque bien d'incommoder le voisinage. De plus en plus de jardiniers sont attentifs à l'impact de leur travail sur la qualité de l'environnement. De larges râteaux en matière plastique ou en bambou sont disponibles dans les jardineries. Ils permettent un travail rapide. Pour déposer efficacement les feuilles rassemblées en tas dans la brouette, on peut aussi dénicher une paire de pelles en plastique à enfiler sur les mains, spécialement conçues pour cet usage.

◇ **Conserver** sous une bâche **des feuilles mortes ratissées au jardin**. Elles resteront intactes et seront étendues en couche mince à partir du printemps prochain sur le compost, en alternance avec les tontes de gazon et les autres matières fraîches. Les feuilles sèches, riches en carbone, permettent une meilleure décomposition des tontes à la forte concentration en eau et en azote. Les feuilles mortes peuvent aussi couvrir le sol du potager pendant l'hiver, constituer un matelas isolant sur la souche d'une plante peu rustique, être étendues dans les parterres en guise de paillage...

◇ **Balayer régulièrement les feuilles mortes** sur la terrasse et les allées en dur. Une fois mouillées, elles sont glissantes et peuvent provoquer un accident.

◇ Ne pas oublier de **rentrer les tuyaux d'arrosage** afin qu'ils ne soient pas endommagés par le gel. Abriter également la pompe de la fontaine pour la protéger du gel. La garder dans un seau d'eau pour que les joints ne sèchent pas.

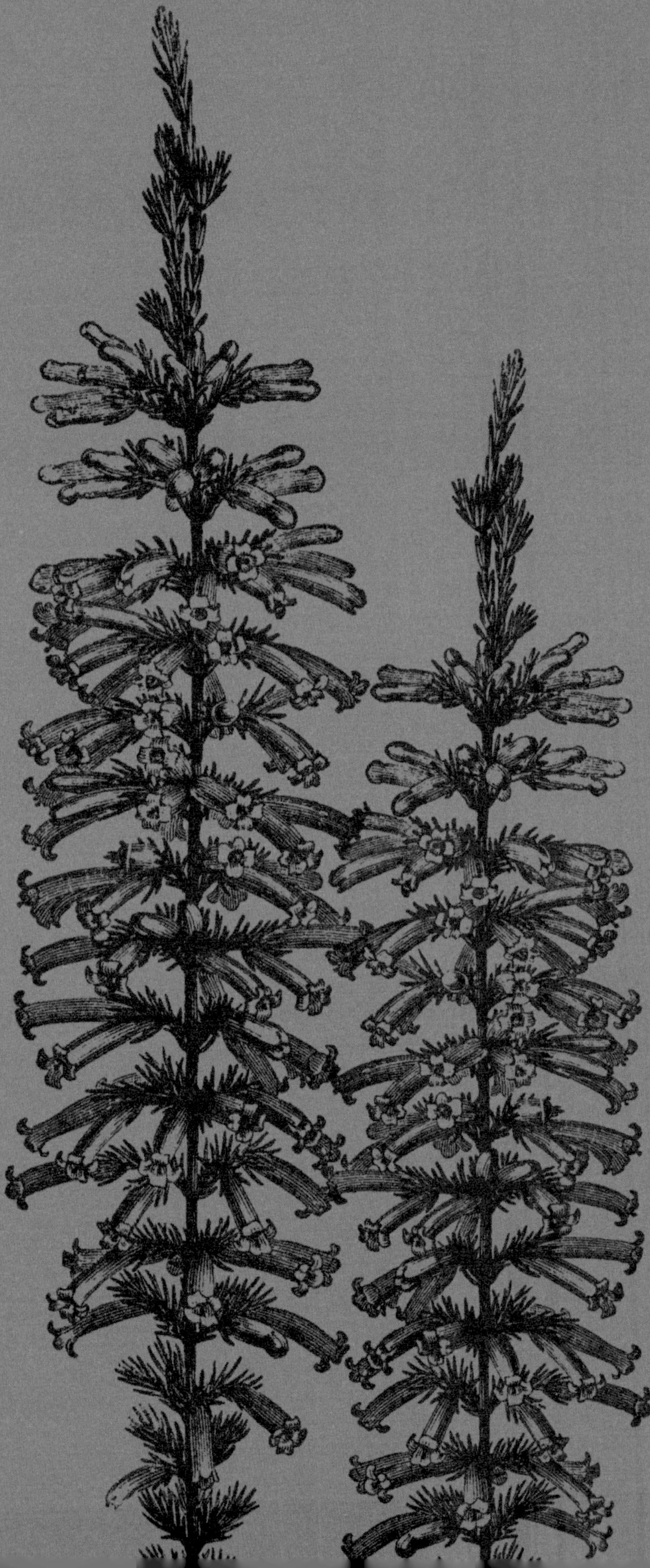

Il a neigé dans l'aube rose,
Si doucement neigé
Que le chaton noir croit rêver.
C'est à peine s'il ose marcher.

Il a neigé dans l'aube rose,
Si doucement neigé
Que les choses
Semblent avoir changé.

Et le chaton noir n'ose
S'aventurer dans le verger,
Se sentant soudain étranger
À cette blancheur où se posent,
Comme pour le narguer,
Des moineaux effrontés.

IL A NEIGÉ

12 DÉCEMBRE

LES JOURS RACCOURCISSENT DE

00 h 20

jusqu'au 21 décembre

LES JOURS S'ALLONGENT DE

00 h 04

après le 21 décembre

◇ BRUYÈRE D'HIVER
Erica
Floraison : décembre à mars

POUR BIEN COMMENCER LE MOIS…

Pas de taille ni de plantation s'il gèle

Par temps de gel, il ne faut pas tailler les arbres et arbustes. La taille met au jour des tissus tendres qui ne sont pas protégés. Le gel fait rapidement éclater les cellules végétales composant ces tissus. La plaie de coupe se nécrose et devient une porte d'entrée pour les maladies. Par contre, lorsque nous taillons par températures positives, les tissus se cicatrisent, les vaisseaux transporteurs de sève s'obstruent et la taille n'a, dans la majorité des cas, aucune conséquence négative.

Le gel peut aussi détruire rapidement les radicelles des arbres à planter. Ce chevelu de racines, essentiel pour une bonne reprise, est si fin qu'il peut être gelé et donc tué en quelques minutes seulement d'exposition à des températures négatives. Voilà pourquoi il ne faut pas transporter ou manipuler des arbustes à racines nues par temps de gel. Si de tels arbres sont en attente de plantation, il faut les placer dans une jauge. On creuse un sillon dans le sol où les racines sont couchées et recouvertes d'une couche de terre.

LE JARDIN **gourmand**

Les graines potagères peuvent-elles toujours germer ?

Tout jardinier conserve des sachets de semences entamés. Ces graines peuvent-elles toujours être semées ? Les semences de chaque légume possèdent une faculté germinative limitée dans le temps. Un exemple ? Le persil ne lève plus guère après trois ans. Pour ne pas rater un semis à cause de graines périmées, nous pouvons effectuer un test de germination. Sur un plateau, dix graines par sachet sont déposées sur une feuille de papier absorbant préalablement humidifiée. Plusieurs variétés peuvent être testées sur la même surface. Les graines sont recouvertes par du papier absorbant humide. Le plateau est placé dans une pièce chauffée et l'humidité est maintenue en permanence. Après quinze jours, si nous n'avons pas obtenu cinq germinations pour les dix graines, le sachet correspondant est jeté. Si le résultat est encore acceptable, le semis pourra être effectué ce printemps, quitte à semer de manière plus dense pour obtenir un résultat normal.

Tailler pour récolter beaucoup de groseilles

En ce moment, sauf si les températures sont négatives, nous pouvons tailler les groseilliers à grappes. Comment procéder ? Il faut éliminer les branches les plus âgées, devenues beaucoup moins productives. On stimule ainsi l'apparition de nouvelles pousses au pied de l'arbuste. Les branches de deux et trois ans sont laissées intactes. C'est sur les ramifications de ces rameaux que se forment la majorité des fruits. Enfin, on fait le tri parmi les jeunes pousses qui se sont développées au pied du groseillier au cours de la belle saison précédente. On ne garde que les plus vigoureuses. Ces nouveaux rameaux, conservés pour la production des années à venir, sont ensuite rabattus à un tiers de leur longueur, afin de favoriser leur ramification.

Une vigne en pot

Au XIXe siècle, les châtelains étaient fiers du savoir-faire de leurs jardiniers. Un grand classique : lors d'un dîner, on apportait pour le dessert une vigne en pot que l'on posait au milieu de la table. Chaque convive pouvait cueillir une grappe de raisin. Cette belle idée, nous pouvons actuellement la reproduire au jardin. Une vigne en pot peut être cultivée sur la terrasse et même sur un balcon de ville.

Il faut utiliser un grand pot en plastique. Un pot en terre cuite évapore trop d'humidité en été au travers de la paroi poreuse. Le terreau est un substrat trop pauvre. Il faut utiliser de la terre de potager mélangée à du compost.

Les sarments sont palissés horizontalement sur des tuteurs piqués en périphérie de la motte. Pendant l'été, la terre dans le pot devra être maintenue fraîche. Un beau soir, nous aurons le plaisir d'inviter nos amis à faire les vendanges.

La ronce aux framboises

À planter cet hiver, la ronce japonaise (*Rubus phoenicolasius*) connaît de plus en plus de succès. Début août, ses tiges d'une belle couleur rouge sont chargées de fruits, rouges eux aussi. Le goût de ces petites mûres aux baies serrées est à mi-chemin entre le sûr et le sucré, très agréable. Cette ronce est d'une telle vigueur que ses tiges occupent vite beaucoup d'espace. Aussi faut-il installer la plante contre un treillis ou des fils horizontaux, qui permettront d'attacher les tiges en éventail. Le bosquet prendra une allure ordonnée contribuant à l'esthétique du jardin. Taillée comme le framboisier, la ronce japonaise est une plante à cadeaux. Les nouvelles pousses qui s'écartent de la ligne ou celles qui naissent par marcottage des extrémités des tiges lorsqu'elles touchent le sol peuvent être offertes aux amis jardiniers ne connaissant pas encore cette plante généreuse.

Les astuces en plus

◇ À l'approche de grands froids, **rentrer les choux cabus pour les protéger du gel**. Enterrer les racines dans un récipient rempli de sable humide. Les choux vont se conserver durant de longues semaines.

◇ **Si du gel est annoncé, couvrir les laitues et scaroles** avec du voile d'hivernage P30. Ce voile laisse passer l'air, la lumière et la pluie tout en constituant une protection thermique contre les dégâts du froid. Il est aussi possible d'utiliser en double couche du voile de forçage P17.

◇ **Si des pommes ou des poires de conservation montrent des taches de pourriture**, déposons-les au jardin plutôt que sur le tas de compost. Ces fruits attireront les grives et les merles, prédateurs des escargots et des limaces, qu'ils recherchent en grattant le couvert du sol.

◇ Début décembre, **la mouche du poireau cesse de voler** et on ne doit plus craindre ses dégâts. Les voiles de protection peuvent donc être enlevés, ce qui facilitera les récoltes. Pour nettoyer les voiles salis par la poussière et les algues vertes, les faire tremper dans de l'eau savonneuse.

Boule hippique

Si l'on organisait un concours de la décoration de jardin la plus originale, cette boule aurait toutes les chances d'obtenir un prix. Elle constitue une belle présence, sans apporter une impression de masse. Lors de la tonte du gazon, il suffit de la faire rouler pour laisser place à la tondeuse. La rouille se marie bien à la végétation du jardin.

Comment créer une telle boule ? Il faut demander des fers usagés au maréchal-ferrant. Un as du poste à souder les assemble en les disposant sur une demi-sphère qui sert de gabarit. Les deux demi-boules sont ensuite réunies. On pourrait imaginer de placer la boule dans un parterre et de l'associer à une clématite ou à un lierre. Elle peut ainsi contribuer au maintien de volumes au jardin durant l'hiver.

De petits fagots de brindilles

Durant les semaines qui viennent, nous allons tailler les arbustes décoratifs et nous pourrons même élaguer de grands arbres devenant trop imposants. Que faire avec toutes les branches coupées ? Si nous possédons un broyeur, elles peuvent être hachées pour être compostées. Une autre possibilité : nous pouvons confectionner de petits fagots. Avec le sécateur, il suffit de couper toutes les branches latérales pour obtenir des brindilles droites que nous réunissons en bottes. Les fagots ne sont pas noués avec de la ficelle, qui peut pourrir rapidement. Il faut utiliser du fil de fer. Temps de séchage : au moins un an dans une remise. L'hiver prochain, grâce à cette récolte de petit bois, il sera aisé d'allumer le feu ouvert ou le poêle à bois. Si nous pouvons tailler une belle quantité de longues et fines branchettes, le haut fagot ne sera pas destiné au feu. Posé à l'extérieur contre le mur ou disposé à la manière d'un bouquet dans un pot, il pourra décorer l'entrée de la maison.

Un mur de pierres sèches

Les murets figurent parmi les aménagements les plus répandus au jardin. Ils permettent de créer des terrasses sur les terrains en pente, ils structurent l'espace en marquant la séparation entre les différentes parcelles. Comme en Grande-Bretagne ou dans différentes régions de France, les plus beaux murets sont érigés sans ciment. En Belgique, grâce à la diversité des carrières, le choix de pierres est large. Sur une fondation de sable stabilisé, la construction d'un mur de pierres sèches garde une part de spontanéité en fonction des dalles disponibles, mais il ne faut jamais oublier une règle essentielle. Chaque pierre doit être parfaitement stabilisée à l'aide de fins cailloux qui vont la caler. À défaut, le mur risque de s'écrouler rapidement. Des végétaux se développeront spontanément entre les pierres. Les anfractuosités du mur constitueront aussi un habitat naturel abritant lézards et insectes…

Marre des murs verts

C'est du béton végétal ! Quand cessera-t-on de planter des haies de cyprès de Leyland, de cyprès de Lawson et de thuyas ? Ces conifères qui forment rapidement des volumes denses ont été si largement utilisés comme clôtures que, dans bien des quartiers, on circule entre des parois uniformément vertes. C'est à peine si l'on voit les maisons. Quant à l'horizon, voilà des années qu'il est caché.

Catastrophe sur le plan paysager, les haies de conifères sont aussi fustigées par les organisations de protection de la nature. Étrangers à notre flore, ces arbres n'ont pas évolué de pair avec les autres espèces indigènes qui s'intègrent dans les écosystèmes. Une haie de thuyas constitue un désert biologique, sans utilité pour les oiseaux, les insectes ou les plantes indigènes. Au point que les haies de conifères sont désormais interdites par certaines communes dans leurs prescriptions urbanistiques concernant les lotissements, au profit de haies d'arbustes feuillus indigènes.

Une haie d'essences indigènes

Des haies de charme ou de hêtre apparaissent dans les jardins pour former des chambres de verdure et ainsi multiplier les ambiances. Chaque arbuste de la haie pourrait être planté dans un trou individuel, mais il est beaucoup plus simple de creuser une tranchée. Profondeur : un fer de bêche. Ainsi, la terre est ameublie sur toute la longueur de la haie. Ce n'est pas obligatoire, mais c'est utile : du compost peut être incorporé dans la tranchée pour favoriser la reprise et constituer une source de nourriture pour la première croissance.

Pour mettre toutes les chances de notre côté, les arbustes sont « pralinés ». Les racines sont trempées dans une boue d'argile. Pour que les plants forment des volumes bien touffus, les branches sont rabattues de moitié

avec le sécateur. Les bourgeons vont ainsi produire des rameaux secondaires vigoureux qui vont permettre de développer un port buissonnant.
Pour terminer la plantation, des feuilles mortes sont étendues au pied des arbustes. Elles vont éviter l'envahissement par les herbes indésirables et contribueront à maintenir l'humidité lors des périodes de sécheresse. Dans deux ans, la haie aura déjà belle allure.

Une butte

Que faire des terres enlevées pour le creusement de la pièce d'eau ? Une butte, pardi ! Le jardin-promenade comprend un point de vue où l'on pourra placer un banc. Planté judicieusement, aménagé avec goût, ce volume constituera un relief qui diminuera l'impression de nudité du jardin pendant la morte-saison.

Un siège dans un tronc d'arbre

Quand un arbre devenu trop grand doit être abattu, sa souche reste longtemps disgracieuse. Il faut des années avant qu'elle ne soit complètement décomposée. Une telle souche peut être rabotée par une machine. Elle peut aussi rester en place dans une optique décorative. Certains jardiniers demandent au bûcheron de laisser la base du tronc afin d'y déposer une potée. La tronçonneuse peut aussi façonner la silhouette d'une fleur, d'un champignon, d'un animal. Et si le pied de l'arbre devenait un siège ? On pourra venir lire dans ce fauteuil très particulier. Il assure une belle présence, une invitation permanente à s'arrêter pour un moment de repos.

Comme en Angleterre

Dans les jardins anglais, qu'elles sont jolies, ces constructions aux charpentes de chêne ! Auparavant, ces bâtiments avaient une vocation agricole. L'assemblage de jadis, avec des chevilles de bois, a été conservé, mais ces volumes traditionnels sont aujourd'hui des vestiaires pour piscines,

des cabanes à outils, des terrasses couvertes, des bergeries… Importées chez nous, ces constructions en chêne, avec leurs fines tuiles, rencontrent un franc succès malgré les prix élevés. Mais comme le font remarquer de plus en plus de paysagistes, il ne faut pas oublier que nos jardins sont situés de ce côté de la Manche. Il est impossible d'y reproduire à la lettre l'ambiance des jardins anglais. Outre-Manche, ils s'inscrivent dans un paysage et un style de vie à la campagne uniques. Néanmoins l'envie est forte de s'installer sous ces cabanes pour prendre le thé et contempler les parterres fleuris depuis ce qui peut devenir une seconde maison.

Tas de cailloux

Dans une plate-bande, au détour d'un sentier ou en bordure de la pelouse, nous pouvons créer un gros tas de pierres. À moins de bénéficier de matériaux à la suite de travaux dans la maison, on peut trouver de grosses pierres au poids dans les jardineries ainsi que dans des carrières. Le tas de pierres va constituer un relief. Il pourra accueillir des plantes de rocaille. Mais ce pierrier avec tous les interstices entre les blocs sera surtout un abri pour les petits animaux du jardin. Crapauds et lézards pourront s'y réfugier. Un tas de pierres au jardin concilie esthétique et accueil de la faune sauvage.

Les astuces en plus

◇ **Nous pouvons actuellement bouturer nombre d'arbustes ornementaux**: *Cornus, Sambucus, Ribes, Forsythia, Lonicera, Philadelphus, Rosa, Salix*… Des tronçons de 20-30 cm de jeunes rameaux de cette année sont enfoncés dans le sol léger d'une petite pépinière, à l'abri du soleil vif et des vents dominants.

◇ En Angleterre, durant la période de Noël, les passionnés de **pois de senteur** sèment au chaud les variétés patiemment choisies dans les catalogues des producteurs spécialisés. Pincées pour favoriser la ramification, les plantules qui croissent sous serre seront déjà bien développées lors de leur plantation au jardin au mois de mai.

◇ **Habillons les parterres durant la période des réveillons**. Pour créer un volume à la texture chaude, rien de mieux qu'un simple tas de bûches. Et pour une touche de couleur, des pommes rouges, des potirons, des carottes de maïs et des coloquintes sont disposés sur un tapis de branches d'épicéa. Astuce: ces branches constituent une protection pour les vivaces récemment plantées et craignant le froid durant leur premier hiver.

Compositions de plantes vertes

Il arrive que des amis ou des membres de la famille invités à la maison vous apportent en cadeau une de ces potées vendues chez les fleuristes. Dans un panier doublé d'une feuille de plastique ou dans une coupe large sont plantées de concert une série de jeunes plantes vertes. L'ensemble est décoré avec de la mousse. De telles compositions sont des aberrations horticoles. De plus en plus, les plantes d'intérieur sont considérées comme des biens de consommation courants, à durée de vie éphémère. Si on laisse les plantes ensemble dans le même substrat, on assiste vite à des mortalités. C'est normal : une fougère demande plus d'eau qu'un dracaena, un lierre supporte moins bien la chaleur hivernale de nos intérieurs qu'un ficus. Aussi, séparons toutes les plantes et installons-les individuellement dans le substrat et à l'emplacement qui leur convient. Nous pourrons ainsi les conserver durant des années.

Le laurier fêtera Noël

Le laurier rencontre actuellement un bel engouement en tant que plante d'orangerie au point qu'elle en arrive, l'hiver venu, à concurrencer le sapin de Noël. Importé d'Asie Mineure par les Grecs de l'Antiquité, le laurier pousse aujourd'hui naturellement sur tout le pourtour méditerranéen. Taillé en boule, en cône, en cylindre, voire le tronc spiralé, le laurier qui nous séduit en jardinerie a probablement été cultivé chez nous. La Belgique est le principal pays producteur de lauriers en pots. La multiplication de cette plante est un fer de lance de l'horticulture brugeoise depuis 1850.

Disposé près de la cuisine, notre laurier pourra contribuer à nos recettes. Les feuilles de laurier pour les viandes, c'est cet arbuste qui les offre. Il n'est pas nécessaire d'acheter un laurier volumineux et coûteux. Nous pouvons partir d'une plante jeune et la développer progressivement en topiaire. Pour soutenir la croissance, de l'engrais organique est administré deux fois par an, en mai et en juillet. Il faut creuser un trou entre les racines avec un bâtonnet. Grâce au puits ainsi façonné dans la motte, l'engrais sera déjà près des radicelles actives. Quelle quantité apporter ? La norme est de 5 g d'engrais organique par litre de terreau.

Pour l'hivernage du laurier, il faut placer la plante dans une pièce à l'abri du gel. Le garage et même la cave conviennent, car le laurier a la capacité de se passer de lumière pendant l'hiver durant plusieurs semaines.

Tresse de ficus

Les ficus aux troncs tressés sont actuellement à la mode. Nous pouvons facilement constituer une telle plante. Il suffit de se procurer un jeune *Ficus benjamina* composé de fins troncs. Les trois plus vigoureux sont conservés, les autres sont coupés à la base. Les troncs sont tout d'abord élagués jusqu'au

niveau des fines branches du sommet. Chaque coupe provoque l'apparition de latex blanc. Pour stopper l'écoulement, il suffit de pulvériser de l'eau claire. Ensuite, les trois troncs sont tressés entre eux. Il ne faut prendre aucune précaution particulière, car les troncs de ficus sont d'une grande souplesse. Arrivée au sommet, la tresse est ligaturée avec un brin de raphia pour qu'elle ne se défasse pas. Au fur et à mesure de la croissance, la tresse de troncs va s'épaissir jusqu'à ne plus former qu'un seul tronc torsadé.

Conserver ses chrysanthèmes pour les bouturer

Nous serions tentés de jeter au compost la potée de chrysanthèmes achetée cet automne et dont la floraison est maintenant terminée. Mais les chrysanthèmes ne sont pas éphémères. Bien que fanée, la plante est toujours bien vivante. Pour nous en convaincre, il suffit de remarquer les bourgeons qui produisent de nouvelles pousses à la base des tiges. Il suffit de couper le feuillage sec avec la cisaille à haie et la plante, abritée au frais, à l'abri du gel et à la lumière, ne manquera pas de développer une nouvelle végétation. Elle va non seulement reformer le buisson fleuri pour l'automne prochain, mais nous pourrons aussi prélever dès le début du printemps des boutures qui s'enracineront facilement.

Une orchidée pour débuter

Quelle orchidée offrir (ou s'offrir) quand naît la passion pour ces plantes? Si l'orchidée papillon (*Phalaenopsis*), qui est maintenant disponible partout à des prix très démocratiques, constitue déjà un bon choix, il ne faut pas hésiter à choisir un sabot de Vénus (*Paphiopedilum*). À voir cette fleur de toute beauté, on penserait se trouver face à une plante très délicate. C'est tout au contraire. Le paphiopedilum s'accommode bien d'une culture au fil de l'année dans une pièce claire de la maison maintenue à 18-20 °C, et pour autant qu'elle ne reçoive pas les rayons directs du soleil. À condition que le substrat du pot ne sèche jamais (mais sans toutefois placer le pot dans une soucoupe d'eau), nous pourrons obtenir une floraison chaque année. La fleur, qui semble en cire, merveilleuse de complexité, peut rester présente deux bons mois. Côté couleurs, gare au virus de la collection : les nombreux hybrides déclinent des floraisons du blanc au rose et du brun au vert, avec d'infinies combinaisons de nuances.

Les cendres de bois, sans excès

Les poêles à pellets rencontrent un franc succès. Beaucoup de personnes se demandent si elles ne pourraient pas répandre les cendres comme amendement au jardin plutôt que de les jeter à la poubelle. Effectivement, elles peuvent être utiles moyennant quelques précautions. Tout d'abord, il faut savoir que, comme la chaux, les cendres de bois ont le pouvoir de diminuer l'acidité du sol. Elles ne peuvent donc pas être étendues sur les terrains calcaires dont elles renforceront le caractère alcalin, défavorable à la majorité des plantes ornementales. Par ailleurs, les cendres de bois ne contiennent absolument pas de composés azotés. Comme elles ne peuvent pas, de ce fait, favoriser la croissance végétale, il est inutile de les répandre sur le gazon. Par contre, les cendres sont riches en phosphore et en potasse, éléments qui stimulent le développement des racines, l'ampleur de la floraison et la générosité de la fructification. Ce sont donc les parterres à fleurs, le potager et la parcelle des arbustes à petits fruits qui pourront bénéficier des cendres, sans excès toutefois. La fertilité d'un sol est un équilibre délicat. Pour ne pas le perturber, ne répandons pas plus d'un kilo de cendres sur 10 m^2 par an.

Des idées de cadeaux pour les jardiniers

Pour les fêtes de fin d'année, des jardineries réservent un espace aux objets à offrir. On y trouve des chapeaux, des crèmes pour les mains, des tasses aux motifs du jardin ou des objets décoratifs à déposer sur la table de la terrasse… Mais le cadeau qui plaira vraiment sera un objet utile, de ceux qui améliorent le travail au jardin. Quand il sera devenu un complice employé régulièrement, l'outil restera associé dans la pensée à celui qui a eu la gentillesse de l'offrir.

Un ébrancheur pour les gros diamètres

L'hiver est la saison des tailles au jardin. Taille des arbustes décoratifs, taille des arbres fruitiers, élagage des arbres devenus trop hauts ou volumineux, l'ampleur du travail demande un bon ébrancheur, qui est le complément indispensable du sécateur. Il prend le relais lorsque les branches sont trop grosses pour être coupées d'une seule main. La force de levier exercée par les longues poignées permettra de sectionner aisément et de manière nette des branches de plusieurs centimètres de diamètre. Mais tout ébrancheur a ses limites. Pour les branches de diamètre plus important encore, il faudra recourir à la scie d'élagage.

Une serpette

Préférons un modèle avec un manche en bois plutôt qu'en plastique. Cette serpette peut servir à tout instant pour ouvrir les sacs de terreau ou couper de la ficelle, mais son véritable usage est la taille. Avant l'invention du sécateur au XIXe siècle, toutes les tailles d'arbustes étaient effectuées à la serpette. Aujourd'hui, cet outil est toujours beaucoup utilisé en arboriculture pour élaguer ou recéper les troncs ainsi que pour les greffes. Quand elle sert à tailler un rameau, la serpette garde un avantage sur le sécateur : les tissus ne sont pas écrasés et la qualité de la cicatrisation est garantie. Attention aux doigts : une bonne serpette doit couper comme un rasoir.

Le bon vieux tire-botte

Il en existe quantité de modèles. Qu'il soit en plastique, en fonte comme les modèles imitant un scarabée, ou façonné dans une simple planche de bois, le tire-botte est vraiment un objet utile au quotidien lorsque l'humidité hivernale sévit au jardin. Il est d'autant plus apprécié que les nouvelles bottes d'hiver, doublées d'une couche de mousse isolante, serrent particulièrement bien le pied. En assurant un bon maintien de la botte, bien meilleur que lorsqu'on accroche le talon au bord du seuil ou d'une marche, on peut se déchausser en évitant l'apparition d'une crampe dans la jambe.

Une boîte pour conserver nos graines

Si la pluie nous cantonne à l'intérieur, nous pouvons construire une caissette de rangement que nous envieront tous nos amis jardiniers. Nos semences y seront bien rangées, à l'abri de l'humidité et des rongeurs. Nous retrouverons facilement les graines recherchées et le tri des sachets périmés à éliminer sera aisé. À moins d'être équipé d'une machine multifonctions pour le travail du bois, le plus simple est de faire découper les pièces de bois dans un centre de bricolage en fonction du plan que nous aurons tracé. Des cloisons intérieures permettent de créer de petits compartiments pour classer les sachets par catégories. Des compartiments plus larges sont aménagés pour les boîtes de haricots et de petits pois. L'un ou l'autre volume peut aussi être réservé au petit matériel qui ne s'égarera plus : semoir, greffoir, pierre à aiguiser, étiquettes…

Un toit pour le compost

Le compost obtenu par la décomposition de tous les déchets verts récoltés au jardin au fil de la bonne saison est maintenant à maturité. Le tas, qui a été retourné à plusieurs reprises pour favoriser le processus de décomposition, ne sera étendu au potager qu'au printemps prochain et, dans l'attente, il doit être recouvert d'une bâche ou d'un panneau. Sans protection, le compost sera envahi par des herbes indésirables tandis que les averses hivernales et les giboulées du printemps percoleront dans la masse et y lessiveront les substances nutritives. Couvrir le compost mûr permet de préserver ses qualités.

Avant d'utiliser le compost, un tamisage permettra d'en retirer tous les éléments encore trop volumineux : des tronçons de branches, des trognons de choux et… le sécateur que l'on croyait définitivement perdu.

Les cisailles en action

Durant l'hiver, nous pouvons tailler les haies de charme, de hêtre, d'aubépine, d'érable champêtre… Cette taille permet de reprofiler la haie qui a toujours tendance à s'élargir au fil des ans. Contrairement à la taille pratiquée à la fin du printemps quand les jeunes rameaux sont encore bien tendres, ce travail est plus fatigant, car il est effectué sur des rameaux durs. N'oublions pas de nous protéger les yeux en portant des lunettes de sécurité, car les cisailles, surtout si elles sont électriques, peuvent provoquer des éclats de bois.

Si une haie de charme a pris trop d'ampleur, il est parfaitement possible de la rabattre sévèrement. Dès le mois d'avril prochain, des repercements de bourgeons dormants formeront de nouvelles pousses.

Semer le houx de la bûche

Si des baies de houx fraîches figurent parmi les décorations de Noël, nous pouvons les semer. Le semis du houx n'est couronné de succès qu'à condition de connaître le secret de l'arbuste. Il a la particularité de produire dans ses baies un embryon dont le développement n'est pas terminé.

Les graines, débarrassées de la pulpe, doivent être placées durant six mois à 20 °C de manière à imiter l'été de l'année suivante. Les embryons terminent alors leur formation. Les graines sont ensuite exposées durant vingt semaines dans la zone la plus froide du frigo : c'est à nouveau l'hiver. Après quoi, la germination se produit sans difficulté, comme dans la nature.

Bouturer pour offrir

L'entretien hivernal du jardin va nous permettre d'effectuer des bouturages. Le buddleia, l'arbre aux papillons, doit être recépé régulièrement de manière à provoquer au printemps le développement de jeunes pousses vigoureuses et florifères. Nous pouvons bouturer les extrémités des rameaux supprimés. Les boutures comportent deux nœuds, le nœud inférieur étant piqué dans du terreau mêlé de sable. Dans ce substrat drainant, la réussite est assurée. Si la vigne vierge s'en va à l'assaut de nos gouttières, des tiges de cette année peuvent aussi être bouturées. Voilà un autre bouturage très facile à réaliser. Pour mettre toutes les chances de notre côté, les boutures sont placées dans un local frais, à l'abri du gel.

Un sécateur tout neuf pour nos tailles d'hiver

Le sécateur a tant taillé que le voici émoussé. Ce n'est pas un problème : des pierres d'affûtage spéciales pour sécateur sont disponibles dans le commerce. On aiguise d'abord la lame du côté du biseau. Ensuite, on retourne le sécateur pour enlever, avec quelques passages de la pierre à affûter, les petits éclats de métal qui se sont formés. Profitons de l'aiguisage pour offrir deux gouttes d'huile au sécateur. Une goutte pour le mouvement des lames et une goutte pour le ressort. Voici le sécateur à nouveau prêt pour des heures et des heures de travail au jardin.

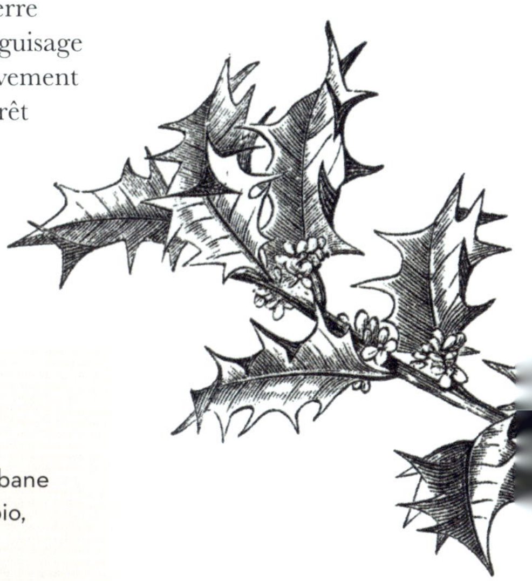

Les astuces en plus

◇ **Marre de tous ces vieux pesticides** de jadis qui encombrent la cabane à outils ? Puisque nous avons tourné la page et jardinons désormais bio, ces produits peuvent être déposés au parc à conteneurs pour une élimination responsable.

◇ **Placer des cales sous les potées qui restent présentes au jardin.** Surélevées, elles subissent moins longtemps le gel, un point important pour les racines.

Index

TEXTES

© Luc Noël (© Campanula SRL)

Les données mensuelles d'évolution de la durée des jours ont été fournies par l'Observatoire royal de Belgique et sont relatives à la ville de Bruxelles pour l'année 2021.

CRÉDITS PHOTOGRAPHIQUES

© Luc Noël (© Campanula SRL) : photos des pages 8, 9, 12, 13, 14, 15, 22, 23, 24, 29, 30, 33, 35, 36, 37, 38, 40, 42, 45, 47, 48, 52, 54, 56, 57, 63, 64, 67, 73, 75, 76, 77, 79, 80, 89, 90, 98, 99, 103, 104, 105, 112, 113, 117, 118, 121, 122, 123, 126, 127, 131, 133, 136, 138, 140, 141, 143, 144, 147, 148, 150, 151, 152, 158, 160, 161, 163, 164, 166, 167, 170, 172, 180, 181, 183, 185, 190, 192, 194, 196, 199, 200, 202, 207, 208, 209, 213, 214, 215, 218, 219, 222, 226, 228, 229, 233, 234, 238, 240, 243, 244, 247, 248, 251, 252, 259, 260, 262, 265, 267, 4e de couverture.

© Fotolia : photos des pages 10, 16, 21, 28, 58, 93, 101, 108, 110, 132, 205, 216, 221, 225, 231, 254, 268.

© Shutterstock : photos des pages 17, 71, 86, 97, 109, 129, 156, 178, 199.

© Adobe Stock : photos des pages 19, 85, 128, 169, 187, 204, 230, 232.

Wikimedia Commons : photos des pages 18, 177, 179.

ILLUSTRATIONS

© Jim Harter ; © The Graphics Fairy

CONCEPTION GRAPHIQUE ET MISE EN PAGE

Coline Delaunois **www.impulsenow.be**

RELECTURE

Cécile Wastiaux ; Françoise Rasquin

www.racine.be
Inscrivez-vous à notre newsletter et recevez régulièrement des informations sur nos parutions et activités.

Éditions Racine, Tour & Taxis - Entrepôt Royal
Avenue du Port, 86C / bte 104A
B-1000 Bruxelles

1er tirage
D. 2020. 6852. 12
Dépôt légal : octobre 2020
ISBN 978-2-39025-130-9
Imprimé en Europe.